Die Freigeld- und Freilandtheorie von Silvio Gesell (1862–1930)

AF733660

Europäische Hochschulschriften

Publications Universitaires Européennes
European University Studies

Reihe V
Volks- und Betriebswirtschaft

Série V Series V
Sciences économiques, gestion d'entreprise
Economics and Management

Bd./Vol. 3347

PETER LANG
Frankfurt am Main · Berlin · Bern · Bruxelles · New York · Oxford · Wien

Curt Philipp Lorber

Die Freigeld- und Freilandtheorie von Silvio Gesell (1862–1930)

Eine rezeptionsgeschichtliche Betrachtung unter besonderer Berücksichtigung von John Maynard Keynes

PETER LANG
Internationaler Verlag der Wissenschaften

Bibliografische Information der Deutschen Nationalbibliothek
Die Deutsche Nationalbibliothek verzeichnet diese Publikation in der Deutschen Nationalbibliografie; detaillierte bibliografische Daten sind im Internet über http://dnb.d-nb.de abrufbar.

Zugl.: Darmstadt, Techn. Univ., Diss., 2009

D 17
ISSN 0531-7339
ISBN 978-3-631-59753-8

© Peter Lang GmbH
Internationaler Verlag der Wissenschaften
Frankfurt am Main 2009
Alle Rechte vorbehalten.

Das Werk einschließlich aller seiner Teile ist urheberrechtlich geschützt. Jede Verwertung außerhalb der engen Grenzen des Urheberrechtsgesetzes ist ohne Zustimmung des Verlages unzulässig und strafbar. Das gilt insbesondere für Vervielfältigungen, Übersetzungen, Mikroverfilmungen und die Einspeicherung und Verarbeitung in elektronischen Systemen.

www.peterlang.de

„Die Wahrheit ist faul wie ein Krokodil im Schlamme des ewigen Nils“

Silvio *Jean* Gesell 1916 aus:
Die natürliche Wirtschaftsordnung durch Freiland und Freigeld

Meinen Eltern gewidmet

Inhaltsverzeichnis

Einleitung

I. Zum Problem

In der Diskussion war und ist der Zins als Einkommensquelle seit jeher umstritten.

Bei Zahlungsverpflichtungen kommen bei den heute üblichen Zinssätzen von fünf oder sechs Prozent über lange Laufzeiten leicht Beträge zusammen, die die ursprünglich ausgeliehene Summe um ein Vielfaches überschreiten. Wer beispielsweise ein Haus kauft und dieses über einen Bankkredit finanziert, dessen monatliche Bankrate besteht anfänglich fast nur aus Zinsen. Oft verhält es sich sogar so, dass nach 30 Jahren die Immobilie noch nicht abbezahlt ist, obwohl man bis dahin schon das Doppelte des eigentlichen Kaufpreises an die Bank überwiesen hat. Aus diesem Grunde kam es oft in der Geschichte vor, so vor allem im Mittelalter, dass ein Zinsverbot ausgesprochen wurde. Dennoch hat bis heute der Zins, der den Kapitalismus am stärksten geprägt hat, überlebt.

Aristoteles (384-322 v. Chr.) hielt den Zins für widernatürlich und lehnte ihn ab.[1] Er erkannte bereits, dass es so etwas wie eine natürliche Verzinsung gibt, wie zum Bespiel die Vermehrung eines Samenkorns im Boden.[2] Das Geld war seiner Auffassung nach jedoch eine tote Substanz; diesem steht keinerlei gesamtwirtschaftlicher Ertrag gegenüber, sondern nur ein ebenso großer Verlust des Schuldners.

Auch Christus soll, laut Lukas-Evangelium, in der Bergpredigt, gefordert haben: *Und wenn ihr denen leihet, von denen ihr hoffet zu nehmen, was für Dank habt ihr davon? Denn die Sünder leihen den Sündern auch, auf dass sie Gleiches*

---

1 In der Scholastik diente neben der Bibel die Autorität des Aristoteles für die Stigmatisierung des Zinses. Nach der Lehre des Philosophen in seiner „Politik" war das Gewerbe des „Wucherers mit vollstem Recht eigentlich verhasst, weil es aus dem Gelde selbst Gewinn zieht und nicht aus dem, wofür das Geld doch allein erfunden ist". Der Zins stammt „als Geld vom Gelde. Daher widerstreitet auch diese Erwerbsweise unter allen am meisten dem Naturrecht". Von da an sind nach Edgar Salin Geldleihe und Geldhandel überhaupt mit dem schwersten Fluch belegt, den die Philosophie und später auch die Theologie aussprechen kann. Sie sind wider die Natur.

2 Schefold, Bertram: Klassiker der Nationalökonomie, Aristoteles – Politik, S. 131 1258 5-8.

wieder nehmen. Vielmehr liebet eure Feinde; tut wohl und leihet, indem ihr nichts dafür hoffet, so wird euer Lohn groß sein und Ihr werdet Kinder des Allerhöchsten sein[3], was oft als Zinsverbot interpretiert wurde.

Im vierten Jahrhundert hat der heilige Augustinus (354-430) festgestellt, dass der Zins besonders verwerflich ist, denn die Zeit, in der der Betrag sich verzinst, gehört Gott und darf deshalb nicht verkauft werden.

Dante wünschte diejenigen, die ihn erhoben, zusammen mit den Sündern von Sodom und Gomorrha in den siebten Kreis der Hölle.

Auch Luther nannte den Zins das größte Unglück für die deutsche Nation und sah ihn als Zeichen dafür, dass die Welt mit schweren Sünden dem Teufel verkauft sei.[4]

Adam Smith (1723-1790), der Klassiker der Kameralistik[5], hielt den Zins als den Teil des Profits, den der Schuldner mit Hilfe seiner Investition erwarb, die durch diesen Kredit dann finanziert wurde. Seine Idee war, dass die Wertschöpfung einer Investition den eingesetzten Betrag übertrifft, so dass es dem Kreditnehmer ermöglicht wird, mehr als die Amortisation zurückzuzahlen, das heißt, einen Zins zu erwirtschaften. Erst die Investition in Realkapital macht es möglich, einen die ursprüngliche Summe übersteigenden Wert zu erzielen, der nicht investierte Geldbetrag aber bleibt unverzinst und damit unfruchtbar. Allerdings hat auch ein Schuldner Zinsen zu entrichten, der keinen Gewinn macht.

Der Kapitaltheoretiker und frühere österreichische Finanzminister Eugen von Böhm-Bawerk (1851-1914) führte noch zwei weitere Begründungen für die Existenz des Zinses ins Feld. Erstens war er der Auffassung, dass die Menschen den Konsum heute höher bewerten als einen gleich hohen Konsum morgen. Zweitens sah er den Grund für die Existenz des Zinses darin, dass grundsätzlich ein Mehrertrag entsteht, wenn man sein Geld investiert, statt es sofort für Konsum auszugeben. Um investieren zu können, muss eine Zeitlang auf sonst möglichen Konsum verzichtet werden, und der Anreiz und die Belohnung dafür ist der Zins.[6]

---

3 Lukas 6, 34 ff.

4 Luther, Martin: Von Kaufhandlung und Wucher, S. 515 ff. und Luther, Martin: Ausgewählte Schriften, Band 4, S. 12 ff.

5 Kameralistik (von lateinisch: camera, hier etwa „fürstliche Schatztruhe“), auch kameralistische Buchführung oder Kameralbuchhaltung, ist ein Verfahren der Buchführung. Im Gegensatz zur Doppik, also der doppelten Buchführung, werden bei der Kameralistik kassenwirksame Einnahmen (Einzahlungen) und Ausgaben (Auszahlungen) betrachtet, jedoch nicht die Einnahmen und Ausgaben im betriebswirtschaftlichen Sinne und auch nicht Erträge und Aufwendungen. Des Weiteren werden in der Kameralistik stets Planrechnungen auf der Basis von Prognosen praktiziert (Soll/Ist): Haushaltsplan (1 oder 2 Jahre) und Mittelfristige Finanzplanung (5 Jahre). Schließlich liefert die Kameralistik die Daten für die Finanzwissenschaft.

6 Gehrels, Franz: Böhm-Bawerks Beitrag: Eine moderne Interpretation, S. 318.

Diese Erklärung der so genannten temporären Kapitaltheorie von Böhm-Bawerk für den Zinssatz hat auch heute noch ihre Gültigkeit, wenngleich es dabei einiges zu bedenken gibt. So kann Geld zum Investieren nicht nur von Sparern, sondern auch von einer Bank zur Verfügung gestellt werden; damit kann mindestens auf kurze Sicht der Zinssatz stark beeinflusst werden. Auf längere Sicht gesehen, kann zu viel Geld im Umlauf die Inflation anheizen, wodurch die Zinsen wiederum ansteigen. Nicht selten hat der Versuch, über billiges Geld die Wirtschaft anzukurbeln, am Ende zur völligen Wertlosigkeit und Zerrüttung einer Währung geführt.

Daher rücken Geld und Zins immer wieder in den Blickpunkt der politischen und akademischen Auseinandersetzungen. Meist wird aus Kapitalverwertungsüberlegungen und Kapitalzwängen heraus die Umwelt vernachlässigt. Ebenso werden vorhandene Ressourcen verschleudert, obwohl diese effektiver eingesetzt werden könnten. In vielen Staaten übersteigt der Zinsdienst bei weitem den Sozialaufwand; Länder der Dritten Welt drohen an ihrer Zinslast zu ersticken. Konflikte bezüglich der Währungs- und Zinspolitik haben schon immer das Klima der Staatengemeinschaft belastet. Der „Geldzins", wie ihn Silvio Gesell analysiert und auch interpretiert hat, erweist sich dabei immer wieder als Prüfstein der ökonomischen Vernunft.

Es gab viele Versuche in der älteren wie jüngeren Vergangenheit, diese Fragen zu lösen und nach einem „dritten Weg", dem „richtigen" Weg, zu suchen. Dennoch blieben die Antworten immer unbefriedigend. Deshalb besteht auch heute noch die Notwendigkeit, nach einem solchen „dritten Weg" zu suchen bzw. die „richtigen" Antworten auf diese Fragen zu finden.

In der ersten Hälfte des letzten Jahrhunderts war neben vielen anderen vor allem der deutsch-argentinische Ökonom Silvio Jean Gesell (1862-1930) bemüht, einen derartigen „dritten Weg" zu finden. Er entwickelte die Theorie der Freiwirtschaft, die er in seinem Hauptwerk „Die Natürliche Wirtschaftsordnung durch Freiland und Freigeld" (1916) veröffentlichte. Die Person Silvio Gesells bzw. die Freiwirtschaftslehre hat heute kaum mehr Bedeutung. In Silvio Gesell sehen die einen einen Kommunisten, die anderen einen Neo-Liberalen, und wieder andere sehen in ihm sogar einen Faschisten. Solche Vorurteile sorgen bis heute dafür, dass der Zugang zu seinen Ideen des Freigeldes und des Freilandes den Allermeisten versperrt blieb. Wer war eigentlich Silvio Gesell, wie ist er zu beurteilen und was wollte er bewirken?

Die Freiwirtschaftslehre spielt in der ökonomischen Theorieentwicklung nur eine untergeordnete Rolle. Auch finden in der Standardökonomie freiwirtschaftliche Gedanken und Funktionszusammenhänge kaum oder keine Berücksichtigung.

Selbst Gesell war sich bewusst, dass ihm die wissenschaftliche Kompetenz fehlte, um seine Theorie in einen dogmengeschichtlichen Kontext stellen zu können. In seinem Frühwerk „Nervus Rerum" schrieb er daher: [...] *es würde mich freuen, wenn sich Jemand fände, der das, was ich hier in einfachem kaufmännischen Style geschrieben, mit wissenschaftlichen Schnörkeln versehen wollte, die doch nur allein auf die Menschen dieses Jahrhunderts Eindruck machen.*[7]

Liberalsozialistische Ideen finden sich schon vor Gesell, und zwar zur Mitte des 19. Jahrhunderts. Im 20. Jahrhundert – während des Ersten Weltkrieges – entstanden die ersten freiwirtschaftlichen Vereinigungen.[8] Paulus Klüpfel, ein katholischer Theologe, gründete 1915 den ersten Freiland-Freigeld-Bund. Klüpfel, der selbst in großer Armut lebte, beabsichtigte, die Menschen aus ihrer Unfreiheit zu erlösen. Im oben genannten Freiland-Freigeld-Bund waren unter anderem theologische, sozialreformerische wie auch lebensreformerische Elemente wiederzufinden. Diese Vereinigung war demokratisch orientiert und hatte als Ziel, die Natürliche Wirtschaftsordnung unter Berücksichtigung der Verfassung umzusetzen. Deshalb war es nicht erstaunlich, dass viele Gründungsmitglieder Anthroposophen, Vegetarier, Tierschützer oder Lehrer waren. Nach und nach schieden allerdings viele dieser Idealisten aus dem Bund aus, so dass dieser in den 1920er Jahren einen zunehmend konservativ-bürgerlichen Charakter bekam.

In politischer Hinsicht deutete sich schon recht früh eine Aufspaltung der freiwirtschaftlichen Bewegung an, die im Laufe der Zeit immer mehr evident wurde. Im Gegensatz zu der zuerst lebensreformerischen und dann mehr bürgerlich geprägten Freiland-Freigeld-Bewegung gab es noch die Physiokratische Vereinigung von Georg Blumenthal, welche sich 1924 in Physiokratischer Kampfbund umbenannte und sich zum Ziel setzte, die proletarische Revolution herbeizuführen. Georg Blumenthal hatte nur wenige Sympathien für die Weimarer Demokratie, weil sie für ihn das Herrschaftsinstrument des Kapitalismus darstellte. Die Argumente glichen denen der Kommunisten, allerdings wollte er anstelle der kommunistischen Planwirtschaft die Natürliche Wirtschaftordnung umsetzen. Dieses Ziel sollte unter Zuhilfenahme einer Übergangsregierung durch eine Befreiungsdiktatur verwirklicht werden.

Die größte Verbreitung hatte die freiwirtschaftliche Bewegung in den politischen Wirren der Jahre 1918 bis 1933. Sie blieb dabei im Wesentlichen auf den deutschen Sprachraum beschränkt. Zwar gab es einzelne freiwirtschaftliche Vereinigungen in Argentinien und Nordamerika, die von europäischen Auswanderern gegründet wurden, sie gingen jedoch mit dem Tod ihrer Mitglieder unter. Für Deutschland kann man die politische Wirkung der Freiwirtschaftslehre in der Zeit von 1918 bis 1933 vernachlässigen, da die Mitgliederzahlen der einzelnen Verbände gering waren und sich ihr Wirkungskreis ausschließlich auf die großen Städte beschränkte. Ihre Parteigenossen beschäftigten sich vorwiegend mit der publizistischen Gestal-

---

7 Gesell, Silvio: Nervus Rerum, S. 152.

8 Der komplette Abschnitt bezieht sich auf Bartsch, Günter: Die NWO-Bewegung Silvio Gesell und Werner, Hans-Joachim: Geschichte der Freiwirtschaftsbewegung.

tung ihrer Zeitschriften. Daneben gab es zaghafte Versuche, als politische Partei Fuß zu fassen, indem man vorwiegend Tagungen und Vorträge organisierte.

Die Absicht Gesells schon während des Ersten Weltkrieges war, alle freiwirtschaftlichen Strömungen zu vereinen. Allerdings waren alle seine Versuche zum Scheitern verurteilt. Es gab zwar gleichsam als Dachverband den Freiwirtschaftsbund, allerdings hat es dieser nie vermocht, die einzelnen Strömungen von Gesells Bewegung zu kanalisieren oder zu kontrollieren.[9] Die Meinungsverschiedenheiten waren offensichtlich zu groß, außerdem spielten persönliche Animositäten oft eine wichtige Rolle, welches dem ganzen einen leicht grotesken Charakter verlieh. Beispielsweise waren unterschiedliche Ansichten zur freien Liebe ein Grund, weshalb die Vereinigungsbemühungen scheiterten. Gesell selbst war als bekennender Polygamist Anhänger der freien Liebe. Im Gegensatz dazu stand Klüpfel, der die Spitze des Freiland-Freigeld-Bundes vertrat und vehement an der monogamen Ehe festhielt. Der Physiokratenkampfbund beschäftigte sich vornehmlich mit internationalem Klassenkampf, so dass dessen Anhängern die oben angeschnittene Frage nicht wichtig erschien.

Weiterhin gab es in den 1920er Jahren eine Vereinigung nationalvölkisch gesinnter Freiwirtschaftler, welche die Philosophie Gesells für ihre Zwecke umfunktionierten. Daher wird bis heute der Freiwirtschaftslehre von links-autonomer Seite vorgeworfen, mit den Nazis kollaboriert und ihnen ideologisch den Weg geebnet zu haben. Wo sich Gesell explizit auf die gesamte Menschheit bezog, substituierten die Nationalsozialisten den Begriff „Mensch" einfach durch „Volksgenosse".[10] Der Einfluss dieser Richtung blieb in der freiwirtschaftlichen Bewegung jedoch vernachlässigbar, denn auch der nationalistischen Bewegung konnte dieser Verein kaum Impulse verleihen. Jedoch ist nicht auszuschließen, dass spätere NS-Parolen, wie die von der „Brechung der Zinsknechtschaft", auf diesem Weg von Gesell zu den Anhängern der NSDAP gelangt sind. Während es den Nationalsozialisten allerdings nie um die Problematik des Geldsystems – insbesondere des Zinssystems – ging, sondern ausschließlich um die Diffamierung der Juden, spielte weder bei Gesell noch bei anderen ernstzunehmenden Freiwirtschaftlern die Religion der Kapitalbesitzer oder deren Nationalität eine Rolle. Gerade das Gegenteil war der Fall, denn Gesell betonte, dass der Kampf gegen die Völkischen bis aufs Messer geführt werden müsse.[11] *In völkischen Kreisen nahm man Anstoss daran, dass Gesell den Boden nicht nur an ‚Volksgenossen' verpachten, sondern allen Menschen ohne Unterschied ihrer Herkunft einen gleichberechtigten Zugang zur Erde verschaffen wollte; und dass Zinsnehmen für ihn durchaus kein spezifisch jüdisches*

9 Onken, Werner: Silvio Gesell und die Natürliche Wirtschaftsordnung, S. 98 f.
10 Siegenthaler, André: Wie Silvio Gesell zum Faschisten gemacht wurde, S. 11 ff.
11 Bartsch, Günter: Die NWO-Bewegung Silvio Gesell, S. 65.

Phänomen war.[12] Gesell äußerte sich zur Judenhetze von völkischer Seite: *Die Judenhetzerei ist eine colossale Ungerechtigkeit und eine Folge einer ungerechten Einrichtung, eine Folge des heutigen Münzwesens.*[13]

Mit dem Tod Gesells im Jahre 1930 und der darauf folgenden NS-Diktatur ab 1933 war die aktivste Zeit der freiwirtschaftlichen Bewegung vorbei. Viele, vor allem die aktiveren Freiwirtschaftler, wurden von den Nationalsozialisten entweder mit einem Schreib- oder Redeverbot belegt oder zur Emigration gezwungen. Die Gestapo führte bei ca. 1200 führenden Mitgliedern des revolutionären Physiokratischen Kampfbundes Hausdurchsuchungen durch und deportierte mehrere ihrer führenden Mitglieder in Konzentrationslager.

Nach dem Ende des Zweiten Weltkrieges gedieh erneut eine kurze dreijährige Blütezeit der Freiwirtschaftlichen Bewegung. Gerade im zerstörten Deutschland fielen die Ideen der Natürlichen Wirtschaftsordnung auf fruchtbaren Boden. Diese Blüte wurde aber abrupt im Jahr 1948 mit der erfolgreichen Einführung der neuen westdeutschen D-Mark beendet. Nun hatte die Bevölkerung kein Interesse mehr an einem neuen Geldsystem. Das einsetzende „Wirtschaftswunder“, aufgebaut auf den Grundlagen der ordoliberalen[14] sozialen Marktwirtschaft, befriedigte fast alle wirtschaftlichen Wünsche oder ließ zumindest kaum mehr diesbezügliche Wünsche offen.

Erst im Jahr 1968, mit Beginn der Studentenrevolten, spielte in der öffentlichen Diskussion freiwirtschaftliches Gedankengut wieder eine Rolle. Erneut drehte sich die Debatte um den „dritten Weg“ zwischen Kapitalismus und Kommunismus. In Deutschland wurde die Freisoziale Union gegründet, eine Partei, die sich zwar dem freiwirtschaftlichen Programm verschrieben hatte, aber nie aus ihrem Schattendasein heraustrat. In den achtziger Jahren wechselten dann viele der aktiven politischen Freiwirtschaftler zur Partei der Grünen.

II. Forschungsstand

Gesells Theorie ist so gut wie noch nie umfassend aus neutraler Sicht beurteilt worden; die vorhandene Literatur ist vielmehr von ideologischen Grabenkämpfen geprägt. Vertreter der standardökonomischen und sozialistischen Seite leh-

---

12 Onken, Werner: Silvio Gesell und die Natürliche Wirtschaftsordnung, S. 38.

13 Gesell, Silvio: Nervus Rerum, S. 140.

14 Der Ordoliberalismus steht für eine marktwirtschaftliche Wirtschaftsordnung, in der dem Staat die Aufgabe zugewiesen wird, einen marktkonformen Ordnungsrahmen für Privateigentum, Vertragsfreiheit, freien Wettbewerb, Konjunktur- und Geldwertstabilität sowie soziale Gerechtigkeit zu gewährleisten. Der Ordoliberalismus gilt als eine deutsche Variante des Neoliberalismus.

nen die Idee Gesells rundweg ab[15], dagegen wird Gesell von freiwirtschaftlicher Seite enthusiastisch als „einer der größten Denker Deutschlands“[16] oder als „Entdecker des Geldes und seiner Gesetzmäßigkeit“[17] angesehen. Ein inhaltlicher Austausch findet kaum statt, denn beide Seiten sind dogmatisch von der Richtigkeit ihrer Position überzeugt.

Unter der Freiwirtschaftslehre versteht man bis heute die Wirtschaftstheorie Silvio Gesells samt ihrem philosophischen Fundament und ihrer Weiterentwicklung. Dass Gesell die Ablehnung der Standardökonomie geradezu provozierte, wird durch die Schärfe seiner folgenden Aussage klar: [...] *dass die Hochschule auf dem Gebiet der Volkswirtschaftslehre nur geistige Krüppel züchten könne. Manchen der Bemitleidenswerten könnte ich noch helfen; doch ist das erschwert durch den gewaltigen Ballast, der erst gelöscht werden müsste.*[18]

Die vierteljährlich erscheinende *Zeitschrift für Sozialökonomie* ist das publizistische Organ der freiwirtschaftlichen Bewegung.[19] Die Aufgabe dieser Publikationen ist die Überwindung des kapitalistischen Systems durch freiwirtschaftliche Reformen. Werner Onken fungierte als Chefredakteur dieser Zeitschrift und daneben als Organisator zahlreicher freiwirtschaftlicher Tagungen. Seine wichtigste Leistung war aber die Herausgabe von Gesells Gesamtwerk. Erst auf dieser Grundlage konnte die vorliegende Arbeit erstellt werden. Die freiwirtschaftliche Literatur erscheint fast ausschließlich im *Gauke Verlag für Sozialökonomie*, wobei sich Onken vor allem mit dem Werk und dem Leben Gesells beschäftigte[20]. Wegen seiner herausragenden Bedeutung für die Freiwirtschaftsbewegung hielt Onken auch die Ansprache zur Eröffnung der Silvio Gesell-Ausstellung in St. Vith 1987. Neben den gesammelten Werken Gesells wurden im *Gauke Verlag für Sozialökonomie* in Lütjeburg noch weitere Schriften zur Freiwirtschaftslehre veröffentlicht, die sich jedoch hauptsächlich mit dem Werk und dem Leben Gesells beschäftigen.[21]

15 Färber, Heinrich: 1. Teil: Die Irrlehre Silvio Gesells (Natürliche Wirtschaftsordnung durch Freiland und Freigeld). 2. Teil: Die richtige Zinslehre. Das Schwundgeld – ein Spielzeug; Die Freiwirte auf Irr- und Abwegen, Graz 1997; Originalausgabe 1934, und Loewe, Wolfgang: Eine kritische Betrachtung der Silvio Gesell’schen „Freiland-Freigeld-Theorie“, 1935.

16 Uhlemayr, Benedikt: Silvio Gesell, S. 7.

17 Blüher, Hans: Silvio Gesell – zeitgenössische Stimmen zum Werk und Lebensbild eines Pioniers, S. 5

18 Gesell, Silvio: Verteidigungsrede, S. 33.

19 Vgl. http.//www.sozialoekonomie.de.

20 Onken, Werner und Bartsch, Günter: Silvio Gesell, zwei Texte zur Geschichte der Freiwirtschaft, 1992.

21 Engert, Rolf: Silvio Gesell in München 1919: Erinnerungen und Dokumente aus der Zeit vor, während und nach der 1. bayerischen Räterepublik; Siegbert, Wolf: Silvio

Auch in der Schweiz erschienen Veröffentlichungen zu Werk und Leben von Gesell. Bekanntlich hat Gesell ja auch einen Teil seines Lebens dort verbracht. In der *schweizerischen Freiwirtschaftlichen Bibliothek Legat* sind vorwiegend Gedenkreden zu Silvio Gesell oder dem Silvio-Gesell-Heim zu finden.[22]

Rolf Engert war dann einer der ersten, der sich wissenschaftlich mit Silvio Gesell auseinandersetzte. Er verglich dessen Theorien mit denen anderer Ökonomen und unternahm erstmals den Versuch, Verbindungen zwischen den einzelnen Theorien darzustellen.[23]

In den Werken wird immer wieder der Einfluss der Frühsozialisten auf Gesell erwähnt und die gemeinsame Kritik an den wider-natürlichen Produktionsbedingungen herausgestellt. Dabei wird Gesell nachgesagt, er habe teilweise die marxistische Theorie bezüglich der Krisenanfälligkeit der Wirtschaft übernommen. Selbst die diesbezüglichen Lösungsversuche von John Maynard Keynes wurden immer wieder mit denen von Marx verglichen.[24]

Der Amerikaner Dudley D. Dillard[25] hat nur wenige Jahre nach der Veröffentlichung von Keynes' Hauptwerk „The General Theory of Employment, Interest and Money“ die Verbindungslinien von Proudhon über Gesell zu Keynes untersucht. Hierbei recherchierte er sehr genau, inwieweit Keynes und Gesell bzw. Proudhon nicht mit Marx übereinstimmen und warum sie wohl eher als dessen Kritiker anzusehen sind.

Zum Vergleich zwischen Silvio Gesell und John Maynard Keynes wird in der Fachliteratur immer wieder darauf verwiesen, dass Letzterer von Gesell beeinflusst wurde und große Stücke auf ihn hielt. Keynes selbst war sogar so weit gegangen, dass er Gesells Theorie eine große Zukunft prophezeite, wenngleich er einige seiner Überlegungen harsch kritisierte[26]. Er widmete sogar Gesell mehrere Seiten in

---

Gesell: Eine Einführung in Leben und Werk eines bedeutenden Sozialreformers.

22 Hoffmann, Hans: Gedenkrede zum 50. Todestag von Silvio Gesell, und Studer, Otto: Im Gedenken an Silvio Gesell. Zu erwähnen ist in diesem Zusammenhang die Denkschrift von Hoffmann, Hans: Silvio Gesell, Begründer der freiwirtschaftlichen Schule, herausgegeben von der Liberalsozialistischen Partei des Kantons Bern als Heft Mai 1987 in der Schriftenreihe: LSP – Kommentare für freiheitliche Ordnung in Kultur, Staat Währung und Wirtschaft.

23 Engert, Rolf: Das dritte Zeitalter (Max Stirner – Henrik Ibsen – Silvio Gesell) 1921, und Engert, Rolf: Silvio Gesell und Max Stirner. Erwiderung an Prof. Sveistrup (1932/33).

24 Heinsohn, Gunnar / Steiger, Otto: Marx und Keynes und die Lösung des Geldrätsels, S. 1 ff. und Hahn, Young Bin: Die Geldtheorie von Marx und Keynes, S. 57 ff.

25 Dillard, Dudley D.: Proudhon, Gesell and Keynes. An Investigation of some „Anti-Marxian-Socialist“ Antecedents of Keynes' General Theory of Employment, Interest and Money, 1997.

26 Onken, Werner: Silvio Gesell und die Natürliche Wirtschaftsordnung, S. 64.

seinem Hauptwerk *The General Theory of Employment, Interest and Money: It is convenient to mention at this piont the strange, unduly neglected prophet Silvio Gesell (1862-1930), whose contains flashes of deep insight and who only failed to reach down to the essence of the matter.*[27]

III. Gegenstand und Fragestellung

Mit John Maynard Keynes hat sich ein Ökonom von Weltruf mit den Theorien von Gesell auseinandergesetzt. Die auffälligste Gemeinsamkeit zwischen ihnen ist die Interpretation des Zinses als ein arbeits- und leistungsloser Überschuss. Der Schwerpunkt dieser Arbeit liegt daher in der Frage, inwiefern Keynes von Gesell beeinflusst war und dessen Theorie derjenigen von Keynes Impulse gab. Es handelt sich damit um eine rezeptionsgeschichtliche Untersuchung.

Zunächst ist es notwendig, die Theorie der Freiwirtschaft des deutsch-argentinischen Ökonomen und Sozialreformers Silvio Gesell vorzustellen. Darüber hinaus werden Reaktionen auf seine Ansichten zusammengestellt und geschildert, inwieweit diese weiterentwickelt wurden. Ein besonderes Augenmerk hat dabei John Maynard Keynes zu gelten, der sogar von Guido Preparata als Plagiator bezeichnet wird,[28] denn er soll die Theorie und die gesellschaftlichen und ökonomischen Parabeln Silvio Gesells seinem Werk integriert haben. Gesells wissenschaftliche und politische Theorie soll im Rahmen dieser Arbeit kritisch aufgearbeitet werden, wobei gezeigt wird, dass die Akzeptanz der Freiwirtschaftslehre stark von der persönlichen Auffassung und der jeweiligen Lehrmeinung des einzelnen Ökonomen abhängig war. In diesem Zusammenhang wird eine systematische Auseinandersetzung mit den Einwendungen, die im Laufe der Jahrzehnte gegen die Theorie Gesells vorgebracht wurden, vorgenommen. Somit kann dann der Anschluss an den derzeitigen Stand der Ökonomie wiederhergeleitet werden. Gesell war zweifellos mehr als nur ein „Geld- und Finanztheoretiker", als der er heute in den einschlägigen Nachschlagewerken geschildert wird. Sein Gedankenspektrum reichte auch in andere Wissensgebiete, wie die Philosophie und Theologie, Anthropologie, Psychologie, Geschichte sowie die Sozial-, Rechts-, und Politikwissenschaften. Somit wäre auch eine Betrachtung der Rezeption seitens der Vertreter dieser Disziplinen an sich wünschenswert, aber hier nicht leistbar, da dies den Rahmen einer Dissertation sprengen würde.

27 Keynes, John Maynard: The General Theory, S. 353.
28 Preparata, Guido G.: On the art of innuendo, S. 217 ff.

A. Leben und Werk Silvio Gesells (1862-1930)

In diesem Teil meiner Arbeit wird zunächst der Lebenslauf Gesells vor dem historischen Hintergrund der Wende des neunzehnten zum zwanzigsten Jahrhundert beschrieben. Auch werden die Grundlagen für eine umfassende Beurteilung der Freiwirtschaftslehre untersucht sowie das historische Umfeld für das philosophische Fundament der Freiwirtschaft dargestellt.

I. Zur Biographie vor dem Hintergrund der Gesell-Forschung

Am 17. März 1862 wurde Silvio Jean Gesell in St. Vith im heute belgischen, doch damals noch zu Preußen gehörenden Kreis Malmedy als siebtes von neun Kindern eines preußischen Kreissekretärs geboren.[29] Als Sohn einer katholischen, wallonischen Mutter, die als Lehrerin vielfältige literarische, künstlerische und musikalische Interessen pflegte, sowie eines protestantischen, preußischen Vaters besuchte er nach der Volksschule noch für ein Jahr das dortige Gymnasium. Auf Grund der Familienstruktur musste er aber recht früh – mit 16 Jahren – finanziell auf eigenen Beinen stehen und trat deshalb in den Dienst der deutschen Reichspost. Schon als so genannter Posteleve in St. Vith betrieb er ein eifriges Selbststudium. Weil ihm aber die Beamtenlaufbahn nicht zusagte, kam er zu dem Entschluss, in der Firma seines älteren Bruders in Berlin den Kaufmannsberuf zu erlernen. Anschließend ging er als Zwanzigjähriger für zwei Jahre als Korrespondent nach Malaga in Spanien. Um mit einem Minimum an Militärdienstzeit davonzukommen, kehrte er nach Berlin zurück und erwarb sich durch fleißiges autodidaktisches Studium die Berechtigung zum Einjährig-Freiwilligen-Dienst, den er in der Garde – allerdings mit innerem Widerstreben – hinter sich brachte. Daran anschließend arbeitete er als kaufmännischer Angestellter in Braunschweig, wo Gesell seine spätere Frau Anna Boettgers, die Tochter eines Lebensmittelhändlers, kennenlernte.[30]

Im Jahr 1887 übersiedelte Gesell nach Buenos Aires in Argentinien, um dort die Filiale des in Berlin von seinem Bruder geführten Dentalwarenhandels zu er-

29 Kokaly, Aloys: Wer war Silvio Gesell, S. 5.
30 Schmid, Werner in Blüher, Hans u. a.: Silvio Gesell, S. 37 ff.

öffnen. Dorthin folgte ihm seine Verlobte, und sie heirateten noch im selben Jahr in Montevideo im benachbarten Uruguay.

Zum damaligen Zeitpunkt war Argentinien von einer Reihe von Wirtschafts- und Währungskrisen geplagt, was erhebliche soziale Unruhen zur Folge hatte, die mit brutaler Gewalt niedergeschlagen wurden.[31] In den Jahren 1891 und 1892 entstanden in Argentinien seine frühen Schriften: „Die Reformation im Münzwesen als Brücke zum sozialen Staat", „Nervus rerum" und „Die Verstaatlichung des Geldes." Ihnen folgte eine große Anzahl weiterer Schriften, Bücher und Zeitungsaufsätze sowohl in deutscher als auch in spanischer Sprache. Die ersten spanisch verfassten Publikationen setzten sich mit dem argentinischen Währungssystem auseinander. Bald darauf erschienen auch seine ersten währungspolitischen Erörterungen. Von nun an widmete er der Schriftstellerei sein Leben. Dagegen sollte die kaufmännische Tätigkeit ihm nur noch als Mittel dienen, um seine Publikationen zu finanzieren.

Im Jahr 1895 erwarb Gesell ein großes Grundstück in Buenos Aires und etablierte dort seine Dental-Firma, die er „Casa Gesell" genannt; sie existiert heute noch. Wenig später kaufte er eine Kartonfabrik dazu. Im gleichen Jahr trat sein Bruder Ernst als Teilhaber in sein Geschäft ein, um es nach fünf Jahren ganz zu übernehmen.

1898 kehrte Gesells Frau mit seinen Kindern nach Deutschland zurück, um diesen eine europäische Schulbildung zu ermöglichen. Sie konnten zunächst bei Silvio Gesells Bruder Roman in Weimar wohnen.

Auf Grund anderer außerehelicher Beziehungen Gesells soll sich die Anzahl seiner Kinder auf ungefähr zwanzig belaufen, wobei sich Genaueres nur schwer ermitteln lässt. Nach Werner Onken gibt es „Anzeichen dafür, dass sich Gesell ähnlich den polygamen Stammvätern der Israeliten als Stammvater eines ‚geistigen Volkes' von Menschen aus den verschiedensten Völkern verstand, die die Welt eines Tages von der Mammonsherrschaft befreien würden."[32]

Er selbst kam im Jahr 1900 ebenfalls nach Europa zurück, um die Verbreitung seiner Lehre voranzutreiben. Daher erwarb er im gleichen Jahr für sich und seine Familie einen Bauernhof im Neuenburger Jura (Schweiz). Neben seiner mehr experimentellen landwirtschaftlichen Betätigung vertiefte er sich autodidaktisch in die Werke von Adam Smith, David Ricardo, Karl Marx, Pierre Proudhon und anderer großer Ökonomen sowie in die Schriften von Naturwissenschaftlern und Philosophen, wie Charles Darwin und Friedrich Nietzsche. Auch verglich Gesell deren Aussagen mit seinen eigenen Überlegungen und prüfte seine Gedanken selbstkritisch; er baute sie dann kontinuierlich zu einem Theoriegebäude aus. Sehr

31 Onken, Werner: Silvio Gesell und die Natürliche Wirtschaftsordnung, S. 7.
32 Onken, Werner: Silvio Gesell und die Natürliche Wirtschaftsordnung, S. 141.

intensiv beschäftigte er sich auch mit den Werken von Henry George und Michael Flürschein. Von diesen Autoren übernahm er die Forderung nach einer Bodenreform, wandelte sie aber insofern ab, als er im Gegensatz zu diesen keine entschädigungslose Enteignung der bisherigen Eigentümer des Bodens vorschlug, sondern einen allmählichen Rückerwerb des Bodens durch den Staat. Als Landeigentümer, der von den Zinsen seines Vermögens lebte, schrieb er im Jahr 1900 an einen Freund: *In meinen Mussestunden beschäftige ich mich damit, den Ast anzusägen, auf dem ich jetzt mit ungewohnter Behaglichkeit sitze, indem ich auf Abschaffung von Zins und Rente arbeite.*[33]

In den Jahren 1902 und 1903 gab Gesell die Zeitschrift „Die Geld- und Bodenreform" heraus, die sich als großer Misserfolg erwies, denn er konnte damit nur drei Mitstreiter gewinnen. Davon war der erste ihm am längsten zur Seite stehende Georg Blumenthal († 1923). – Als Vorläufer seines Hauptwerks „Die Natürliche Wirtschaftsordnung" erschien 1906 „Die Verwirklichung des Rechts auf den vollen Arbeitsertrag durch Geld- und Bodenreform", in dem die Theorie der Freiwirtschaftslehre bereits vollständig beschrieben wurde.

Für die Zeit von 1907 bis 1911 kehrte Gesell nach Argentinien zurück, da sein Bruder mittlerweile (1906) gestorben und sein Geschäft dadurch führungslos geworden war. Inzwischen waren seine Ersparnisse fast vollständig aufgezehrt, weil er hohe Druckkosten für die Vervielfältigung seiner Lehre hatte und kaum Einnahmen aus dem Verkauf seiner Schriften generieren konnte. Doch dann begann sein Geschäft wieder so gut zu florieren, dass Silvio Gesell seinen Traum von einem Refugium in freier Natur verwirklichen konnte. In Punto Checia, vor den Toren von Buenos Aires, erwarb er ein großes Grundstück mit einem weiten Blick auf den La Plata-Fluss. Dorthin konnte er sich in seinen Mußestunden zurückziehen, nachdem er inmitten der Wildnis dort ein Holzhaus und einen blühenden Garten hatte errichten lassen. Wider Erwarten aber begab sich Gesell 1911 nach Deutschland zurück, da seine Söhne mittlerweile alt genug waren, um die Geschäfte in Argentinien zu übernehmen. Als Wohnsitz entschied er sich für die boden- und lebensreformerische Genossenschaftssiedlung Eden bei Berlin, die er zusammen mit Franz Oppenheimer und Adolf Damaschke begründet hatte.

Seit 1912 gab Gesell mit seinem Mitstreiter Georg Blumenthal die Zeitschrift „Der Physiokrat"[34] heraus. Ihr Name war bewusst in Anlehnung an den franzö-

33 Hier zitiert nach: Onken, Werner: Silvio Gesell und die Natürliche Wirtschaftsordnung, S. 25.

34 Physiokratismus (Naturherrschaft), eine von F. Quesnay im 18. Jahrhundert in seiner Schrift „Tableau économique" entwickelte Wirtschaftstheorie. Die Physiokraten übertrugen den naturrechtlichen Gedanken von der allem menschlichen Zusammenleben innewohnenden Harmonie auf das Wirtschaftsleben und forderten, dass dieses frei nach der in ihm angelegten „Natürlichen Ordnung" ablaufen sollte: «Laissez faire, laissez

sischen Physiokraten François Quesnay gewählt worden. In diesem Journal hat Silvio Gesell im Jahr 1913 erstmals neben seinen Überlegungen zur Geld- und Bodenreform auch seinen dritten „Leitgedanken“ niedergelegt, nämlich sein Postulat, die aus der Verpachtung des Bodens in die Kassen der Allgemeinheit fließende Bodenrente an die Mütter auszuzahlen, und zwar nach der Anzahl ihrer Kinder. Damit sollten ihre Erziehungsleistungen honoriert und sie von ökonomischen Abhängigkeiten befreit werden. Mit diesen damals modernen Gedanken rüttelte Gesell an den Grundprinzipien der deutschen Gesellschaft. Dies hatte zur Folge, dass Anfang 1916 die Zeitschrift „Der Physiokrat“ der Kriegszensur endgültig zum Opfer fiel. Daraufhin verließ Gesell das Deutsche Reich und kehrte auf seinen Bauernhof in der Schweiz zurück.

Im Jahr 1914 war eine von Gesell seit langem befürchtete Situation eingetreten: Mit Ausbruch des Ersten Weltkrieges wurde die Pflicht zur Einlösung der Banknoten in Gold aufgehoben und die Mobilmachung mit der Notenpresse finanziert. Dies wiederum hatte zur Folge, dass die Lebenshaltungskosten bis 1918 auf das Fünffache anstiegen. Silvio Gesell hatte mehrfach die Erfahrung gemacht, dass er bei verantwortlichen Stellen bezüglich seiner Theorien auf taube Ohren stieß. Dies bewog ihn, sich mit seinen Vorschlägen an ein breiteres Publikum zu wenden. Dabei diente ihm die Zeitschrift „Die Geldreformer“ bzw. „Die Geld- und Bodenreform“ als Multiplikator seiner Ideen, um Menschen für seine Ideen zu gewinnen.

Im Kriegsjahr 1916 erschien in Bern die erste Auflage seines Hauptwerkes „Die Natürliche Wirtschaftsordnung durch Freigeld und Freiland“. Zusätzlich hielt Gesell einen Vortrag in Bern zum Thema „Gold oder Frieden“. Im Jahr 1917 trug er in Zürich einen weiteren Vortrag über „Freiland – die eherne Forderung des Friedens“ vor. Von den Eindrücken des Krieges geprägt, wurden die bei diesen Gelegenheiten geäußerten Ideen später in sein Werk „Die Natürliche Wirtschaftsordnung“ integriert.

Mit Unterstützung von Ernst Niekisch und dem Antikommunisten Gustav Landauer wurde Gesell während der Novemberrevolution 1918 zum Volksbeauf-

---

passer, le monde va de lui-même». Nach der Lehre des Physiokratismus erzielt nur die Landwirtschaft einen Reinertrag, entsprechend wäre als „einzige Steuer“ nur die Grundsteuer gerechtfertigt. Dieser Gedanke der alleinigen Produktivität der Landwirtschaft liegt auch der Einteilung der Bevölkerung in soziale Klassen zugrunde. Quesnay unterschied: 1.) Classe distributive (Grundbesitzer); 2.) Classe productive (Pächter); 3.) Classe stérile (Handwerk, Handel); die Lohnarbeiterschaft (Classe passive) berücksichtigte er nicht. Die Verflechtung aller wirtschaftlichen Vorgänge stellte er in dem Schema des Güterkreislaufs dar. In dem Bemühen um eine volkswirtschaftliche Gesamtschau sowie in der Ablehnung der vom Merkantilismus betriebenen staatlichen Reglementierung liegt die Bedeutung des Physiokratismus. Weitere Vertreter des Physiokratismus in Frankreich waren Turgat, V. Graf von Mirabeau, Du Pont de Nemours, in Deutschland unter anderem Karl Friedrich von Baden-Durlach.

tragten für das Finanzwesen des zu dieser Zeit sozialdemokratisch dominierten Freistaats Bayern gewählt. Retrospektiv beurteilte sein Freund und Anhänger Rolf Engert seinen Entschluss zur Annahme dieses Amtes so: *Ist es da verwunderlich, dass er eine sich ihm bietende Gelegenheit ergriff, seine Idee selbst noch in letzter Stunde zur Rettung des deutschen Volkes zu verwirklichen. Gleichgültig selbst unter welcher Regierung dies geschah? Er stellte sich der ersten zur Verfügung, die ihn rief, der ersten, die endlich einsah, dass allein er hier helfen konnte. Wäre es zur Durchführung seines Programms gekommen, wäre er nicht durch die zweite kommunistische Räterepublik gestürzt und an seiner Weiterarbeit gehindert worden, so wäre ihm damit eine geniale Überlistung des Kommunismus gelungen, den er für alle Zeiten erledigt hätte, indem er Besseres an seine Stelle setzte ...*[35]

Gesell wollte unbedingt die Geldreform sofort umsetzen, weshalb er versuchte, das Volk durch zahlreiche Zeitungsartikel über den Sinn seiner Maßnahmen aufzuklären. Zu ihrem Zweck sollte eine gestaffelte Vermögensabgabe eingeführt werden, um besonders die hohen Kriegsgewinne abzuschöpfen. Angeblich war sogar bereits das neue Geld bei den Druckereien in Auftrag gegeben worden, doch kam es nie zur Ausgabe, weil das Kabinett schon nach zehn Tagen von der kommunistischen Räteregierung abgesetzt wurde.

Nach dem endgültigen Scheitern der roten Revolution in München wurde Gesell verhaftet und wegen Hochverrats vor ein Standgericht geladen. Er musste zeitweise um sein Leben fürchten, zumal andere Mitglieder seiner Regierung, unter anderem auch Landauer, hingerichtet wurden.[36] Im Juni 1919 wurde Gesell allerdings von allen Anklagepunkten freigesprochen.

Auf Anraten seines Verteidigers hat er die zuvor im Gefängnis verfasste Verteidigungsrede nicht gehalten. In ihr finden sich Passagen, die Gesells Selbstverständnis als „Sokrates der Moderne" oder als „Retter des Deutschen Reiches" wiedergeben. In vielem war seine Verteidigungsrede der Apologie[37] des Sokrates

35 Engert, Rolf: Silvio Gesell in München 1919, S. 41.

36 Vgl. Bartsch, Günter: Die NWO Bewegung Silvio Gesells – Geschichtlicher Grundriß, S. 37.

37 Die Apologie des Sokrates (gr: Απολογία Σωκράτους, Apologia Sokratūs) wurde von Platon verfasst. Sie enthält die Verteidigungsrede des Sokrates zur Anklage wegen Gotteslästerung und Verführung der Jugend. Unter „Apologie des Sokrates" wird gemeinhin die Verteidigungsrede des Sokrates verstanden, die dieser während seines Prozesses hielt. Nach dem Tod des Sokrates entstand eine Unzahl von Apologien, deren Urheber nicht nur seine Schüler waren. Die meisten sind verschollen. So zum Beispiel auch die des Lysias. Die Unterschiede zwischen den beiden als einzige erhaltenen Apologien (der des Xenophon und der des Platon) lassen erahnen, wie unterschiedlich die weiteren Apologien gewesen sein könnten. Daher ist die Apologie Platons eine zweifelhafte Quelle, um Rückschlüsse auf den historischen Sokrates zu ziehen.

nachempfunden, was sicherlich provozierend gewirkt hätte.[38] Fast 40 Jahre lang hat Silvio Gesell versucht, der Gesellschaft das Resultat seiner Gedanken und Überlegungen zu vermitteln. Er hielt seine Theorie für eine Entdeckung von ungeheurer Tragweite für die deutsche Volkswirtschaft und auch die anderer Völker, während die meisten Sachverständigen davon noch nichts wissen wollten bzw. diese rundweg ablehnten.

Auf Grund der Ereignisse in München wurde Gesell von den Schweizer Behörden zur persona non grata erklärt und ihm die Rückkehr in seine Schweizer Wahlheimat untersagt. Er musste deshalb sein Haus in Stäfa am Zürichsee verkaufen, wohin er vor 1917 gezogen war.

In Rehbrücke bei Potsdam fand er ein neues Zuhause. Von dort versuchte er immer wieder, Kontakte zu währungs- und wirtschaftspolitischen Entscheidungsträgern herzustellen, um diesen seine Sicht der Dinge zu erläutern und nahe zu bringen. Er hatte jedoch nur ein einziges Mal Erfolg, und ein Regierungsmitglied, der Wiederaufbau- und Außenminister Walter Rathenau, sicherte ihm eine Audienz zu. Allerdings wurde dieser einen Tag vor dem vereinbarten Termin ermordet, was für Gesell und die Freiwirtschaftslehre Symbolcharakter haben sollte.[39]

Daneben unterstützte Silvio Gesell Organisationen, die sich für die Verbreitung seiner Gedanken einsetzten, und verfasste für deren Publikationen zahlreiche Artikel, in denen er zum Tagesgeschehen Stellung nahm. Im Gegensatz zu starken politischen Kräften, die eine Lösung der drängenden Probleme von einem weiteren Ausbau des Staates erwarteten, propagierte er den Abbau desselben und beschäftigte sich mit der Frage, wie der Staat auf seine eigentlichen Aufgaben beschränkt werden könne.

Nachdem Gesell zur Jahreswende 1924/25 ein letztes Mal nach Argentinien gereist war, zog er sich wieder in die Genossenschaftssiedlung Eden zurück, wo er am 11. März 1930 an einer Lungenentzündung verstarb. Für die letzten Jahre vor seinem Tod lassen sich gewisse antidemokratische Tendenzen ausmachen, die im Gegensatz zu seinen Frühwerken stehen. Unter dem Einfluss der Philosophie Nietzsches und der fehlenden Akzeptanz seiner Theorien geißelt er die kulturellen Verfallserscheinungen der Weimarer Republik.

---

38 Silvio Gesell beschreibt dies mit folgenden Worten: *Mich brauchen sie jetzt hier und im Deutschen Reich! Nicht dass es an Männern fehlt, die die geistigen Fähigkeiten zu dieser Arbeit haben. Daran liegt es nicht. Aber niemand ist da unter den 70 Millionen, der sich für diese Aufgabe vorbereitet hätte. Ich allein tat es. Ob der Zinssatz 5 oder 4 ist, macht in Deutschland gleich Milliarden aus. Wer kann nun zielsicher in die Entwicklung des Zinsfusses eingreifen? Ich kann es, sonst niemand. Von mir hängt es ab, ob Deutschland unter der Zinslast zusammenbricht oder nicht.* Aus: Verteidigungsrede, S. 33.

39 Onken, Werner: Silvio Gesell und die Natürliche Wirtschaftsordnung, S. 76.

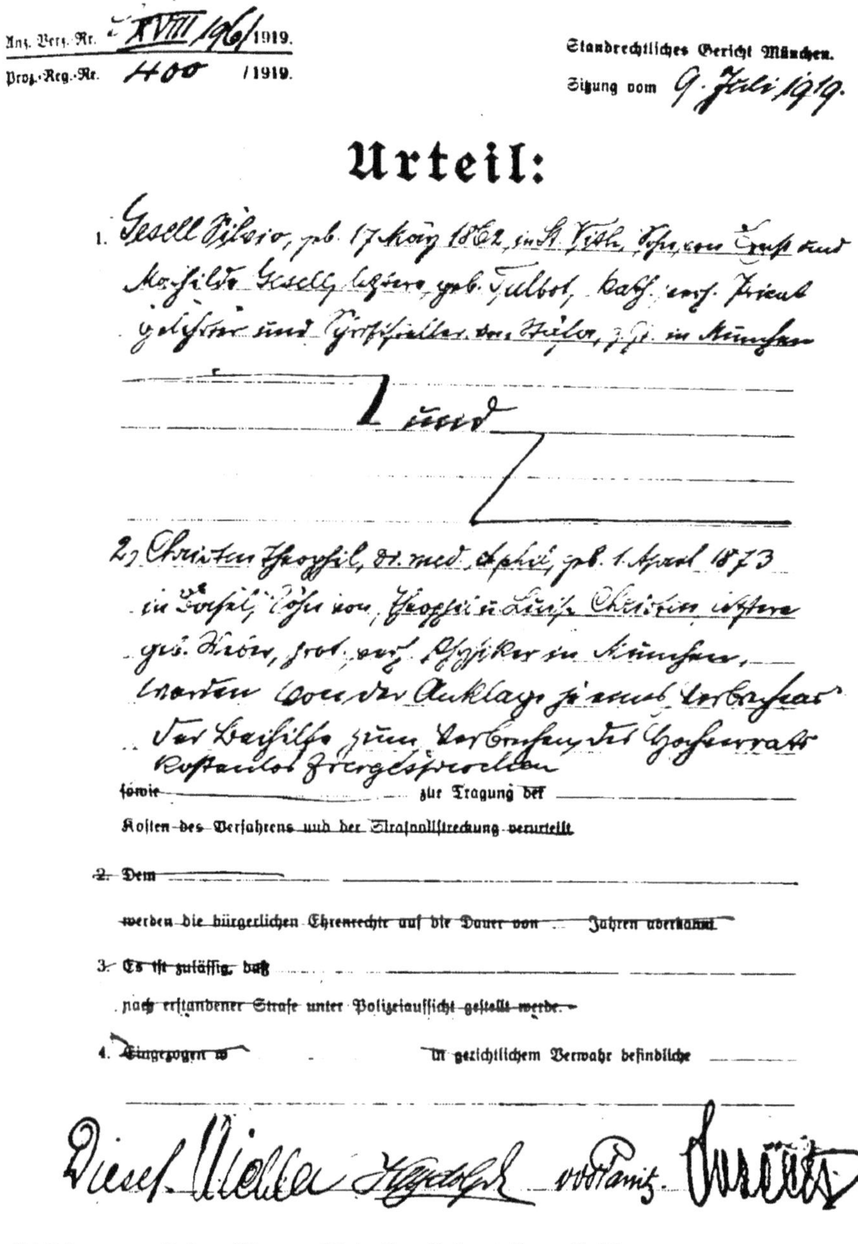

Anz. Verz. Nr. XVIII/196/1919.

Proz.-Reg.-Nr. 400/1919.

Standrechtliches Gericht München.

Sitzung vom 9. Juli 1919.

Urteil:

1. Gesell Silvio, geb. 17. März 1862 in St. Vith, Sohn von Ernst und Mathilde Gesell, letztere geb. Talbot, kath. verh. Privatgelehrter und Schriftsteller [illegible], z. Zt. in München

2) Christen Theophil, Dr. med. Arzt, geb. 1. April 1873 in [illegible], Sohn von Theophil u. Luise Christen, letztere geb. [illegible], prot. verh. Physiker in München, werden von der Anklage eines Verbrechens der Beihilfe zum Verbrechen des Hochverrats kostenlos freigesprochen

~~sowie~~ zur Tragung der

~~Kosten des Verfahrens und der Strafvollstreckung verurteilt.~~

~~2. Dem~~

~~werden die bürgerlichen Ehrenrechte auf die Dauer von Jahren aberkannt.~~

~~3. Es ist zulässig, daß~~

~~nach erstandener Strafe unter Polizeiaufsicht gestellt werde.~~

~~4. Eingezogen w~~ in gerichtlichem Verwahr befindliche

[illegible] v. d. Planitz [illegible]

Abbildung aus: Onken, Werner: Silvio Gesell Ausstellung, S. 57.

Es war ihm nicht vergönnt mitzuerleben, wie später das Experiment mit seinem Freigeld von mehreren Gemeinden gewagt wurde.

II. Das Werk: Entstehungskontext und Grundzüge

1. Die Vielfalt der freiwirtschaftlichen Schriften, ihre Motivation und ihr Entstehungskontext

Silvio Gesell hat mit beeindruckender Energie schriftstellerisch gearbeitet. Betrachtet man sein Gesamtwerk, erstaunen die Vielseitigkeit und der beachtliche Umfang, die sein geistiges Schaffen auszeichnen. Bei der Menge der Gesell'schen Publikationen ist es schwierig, sich einen Gesamtüberblick über seine Lebensleistung zu verschaffen. Dies ist auch dadurch begründet, dass er neben zahlreichen Monographien auch Zeitschriftenartikel, Aufsätze, Denkschriften und Broschüren zu den unterschiedlichsten Themen selbst oder in Mitarbeit verfasste. Zudem hat sein Lebensweg ihn an viele Orte geführt, an denen er seine Schriften herausgab, was die Sache nicht unbedingt erleichtert. Weitere Probleme ergeben sich aus der Tatsache, dass Gesell öfter unter Pseudonymen veröffentlicht hat. Einige, die gesichert mit ihm in Verbindung gebracht werden können, sind die folgenden: „Adam, Adam Noah, Acratillo, Bravo, Fritz Grapaud, Ein Desillusionierter, Großmaul, Hannibal ante Portas, hélas, I.O., Joseph, Walter Klarheit, Andreas Müller, Thomas Münzer, Albert Weisheit, Lazarus und viele mehr".[40]

Silvio Gesell hat von 1891 bis 1930 über 60 Bücher, Broschüren und Artikel veröffentlicht, die sich fast alle mit Fragen der politischen Ökonomie auseinandersetzen. Daneben ergänzen noch drei selbst herausgegebene Zeitschriften sein Werk sowie Beiträge und Artikel in diversen Serien- und Tageszeitungen. Nicht berücksichtigt sind dabei seine zahlreichen Korrespondenzen, er soll mit ungefähr 600 Zeitgenossen in Briefkontakt gestanden haben.

Die Ablehnung des Gesell'schen Gedankengutes mag sicher auch damit zusammenhängen, dass sein Werk der Vorstellung unterlag, volkswirtschaftliche Zusammenhänge könnten einer moralischen Beurteilung unterworfen werden. Damit geriet er in Gegensatz zu der am Beginn des 20. Jahrhunderts vertretenen Meinung, wonach moralische Werturteile im ökonomischen Bereich nicht objektivierbar seien und sich einer analytischen Beweisführung entzögen.[41]

Als man im deutschen Reichstag die Einführung der Goldbindung durchsetzte, hatte sich die Vorstellung vom „inneren Wert" des Goldes endgültig auch auf die Pa-

40 Hess, Willy: Die Werke von Silvio Gesell, S. 13.

41 Vgl. Weber, Max: Soziologie, S. 263 ff., und Spengler, Oswald: Der Untergang des Abendlandes, S. 20 ff.

pierwährung übertragen. Als Gesell mit seinen Ideen an die Öffentlichkeit trat, hätte dies zu einer heftigen Reaktion führen müssen, da seine Idee der Natürlichen Wirtschaftsordnung enormen politischen und sozialen Sprengstoff enthielt. Das Erscheinen seiner Werke erfuhr jedoch bewusstes Ignorieren. Die Ratlosigkeit der Politiker bei wirtschaftlichen Vorgängen zeigte sich in Fehleinschätzungen und in restriktiven Maßnahmen gegenüber sozialen Bewegungen.[42] Gesell erkannte den Einfluss des Monetarismus (nervus rerum) auf das Wirtschaftsgeschehen. Er wusste um die Bedingungen für wirtschaftlichen Erfolg und ebenfalls, wodurch Krisen verursacht werden.

Was bildeten die eigentlichen Triebfedern seiner Gedanken, die ihm die Kraft verliehen, trotz überwiegend fehlender positiver Resonanz sein ganzes Leben der Verbreitung seiner Ideen und seiner Lehre zu widmen? In diesem Zusammenhang stellte Gesell schon 1903 fest: *Es scheint, als habe ich völlig in den Wind gesprochen, als habe mich niemand verstanden; wenigstens kann ich hier behaupten, dass wenn ich mich statt an die Deutschen an die Hottentotten gewendet hätte, der Erfolg der gleiche geblieben wäre – nämlich Null.*[43]

Dennoch muss Gesell eine charismatische Persönlichkeit gewesen sein, den seine Anhänger verehrten, ja geradezu messianisch als einen Befreier feierten. Um seine Person bildeten sich schon zu seinen Lebzeiten Legenden und Anekdoten.[44]

Argentinien war damals geplagt von rasch aufeinander folgenden Wirtschafts- und Währungskrisen, die zu sozialen Unruhen führten und mit brutaler Gewalt niedergeschlagen wurden. 1890 kam es vor Gesells Haus in Buenos Aires zu der oben beschriebenen militärpolizeilichen Niederschlagung eines Volksprotestes, während er selbst in seinem Arbeitszimmer die Lösung der wirtschaftlichen und politischen Zusammenhänge plötzlich klar vor seinem geistigen Auge gesehen hat. Angeblich soll Gesell die Freiwirtschaftslehre in Argentinien gleichsam wie eine Erleuchtung empfunden und empfangen haben, während sein Haus unter Beschuss stand und Gewehrkugeln einschlugen.[45] Von da an beschloss er, mit missionarischem Eifer sein Leben der Verbreitung seiner Ideen und seiner Schriften zu widmen. Denn er fühlte sich gewissermaßen als Retter der Menschheit und hatte den brennenden Wunsch, fortan sein Leben nur noch der Propagierung seiner Lehren zu widmen:

Lange Jahre war ich in Sorge, dass ich verunglücken könnte, ehe ich meinen Fund seinem rechtmäßigen Eigentümer ausgehändigt hätte, ehe es mir gelänge, den Bann des Totschweigens zu brechen. Seit dreißig Jahren bin ich ganz bestimmt nicht ein einziges Mal zu Bett gegangen, ohne mich zu fragen, was ich noch tun könnte, um

---

42 Vgl. das „Sozialistengesetz“ (1878-1890).

43 Gesell, Silvio: Der Masstab für die Qualität des Geldes, S. 152.

44 Onken, Werner: Silvio Gesell und die Natürliche Wirtschaftsordnung, S. 6 ff., und Wolf, Siegbert: Silvio Gesell, S. 6 ff.

45 Onken, Werner: Silvio Gesell und die Natürliche Wirtschaftsordnung, S. 134.

meinen Schatz loszuwerden, um ihn zum Gemeingut zu machen. Wahrhaftig, keinem Christophorus ist je so ein Teil schweres Kind auf die Schulter gebürdet worden.“[46]

Sein Selbstverständnis als Retter und Erleuchter der Menschheit soll er recht unbescheiden nach außen getragen haben. Seine Selbstüberschätzung muss das Zusammenleben und Zusammenarbeiten mit ihm häufig schwierig gestaltet haben.

2. Werke zur Geld- und Zinslehre

Die Einteilung der schriftlichen Hinterlassenschaft Silvio Gesells in politische Schriften und Werke zur Geld- und Zinspolitik ist zweifellos mit mancherlei Willkürlichkeit belastet. Insgesamt lassen sie sich kaum sauber auseinander dividieren, weil die politischen Aufsätze Aussagen zur finanziellen Situation von Gemeinwesen enthalten wie die finanzwirtschaftlichen solche zur politischen Lage. Diese Einteilung ist dennoch in gewissem Sinne berechtigt, denn die Gewichtung der politischen und ökonomischen Anteile in den verschiedenen Schriften ist recht unterschiedlich. Zahlenmäßig übertreffen die finanzwirtschaftlichen Veröffentlichungen die politischen bei weitem. Sein Gesamtwerk ist nahezu ausschließlich ökonomisch orientiert. Mit philosophischen Fragen hat er sich offensichtlich nie lange aufgehalten. Selbst die gesellschafts- und kulturpolitischen Elemente, die in seinen Theorien teilweise eine wesentliche Rolle spielen, zeigen einen deutlichen wirtschaftlichen Aspekt und sind somit diesem Bereich zuzuordnen.

Gesell war bezüglich seiner Überlegungen ein Praktiker und Autodidakt, so dass er meist gar nicht wusste, auf welchem Forschungsstand sich die ökonomische Fachwelt gerade befand. Dieser Umstand hat sicher dazu beigetragen, dass er zu Einsichten gelangte, die seiner Zeit weit voraus waren.

Ob es nun angeborener Mangel an Autoritätsglauben oder die Furcht vor den Vorurtheilen, die dieser erzeugt, war, die mich veranlassten, für meine Untersuchungen auf die Anleitung anerkannter Autoren zu verzichten, vermag ich nicht zu sagen; Thatsache ist nur, dass ich nach dem System verfuhr, zunächst selbst mir die Theorie zu den mir bekannten Thatsachen zu suchen, die so gewonnene Anschauung in allen Theilen gründlich zu prüfen und dann schließlich die erzielten Resultate mit denen zu vergleichen, welche in der Welt anerkannt oder diskutiert werden.[47]

Gesell war ein Kaufmann, weshalb er den wirtschaftlichen Fragen Priorität einräumte. Arbeitsteilung, Warenaustausch, Tauschmittel sind die Faktoren, die für ihn die Wirtschaft bestimmten. Darauf baute Gesell seine Geldreform auf und von dieser kam er zur Bodenreform. Beachtlich sind das Ausmaß seiner Schriften

46 Gesell, Silvio: Verteidigungsrede, S. 34.
47 Gesell, Silvio: Die Anpassung des Geldes und seiner Verwaltung, S. 15.

und die Energie, die Silvio Gesell dabei entfaltete. Zunächst hat er sich aus praktischen kaufmännischen Gründen mit Währungsfragen auseinandergesetzt. Die Fragen, wie Wirtschaftskrisen künftig vermieden und wie Preisstabilität dauerhaft gesichert werden können, begannen ihn erst in zweiter Linie zu beschäftigen.

Seine ersten Schriften sind in spanischer Sprache abgefasst und kritisieren das argentinische Währungssystem. Schon bald darauf erscheinen erste währungspolitische Publikationen. In diesen erörtert Gesell, wie die beeinträchtigte Funktion des Geldes zu ökonomischen Katastrophen führen kann. Er kritisiert die Bindung des Tauschhandels und damit das Zirkulationssystem der Waren (Gold Silber) und wie sie die Preisbildung der Wirtschaftsgüter zusätzlich beeinflusst.

Daneben hat Gesell noch einige wenige theologische Schriften verfasst, in denen er eine Rückbesinnung auf mosaische Werte (Zins – Bodenverkaufsverbot) des Alten Testaments forderte. In ihm meinte er die Göttlichkeit der Darwinistischen Evolutionstheorie zu erkennen.

Von der modernen Freiwirtschaftslehre wird Gesell gerne als Vordenker der Emanzipation der Frau dargestelt. Er hatte unter anderem in seinen Schriften gefordert, dass es mit der Einführung der Bodenreform mit den daraus resultierenden Pachterträgen möglich sei, eine Art Mutterversicherung ins Leben zu rufen. Die Emanzipation der Frau gegenüber Männern respektive Ehemännern stellte für Gesell tatsächlich ein wichtiges Anliegen dar.

Seine in der Freiwirtschaftsbewegung organisierte Anhängerschaft hat die Botschaft seiner politischen Schriften und diejenige zur Geld- und Zinslehre anlässlich seines 100. Geburtstages am 17. März 1962 einem großen Teil der Staatspersönlichkeiten der Welt in Form eines mahnenden Briefes zugesandt; darin wird sein Werk prägnanter und verständlicher geschildert, als seine umfangreichen eigenen Veröffentlichungen es vermochten. Verfasserin dieser Briefe war Bertha Heimberg[48].[49]

---

48 Bertha Heimberg hatte die Arbeiter und Angestellten innerhalb des Weimarer Freiwirtschaftsbundes vertreten, der sie 1929 zu seiner Geschäftsführerin erwählte. Sie wurde jedoch im Nachhinein scharf kritisiert. Hans Schumann schrieb über Bertha Heimberg, dass sie den Freiwirtschaftsbund ziemlich selbstherrlich beherrschte und somit die Bildung einer eigenen politischen Partei verhinderte. Für Hans-Joachim Führer war sie rechthaberisch und eitel. In Werner Schmids Gesellbiographie wird Bertha Heimberg als eine geschwätzige und zudringliche Person abgefertigt, die sich Gesell am liebsten an den Hals geworfen hätte und der sie sich auf ironische Weise vom Leibe zu halten wusste. Durch seine Korrespondenz mit ihr schwingt jedoch ein warmer Ton. Er verglich Bertha Heimberg mit Rosa Luxemburg: Dazu fehlte es ihr freilich noch an theoretischem Schliff und revolutionärer Erfahrung, wenngleich nicht an rhetorischem Talent und an verwegenem Mut. Fünf Jahre kämpfte sie im Untergrund gegen das NS-System.

49 Vgl. Heimberg, Bertha: Mahnende Briefe, S. 15 ff.

B. Die politische und Wirtschaftsphilosophie – Grundlagen und Einflüsse

Die Geldreform ist das Element, welches die Freiwirtschaftslehre von allen anderen sozialreformerischen Bewegungen abgrenzt und somit ihre Einzigartigkeit ausmacht. Jede Volkswirtschaft ist auf einen konstanten Geldumlauf angewiesen, wenn es nicht aufgrund mangelnder kaufkräftiger Nachfrage am Gütermarkt zu einer Wirtschaftskrise kommen soll. Die Freiwirtschaftler fassen es als primäre wirtschaftspolitische Aufgabe auf, im Geldwesen für einen stabilen Umlauf zu sorgen, damit eine Rezession und volkswirtschaftlicher Schaden vermieden werden. Aufgabe des Staates soll sein zu vermeiden, dass Geld unproduktiv liquide gehalten wird. Der Gewährleistung seiner Tauschmittelfunktion wird oberste Priorität vor der Wertaufbewahrungsfunktion eingeräumt. Der Geldumlauf soll unter Vermeidung der destruktiven Folgen des Zinses mit Freigeld gesichert und damit die Transaktionskosten auf dem Gütermarkt gesenkt werden.

Mit der freiwirtschaftlichen Bodenreform hingegen soll erreicht werden, dass das Privateigentum am Boden allmählich in öffentliches Eigentum überführt wird. Diese Maßnahme soll ohne Enteignung geschehen und mit einer angemessenen Entschädigung für die Grundeigentümer einhergehen. Sodann wird der Boden Privatpersonen zur Bewirtschaftung in Erbpacht überlassen. Dies ist ein wesentlicher Unterschied zur kommunistischen Auffassung, denn auf jeden Fall soll die Bewirtschaftung des Bodens privat organisiert bleiben. Ebenso wie bei der Geldreform geht es darum, eine private Monopolrente unmöglich zu machen, die aus nicht zu begründendem Sondereigentum am lebensnotwendigen Boden für alle Menschen stammt.

I. Silvio Gesell zwischen Kapitalismus und Kommunismus

Die mit dem Namen Silvio Gesells verbundene freiwirtschaftliche Kritik am Zinssystem wird häufig mit der Kritik am Privateigentum in Verbindung gebracht. Aber gerade in diesem Punkt unterscheidet sich die Freiwirtschaftslehre fundamental von den sozialistischen bzw. kommunistischen Reformbewegungen. Gesell hat immer wieder in seinen Schriften herausgestellt, für wie elementar wichtig er das Privateigentum an den Produktionsmitteln hält. Ebenso wie die Neoklassik geht die Freiwirtschaftslehre davon aus, dass das Privateigentum wichtige Anreize entfaltet. Ohne diese ist eine arbeitsteilige Wirtschaft in einer freien Gesellschaft nicht möglich. Mit der Einführung der Natürlichen Wirtschaftsordnung wird die Abschaffung des Privateigentums obsolet, da durch den Wegfall des Zinssystems die negativen Auswirkungen auf die Gesellschaft ausbleiben bzw. neutralisiert werden. Gesell schreibt dazu: *Die Socialisten glauben, dass in dem Eigenthumsrecht an und für sich das Geheimnis der Capitalanhäufung liegt und in diesem Irrthum befangen regte sich in ihnen der Gedanke an die communistische Productionsweise. Dass es nicht daran liegt, tritt schon sofort zu Tage, wenn man sich die heutigen Besitzer der Productionsmittel ansieht.*

Wenn das Geheimnis der Capitalanhäufung in dem Eigenthumsrechte an den Productionsmitteln zu suchen wäre, so müssten doch vor allen Dingen die Capitalanhäufungen bei denen zu finden sein, die die ursprünglichen Eigenthümer der Productionsmittel waren, d. h. bei den Bauern und Handwerkern. Statt dessen findet man aber heute die Productionsmittel meistens in den Händen von früheren Bankiers, Wucherern und Speculanten, also in den Händen von Leuten, die die Productionsmittel früher nicht besessen, diese aber mit im Handel durch Speculation gemachtem Gelde erworben haben.

Alle Tage hat man Gelegenheit, die Beobachtung zu machen, dass ein Acker, eine Werkstätte, eine Fabrik, von dem Eigentümer an einen Bankier, Rentier oder Wucherer verkauft oder verpfändet wird. Während man niemals oder wenigstens sehr selten sieht, dass ein Bauer den Acker eines anderen sich aneignet, dass ein Schmied die Werkstätte eines anderen erwirbt.[50]

Gesell will das Privateigentum zwar nicht abschaffen, jedoch will er dieses in einem gesellschaftlichen Zusammenhang, mit einer sozialen Bindung, sehen. Es soll gerade nicht möglich sein, aus ihm leistungsloses Einkommen zu erzielen, das dann von anderen Wirtschaftssubjekten erwirtschaftet werden muss.[51] Nur wenn unbegrenztes Privateigentum zum Schaden anderer Menschen oder an der Umwelt führt, muss es eingeschränkt werden. Unter diesen Voraussetzungen ist auch die Abschaffung des privaten Bodeneigentums zu verstehen. Es geht der Freiwirtschaftslehre um die Gleichheit im Wettbewerb um das Privateigentum. Grundlage für ein großes Vermögen darf nicht die Ausbeutung anderer sein, sondern eigener Fleiß und eigenes Geschick. „Das Fundament der persönlichen Freiheit erblicken wir in der Unantastbarkeit des selbst erarbeiteten Privat-Eigentums“, so Georg Blumenthal.[52]

---

50 Gesell, Silvio: Nervus Rerum, S. 119 f.

51 Vgl. Eger, Thomas: Private und öffentliche Eigentumsrechte aus ökonomischer Sicht, S. 36 f.

52 Blumenthal, Georg: Physiokratische Prinzipien-Erklärung, S. 18.

1. Gesell im Kreis sozialistischer Ökonomen: Robert Owen und Henry George

Seine Kritik an der „widernatürlichen Wirtschaftsordnung“ hat Gesell von den Frühsozialisten übernommen; sie erklärt sich auch aus den Ausbeutungsverhältnissen des damals herrschenden frühkapitalistischen Systems. Einer dieser Frühsozialisten war der Engländer Robert Owen (1771-1858), mit dem Gesell seine laboristische Einstellung teilt, nämlich von dem Anrecht auf den vollen Arbeitsertrag auszugehen. Diese Auffassung kollidiert zugleich mit der religiösen Lehre, wonach das Sparen und Horten von Gütern und Geld als eine edle Tugend gilt, deshalb fehlen nach Owen die Produktionsmittel den Arbeitswilligen als Werkzeug. Außerdem steht dann das Kapital den Menschen nicht mehr dienend zur Verfügung. Dies liegt daran, dass es von den wenigen Profiteuren des Systems knapp gehalten wird. Im Gegensatz zu Gesell sieht er aber nicht die Ursache in einem Mangel des Geldsystems, sondern in einer moralisch kranken Gesellschaft. Zwar kritisiert auch er das Geld als Wurzel allen Übels, meint aber damit weniger das Geldsystem als vielmehr das Streben nach Geld als Ausdruck der Habsucht. In einer gesunden Gesellschaft wird nach Owen die Raffgier als Laster wider die Natur aufgefasst.[53]

Auch mit dem amerikanischen Sozial- und Bodenreformer Henry George (1839-1897) teilt Gesell einige Ansichten. Georges Werk „Fortschritt und Armuth“ verfolgt dasselbe Ziel wie Gesells Schrift über „Die Natürliche Wirtschaftsordnung durch Freiland und Freigeld“. Die Ausgangsfrage bei Henry Georg ist: „Warum strebt der Lohn, trotz vermehrter Produktivkraft nach einem Minimum, das nur zum bloßen Lebensunterhalt ausreicht?“[54] Er fragt sich ebenso, wie es zu einer Machtumkehr bei den Lohnverhandlungen kommen kann. Für George resultiert der Mehrwert nur aus der Produktion und nicht aus dem „toten“ Kapital.[55] Die damalige klassische Nationalökonomie hat die Frage nach der Armut mit dem Gesetz von Malthus[56] beantwortet. Danach führt eine stark wachsende Bevölkerung automatisch zu Armut. George hingegen ist ein Laborist und will gerade beweisen, dass diese nicht eintritt, wenn der Arbeiter den vollen Ertrag seiner Arbeit erhält. Dies hätte zur Konsequenz, dass die Gesell-

53 Vgl. Künzli, Arnold: Mein und Dein, S. 286 f.
54 George, Henry: Fortschritt und Armuth, S. 12.
55 George, Henry: Fortschritt und Armuth, S. 18.
56 Malthusisches Gesetz heißt der von dem englischen Nationalökonomen Th. R. Malthus (1766-1834) aufgestellte Satz, dass, da die Bevölkerung sich schneller vermehre als die Nahrung, der Zunahme derselben von der Natur durch Hunger, Not und Elend Einhalt getan werde, falls dies nicht durch freiwillige Enthaltsamkeit (moral restraint) geschehe.

schaftsordnung gerecht wäre und das Elend gemildert würde.[57] Bis hierhin folgt Gesell den Auffassungen von George.

George kommt in seiner Theorie weiterhin zu der Einsicht, dass die leistungslosen Renten der Kapitalisten ausschließlich aus ihrem Eigentum am Boden stammen können. Diese Grundrente charakterisiert für ihn ein ausbeuterisches Wirtschaftssystem. Deshalb will er sie unter Zuhilfenahme einer Steuer, der so genannten „Single Tax", abschöpfen.[58] George strebt gerade nicht wie Gesell die Verstaatlichung des Bodens an, sondern will bloß die abgeschöpften Renten aus dem Boden umverteilen und der Allgemeinheit zugute kommen lassen. Dies ist für ihn die Antwort auf die unerwünschten Auswirkungen des privaten Bodeneigentums. Weitergehende Reformen lehnt George allerdings ab.

George und Gesell verbindet die Tatsache, dass beide einen relativ einfachen Lösungsvorschlag propagieren, mit dem ihrer Auffassung nach die meisten Probleme auf einen Schlag behoben werden könnten.

2. Das Verhältnis zum Werk von Karl Marx († 1883)

Karl Marx (1818-1883) vertritt die Auffassung, dass die „Entmenschung" der Arbeiter durch die Entfremdung ihrer Arbeit bedingt ist; dies sei erst mit der Einführung des Geldes und der dadurch geschaffenen Möglichkeit zur Kapitalanhäufung möglich geworden.[59] In diesem Punkt folgt Gesell der Auffassung von Marx. Auch ist er von der Marxschen Analyse der Lage der Menschen im Frühkapitalismus inspiriert worden. Gesell fand ebenfalls Gefallen an der marxistischen Theorie über die Krisenanfälligkeit der kapitalistischen Systeme, welche sogar von ihm teilweise übernommen wurde. Er ist diesem Gedankengang aber nicht bis zum Schluss gefolgt, denn er war nicht von der wissenschaftlichen Begründung des Endes des Kapitalismus überzeugt. Der von Gesell postulierte Vorschlag, das Geld so zu verbessern, dass es für eine arbeitsteilige Wirtschaft seine Tauschmittelfunktion besser erfüllt, stammt weder von Marx noch von einem anderen Sozialisten. Gesell glaubt darüber hinaus, dass durch die von ihm geforderte Einführung des Freigeldes die negativen Auswirkungen eliminiert oder zumindest gemildert werden könnten.

Gesell kam zu dem Ergebnis, dass die marxistische Kapitaltheorie ein Irrweg ist. Denn nach ihm sollte die andauernde Knappheit des Kapitals mit Arbeit bekämpft werden; neues Kapital kann nach Gesell ja nur durch Arbeit entstehen. Ein größeres Angebot an Kapital würde die Kapitalrenditen automatisch gegen Null

---

57 George, Henry: Fortschritt und Armuth, S. 290.

58 George, Henry: Die Entschädigung der Grundeigentümer, S. 1.

59 Vgl. Kunzmann, Peter / Burkard, Franz-Peter / Wiedmann, Franz: Atlas zur Philosophie, S. 171.

drücken.[60] Insofern war Gesell konsequent, wenn er den Arbeitern den Rat gab, unter allen Umständen weiter zu arbeiten, nicht zu streiken und auf gar keinen Fall revolutionär tätig zu werden. Denn während eines Streiks kann gemäß Gesell kein neues Kapital entstehen, und die Besitzer des knappen Kapitals erhalten weiterhin ihre Monopolrente.

Dass die Marxsche Theorie eine größere Resonanz fand, erklärte Gesell damit, dass sie dem Kapitalismus in keinster Weise gefährlich werden könne. Im Marxismus werde das Kapital dauerhaft knapp gehalten, dies ermögliche den „Rentnern", nach wie vor ihre Monopolrente zu verlangen.

Die Natürliche Wirtschaftsordnung von Gesell hat inhaltlich nichts mit den marxistisch-kommunistischen Theorien zu tun. Mit seinen Lösungsvorschlägen grenzt Gesell sich klar von Marx ab. Im Gegensatz zu ihm propagiert er nicht einen Eigentumswechsel sondern kommt stattdessen zu dem Ergebnis, das Sachkapital müsse den Arbeitern prinzipiell dienend zur Verfügung stehen. Auch soll das Kapital keinem allein als eine Einkommensquelle zur Verfügung stehen. Vielmehr muss es möglich sein, mit ihm entschädigungslos zu arbeiten. Gesell kann daher nicht wie Marx zu den Produktions- und Eigentumssozialisten gezählt werden.[61] Die 1890 und später entstandenen sozialistischen Theorien hat Gesell mit Ausnahme der von Gustav Landauer nicht mehr berücksichtigt.

II. Die Begründung der freiwirtschaftlichen Schule

Unter dem Begriff der Freiwirtschaftslehre wird in dieser Arbeit die Wirtschaftstheorie Silvio Gesells verstanden, wenngleich für diese im Laufe der Jahre auch andere Begriffe, wie die „natürliche" oder „physiokratische" Wirtschaftsordnung, verwendet wurden. Im Folgenden sollen die wichtigsten Einflüsse der Lehre sowie die verschiedenen Wurzeln der geisteswissenschaftlichen Begründung dargestellt werden.

Die Analyse konzentriert sich auf Gesell selbst, da nach seinem Tod kaum mehr am theoretischen Fundament der freiwirtschaftlichen Schule gearbeitet wurde. Seine geisteswissenschaftliche Arbeit ist nur schwer zu kategorisieren, weil er viele verschiedene Elemente in seiner Theorie aufgegriffen und verarbeitet hat. Dabei ist es ihm gelungen, diese zu einem neuen Ganzen umzuformen. Vorläufer gibt es nur wenige, sofern sie sich mit der Notwendigkeit der Abschaffung des leistungslosen Einkommens aus der Bodenrente beschäftigten oder das anstrengungslose Einkommen aus dem Geldbesitz, also dem Zins, thematisieren. Dagegen gibt es Autoren, die sich wie Gesell gegen die Notwendigkeit der Gold-

60 Wolf, Siegbert: Silvio Gesell, S. 15.
61 Werner, Hans-Joachim: Geschichte der Freiwirtschaftsbewegung, S. 10.

deckung aussprechen und eine am Warenindex gebundene und damit stabile Papiergeldwährung befürworteten.[62]

Eine Analyse der Gedanken und Elemente, die bei der Begründung dieser Bewegung eine Rolle spielten, fällt umso schwerer, als sich auch Gesells eigene philosophische und religiöse Ansichten während seines Lebens immer wieder veränderten.

Im Jahr 1913 gründete Georg Blumenthal den Physiokratischen Verein.[63] Seine Mitglieder rekrutierten sich hauptsächlich aus dem Proletariat. Sie leiteten aus Gesells Lehren ein sozialpolitisches Konzept ab, das eine natürliche Gesellschaftsordnung zur Voraussetzung hatte. Die Herrschaft der Natur anstelle der des Staates wurde zu einem wichtigen Grundsatz dieser Gruppierung.[64] Ihr Publikationsorgan nannte sich „Der Physiokrat", in dem neben Georg Blumenthal auch Silvio Gesell publizierte. Die Weltanschauung der Physiokraten mit ihren wirtschaftstheoretischen Überlegungen entsprach einer strikt antikapitalistischen und anarchistisch ausgerichteten Interpretation der Gesellschen Lehre.[65]

Neben der Gruppe um Blumenthal konstituierte sich 1915 der Freiland-Freigeld-Bund, der von Paulus Klüpfel[66] gegründet wurde.[67] Diese Vereinigung richtete ihr Augenmerk ausschließlich auf Gesells ökonomische Ausführungen und versuchte damit, den bürgerlichen Mittelstand anzusprechen.[68] Noch im selben Jahr konnte sich als dritte Organisation der völkisch orientierte Bund für Freiwirtschaft etablieren. Allerdings fand diese Vereinigung nicht die Zustimmung Gesells, weil der in den Freilandthesen ausgedrückte Internationalismus nicht berücksichtigt wurde.[69]

62 Werner, Hans-Joachim; Geschichte der Freiwirtschaftsbewegung, S. 10.
63 Vgl. Bartsch, Günter: Die NWO-Bewegung Silvio Gesells, S. 23.
64 Winkler, Ernst: Freiheit?, S. 18.
65 Karner, Christof: Silvio Gesell's Freiwirtschaftstheorie und die Versuche ihrer Anwendung, S. 108.
66 Paulus Klüpfel gründete den Freiland-Freigeld-Bund und Georg Blumenthal die Physiokratische Vereinigung. Er soll der einzige philosophische Kopf unter den frühen Gesellianern gewesen sein und sollte auch von den späteren nicht mehr übertroffen werden. Als Gesell sich 1915 entschloss, eine Reihe von Kriegsflugblättern herauszugeben und an die Frontsoldaten zu richten, verfasste Klüpfel gemeinsam mit Gesell das erste Flugblatt.
67 Bartsch, Günter: Die NWO-Bewegung Silvio Gesells, S. 29.
68 Bartsch, Günter: Die NWO-Bewegung Silvio Gesells, S. 25, und Karner, Christof: Silvio Gesell's Freiwirtschaftstheorie und die Versuche ihrer Anwendung, S. 108.
69 Karner, Christof: Silvio Gesell's Freiwirtschaftstheorie und die Versuche ihrer Anwendung, S. 108.

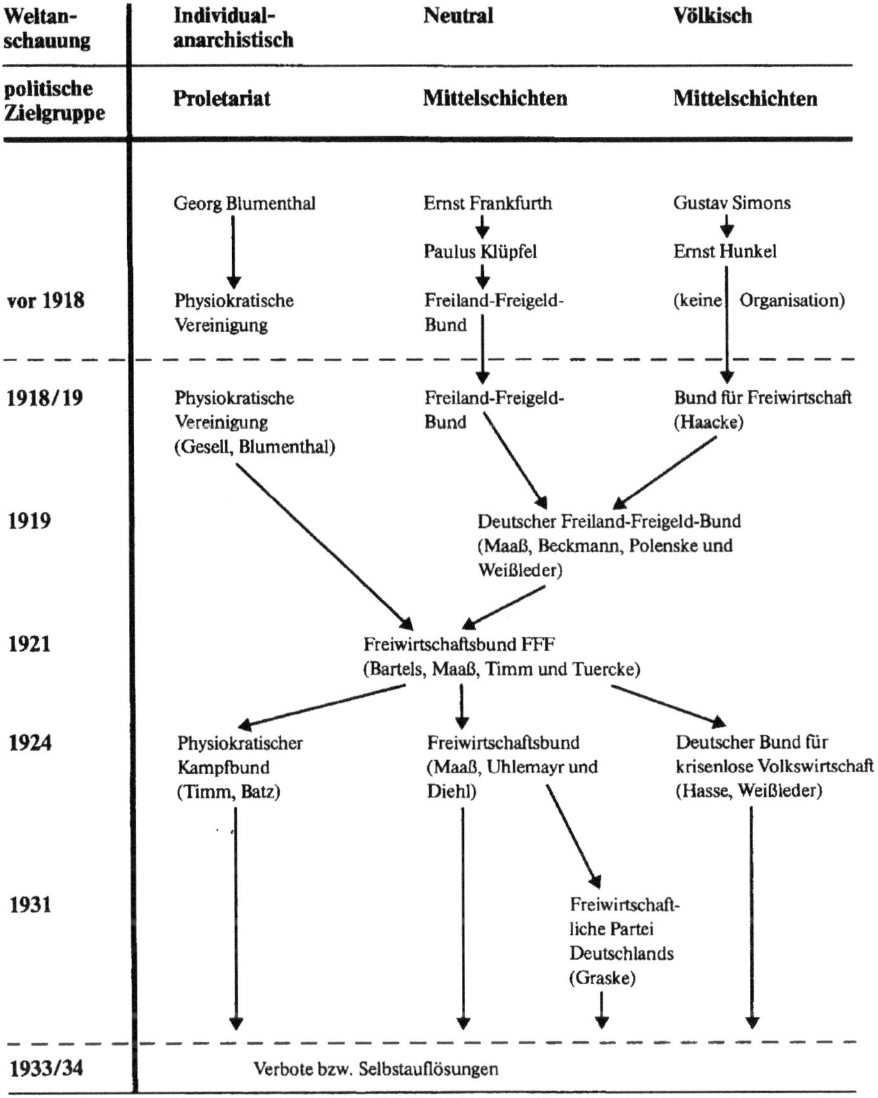

Hauptströmungen innerhalb der physiokratisch-freiwirtschaftlichen Bewegung von den Anfängen bis 1933/34

Abbildung: Onken, Werner: Silvio Gesell Ausstellung, S. 60.

Nach 1919, als der Sturz der Münchner Räteregierung das Gesellsche Reformprogramm abrupt beendet hatte, lebte die Organisation gleichwohl weiter. Die Gruppe war jedoch in methodischen Fragen uneinig, so dass viele Mitglieder durch die Formulierung verschiedenster Aktionspläne eigene Wege gingen. Dies hatte zur Konsequenz, dass sich die Freiwirte – vereinigt im Deutschen Freiland-Freigeld-Bund[70] – und die Physiokraten – vereinigt im Physiokratischen Landesverband Westdeutschlands – in ihrer Auffassung sehr konträr gegenüberstanden. Obwohl es am 22. Mai 1921 in Kassel zu einem Zusammenschluss aller zu diesem Zeitpunkt bestehenden Verbindungen kam – die neue Einheitsorganisation nannte sich Freiwirtschaftsbund FFF[71] – ließ sich der Antagonismus kaum mehr überbrücken. Eine heftige Auseinandersetzung entzündete sich recht bald an kulturpolitischen Fragen, die schließlich erneut zu einer Aufspaltung führten.[72] 1924 gründeten diejenigen Physiokraten, die sich in allen kontroversen Standpunkten am stärksten abhoben, den Physiokratischen Kampfbund. Dieser versuchte, mit politischen Aktionen wie Streik und Demonstrationen die Freiwirtschaft zu verwirklichen. Außer der Ausrufung zum Geldstreik – diese Idee blieb am nachhaltigsten – kam es auch zu Selbsthilfeaktionen, wie etwa der Errichtung einer Indexbank für Sparen und Leihen. Auch die Schaffung eines Freilandhortes, mit dem der theoretische Anspruch der Mütter auf die Grundrente verwirklicht werden sollte, wurde von den diversen Freiwirtschaftlern in Erwägung gezogen.[73]

Gegen Ende der 1920er Jahre gab es die Tendenz, innerhalb der bis dahin ausnahmslos bündisch organisierten Freiwirtschaftsgruppen auch eine politische Partei zu etablieren. Diese 1929 gegründete „Volkspartei der Mitte" ging 1931 in der Freiwirtschaftlichen Partei Deutschlands auf. Dieser blieb aber der Erfolg ebenso versagt.[74]

Im Jahr 1934 wurde ein Betätigungsverbot für alle freiwirtschaftlich orientierten Vereinigungen ausgesprochen. Dieses setzte sich während der gesamten Herrschaft des Nationalsozialismus fort. In dieser Zeit zählten die führenden Persönlichkeiten der Gesellianer zu den politisch verfolgten Personen.[75] Trotz der Repressionen riss der Kontakt zwischen den einzelnen Gruppen jedoch nie ab, so

---

70 Zusammenschluss aus dem früheren Freiland-Freigeld-Bund und dem Bund für Freiwirtschaft.

71 Die Bezeichnung FFF stand für Freiland-Freigeld-Festwährung. Siehe: Wolf, Siegbert: Silvio Gesell, S. 18.

72 Winkler, Ernst: Freiheit?, S. 21.

73 Winkler, Ernst: Freiheit?, S. 21.

74 Karner, Christof: Silvio Gesell's Freiwirtschaftstheorie und die Versuche ihrer Anwendung, S. 109.

75 Winkler, Ernst: Freiheit?, S. 21.

dass nach 1945 einer Neuorganisation nichts im Wege stand. Hauptsächlich im deutschsprachigen Raum gibt es auch heute noch freiwirtschaftliche Gesellschaften, die jedoch nur mäßigen Erfolg bei der Verbreitung der Freiwirtschaftlehre erzielen. Die Person Gesells ist dabei allerdings immer noch die zentrale Figur, und der Kult um seine Person ist bis zum heutigen Tag noch nicht völlig verebbt.

1. Die Freigeld- und Freilandtheorie als Ausdruck einer Natürlichen Wirtschaftsordnung

Als Anhänger der Vorstellung von einer harmonisch eingerichteten Welt, in der göttliche Gesetze zum Wohle der Menschen herrschen, ist Gesell auch ein Nachfolger der Physiokraten.[76] Die tatsächlich bestehende Ordnung gilt ihm geradezu als widernatürlich, weshalb er seine Aufgabe darin sieht, den „ordre naturel" erst einmal zu finden.[77]

Aus dem Harmoniepostulat resultiert auch der Begriff der Natürlichen Wirtschaftsordnung. Hierin klingt sein Glaube an, in der Freiwirtschaftslehre ein unfehlbares Instrument zur Verbesserung der Welt gefunden zu haben.[78] Silvio Gesell ist in dieser Ansicht von Philosophen, politischen Ökonomen, Boden- und anderen Sozialreformern beeinflusst worden. Denn nach seiner Meinung kann Reichtum und Wohlstand nur aus dem erwachsen, was der Boden unter dem Einsatz von Arbeit hervorbringt. Daher beziehen sich seine Beispiele hauptsächlich auf landwirtschaftliche oder bergbauliche Erzeugnisse[79], wie ja auch die Physiokraten in der Förderung der Landwirtschaft ein Heilmittel für alle kränkelnden Volkswirtschaften sahen. Diese Tradition lässt sich bis auf die französische physiokratische Schule der Nationalökonomie zurückverfolgen. Als deren wesentlichen Vertreter können Quesnay, Mirabeau und Turgot genannt werden.[80] Das Grundlagenwerk dieser Physiokraten ist der „Tableau économique" von Quesnay.[81] Hierin wird der Wirtschaftskreislauf mit dem Blutkreislauf des menschlichen Körpers verglichen und ein harmonisches, damit gleichsam konservatives Weltbild propagiert.[82] Gesell steht aber in Opposition zu den Physiokraten, was das Recht auf den vollen

---

76 Meek, Ronald: The economics of physiocracy, S. 57 ff.
77 Locke, John: Über die Regierung, S. 43.
78 Onken, Werner: Silvio Gesell und die Natürliche Wirtschaftsordnung, S. 12.
79 Gesell, Silvio: Die Natürliche Wirtschaftsordnung, S. 23 ff.
80 Gömmel, Rainer / Klump, Rainer: Merkantilisten und Physiokraten in Frankreich, S. 48 f.
81 Meek, Ronald: The economics of physiocracy, S. 109 ff.
82 Senf, Bernd: Die blinden Flecken der Ökonomie, S. 14 ff., Gömmel, Rainer / Klump, Rainer: Merkantilisten und Physiokraten in Frankreich, S. 109 ff., und Ulrich, Peter: Transformation der ökonomischen Vernunft, S. 187.

Arbeitsertrag betrifft. Deren Ziel war es nämlich, die damals herrschende Sozialordnung mit Hilfe ihrer Lehre zu legitimieren. Sie bezeichneten daher auch die vorhandene Wirtschaftsordnung als „ordre naturel“, denn ihnen widerstrebte geradezu eine Änderung des Wirtschaftssystems.[83]

Gesells Ziel war es, die soziale Ordnung mit den in der Natur waltenden Ordnungsprinzipien in Einklang zu bringen.[84] So erwähnt er in seinen Schriften immer wieder einen natürlichen Plan des Weltablaufs, dessen Gesetze sich angeblich exemplarisch in der Natur wieder finden. Es reicht daher, diese natürlichen Gesetze zu finden und dann zu befolgen. Daraus folgt, dass der Mensch nur im Einklang mit der Natur leben kann.[85] Nach Gesells Lehre kann man den Willen Gottes ausschließlich in den Gesetzen der Natur finden, nicht aber in den von der Kirche propagierten Dogmen. Für Gesell ist es daher auch nicht vorstellbar, dass das Eigeninteresse des von Gott geschaffenen Menschen in Opposition zum wohlgeordneten Kosmos und den Interessen der Gemeinschaft stehen kann, denn sonst wäre die Natur als Gottes Werk nicht vollkommen. Gesell hat zwar die Kirche und ihre Rituale häufig als widernatürlich angegriffen, nichts desto trotz glaubt er an einen perfekten und guten Gott, allerdings nicht im kirchlichen Sinn.[86]

Sein Verständnis von einer Natürlichen Wirtschaftsordnung ist folgendes: Sie muss dem Menschen angepasst sein und ihm in der Weise dienen, dass jedes Individuum die Möglichkeit hat, sich frei zu entfalten.[87] Ob es eine solche Ordnung gibt, hinterfragt Gesell nicht. Für ihn ist es nur natürlich, dass eine Harmonie des Kosmos existiert, weshalb er nicht müde wird, die selbstverständliche Aufgabe des Menschen darin zu sehen, in einem harmonisch eingerichteten Kosmos bestehende Gesetzmäßigkeiten zu erkennen. Nur so kann der Mensch im Einklang mit dieser natürlichen Ordnung leben. Gesell fordert daher Zurückhaltung bei Eingriffen in die beschriebene Ordnung, denn durch sie wird der natürliche Ablauf der Dinge nur gestört. Auch prognostiziert er mit der Natürlichen Wirtschaftsordnung das Ende der Geschichte und den Beginn „messianischer Zeiten“. Er ist davon überzeugt, die Menschen würden dann mit sich selbst und ihren Mitmenschen in Frieden leben können, und Ungleichheiten, Unfrieden und Ausbeutung würden endlich ein Ende haben. Bestehende Widersprüche zwischen dem Eigeninteresse und dem Interesse der Gemeinschaft würden sich von selbst aufheben.

---

83 Blumenthal, Georg: Physiokratische Prinzipien-Erklärung, S. 17.

84 Schmid, Werner: Silvio Gesell, S. 133, und Onken, Werner: Silvio Gesell und die Natürliche Wirtschaftsordnung, S. 9.

85 Dahrendorf, Ralf: Lebenschancen, S. 71.

86 Werner, Hans-Joachim: Geschichte der Freiwirtschaftsbewegung, S. 11 f.

87 Gesell, Silvio: Gossen?, S. 78.

2. Pierre Joseph Proudhon († 1865) als „Vorläufer"

Gesell betont wiederholt, dass seine Theorie der Natürlichen Wirtschaftsordnung und seine Werke im Geist von Pierre-Joseph Proudhon (1809-1865) zu verstehen sind.[88] Zu seinen wirtschaftspolitischen Erkenntnissen ist er jedoch unabhängig von einem Studium anderer ökonomischer Schriften gelangt. Nur für seine Bodenreform hat er sich von anderen Ökonomen inspirieren lassen.[89]

In seinem Streben nach materieller Gerechtigkeit schrieb Proudhon, jedes Eigentum sei für ihn Diebstahl: «La propriété, c'est le vol».[90] Welche Bedeutung Gesell dieser Aussage beimisst, wird dadurch deutlich, dass er die Einleitung zu seiner Natürlichen Wirtschaftsordnung mit einem Zitat von Proudhon beginnt, nämlich: «Qu'est-ce que la propriété?»

Gesell kann wie Proudhon in die Gruppe der Tauschmittelsozialisten eingruppiert werden, die die Ursache der Ausbeutung im ungerechten Tauschverhältnis sehen.[91] Proudhon wollte mit Hilfe des zinsfreien Geldes die Abkoppelung von der Produktion erreichen. Der Arbeit widmete er ebenfalls besonderes Augenmerk: «...sur un capital donné, la production est en raison du travail, non en raison de la propriété.»[92] Er kam nämlich in seinen Ausführungen zu dem Schluss, dass aus einem vorhandenen Sachkapital nur auf Grund der Arbeit ein Mehrwert erzielt werden könne und nicht etwa durch Eigentum.[93] Proudhon stellte weiter fest, es gäbe ein natürliches Recht des Arbeiters auf sein Produkt und seinen Mehrwert, der ihm aber vom Eigentümer an den Produktionsmitteln vorenthalten werde.[94] Für ihn war das leistungslose Einkommen der entscheidende Schlüssel für die materielle Ungerechtigkeit. Deshalb strebte er die Beseitigung der Vormachtstellung des Geldes an, indem er Ware und Arbeit auf eine Rangstufe mit der des Geldes heben wollte. Mit der Idee der Einrichtung einer Warentauschzentrale und dem Versuch der Errichtung einer Volksbank glaubte er, alle Fehler des Kapitalismus überwinden zu können, um so eine gerechte Ordnung zu erreichen, in der die Arbeit das Eigentum zerstören wird.[95]

Diese laboristische Einstellung ist bei Gesell wieder zu finden, und somit steht er Proudhon viel näher als den Kommunisten.[96] Er hat faktisch mit der Natürlichen

88 Kunzmann, Peter / Burkard, Franz-Peter / Wiedmann, Franz: dtv-Atlas zur Philosophie, S. 171, und Künzli, Arnold: Mein und Dein, S. 43 f.
89 Werner, Hans-Joachim: Geschichte der Freiwirtschaftsbewegung, S. 10.
90 Proudhon, Pierre-Joseph: Qu'est-ce que la propriété?, S. 57.
91 Vgl. Werner, Hans-Joachim: Geschichte der Freiwirtschaftslehre, S.10, und Peperstraten, Frans van: Marx en Proudhoun, S. 12 f.
92 Proudhon, Pierre-Joseph: Qu'est-ce que la propriété?, S. 208.
93 Dillard, Dudley D. : Proudhon, Gesell and Keynes, S. 104 f.
94 Künzli, Arnold: Mein und Dein, S. 485 f.
95 Proudhon, Pierre-Joseph: Qu'est-ce que la propriété ?, S. 181.
96 Werner, Hans-Joachim: Geschichte der Freiwirtschaftsbewegung, S. 6 f.

Wirtschaftsordnung dasjenige Wirtschaftssystem beschrieben, welches Proudhon nur als Idee vor seinem geistigen Auge sah. Da dieser das Bodeneigentum als Festung des Kapitalismus bezeichnete, schlug er wie Gesell mit seiner Freilandtheorie ein Verfahren vor, das zum Ziel hatte, Grund und Boden ohne Enteignungen in öffentliches Eigentum zu überführen.

3. Friedrich Nietzsche († 1900)

Gesells philosophischer Unterbau ist in den Schriften Nietzsches (1844-1900) zu sehen. Angeblich soll es zwischen beiden eine Art geistige Wahlverwandtschaft gegeben haben, denn vom Charakter her wiesen sie gewisse Ähnlichkeiten auf, wie in Bezug auf ihre Selbstüberschätzung.[97] Nach Gesells eigenen Angaben ist er von den philosophischen Ideen des Friedrich Nietzsche beeinflusst worden.[98] Dass dieser, wie schon vor ihm Max Stirner, ein starkes und autonomes Ich propagierte, stieß bei Gesell auf fruchtbaren Boden. Ganz im Sinne von Nietzsche vollzog Gesell in seinem 1913 verfassten Aufsatz „Die Hochzucht des Menschen als Religion der Zukunft" die Loslösung des sich seiner Eigenverantwortung bewusst werdenden Menschen vom göttlichen Gängelband.[99] Gesell bezeichnete diese Schrift als sein religiöses Bekenntnis. In ihr beschrieb er die Verbindung zwischen Religion und biologischer Evolutionstheorie.

Gesell hat auch die Auffassung Nietzsches verinnerlicht, die Kirche als Institution abzulehnen. Er empfand es als eine Anmaßung derselben, dem mündigen Individuum moralische Regeln vorzuschreiben. Der Mensch solle sich nach Gesell selbst auf den leeren Thron Gottes setzen, denn nur schwache, degenerierte Menschen brauchten kirchliche und moralische Vorschriften. Mit zunehmendem Alter teilte Gesell immer mehr Nietzsches Theorie des „Übermenschen". Daher verachtete er einen Staat, der sich um das Wohl der Schwachen und Faulen kümmert, wobei diese ihm als „Rentner" galten, die nur von einem „leistungslosen Einkommen" leben. Er war der Ansicht, der Staat müsse nur die Rahmenbedingungen schaffen, um dem Menschen Entfaltungsmöglichkeiten zu bieten. Dies aber unterbinde der Staat dadurch, indem er die von ihm als „Rentner" Bezeichneten schütze und damit die Entwicklung eines neuen Zeitalters verhindere.

Gesell war jedoch nicht mit allen Ansätzen Nietzsches einverstanden. Während dieser die Forderung nach Gleichheit aller Menschen als ein Übel der Moderne ablehnte und die Staatsform der Demokratie verurteilte, befürwortete Gesell

---

97 Kunzmann, Peter / Burkard, Franz-Peter / Wiedmann, Franz: dtv-Atlas zur Philosophie, S. 179, und Nietzsche, Friedrich: Götterdämmerung, S. 153.

98 Gesell, Silvio: Die Natürliche Wirtschaftsordnung, S. XXVI.

99 Onken, Werner: Silvio Gesell und die Natürliche Wirtschaftsordnung, S. 55.

eine „wahre“ Demokratie von frei gewordenen Menschen; dies sollte durch die Abschaffung der Geld- und Bodenprivilegien erreicht werden.

III. Die ökonomische Theorie der Jahrhundertwende und ihre Folgen

Die ökonomische Theorie der Jahrhundertwende ist die der neoklassischen Gleichgewichtsökonomie. Inzwischen sind feudale Strukturen weitgehend überwunden, und die so entstandene moderne Gesellschaft unterscheidet sich grundsätzlich vom Gesellschaftsentwurf früherer Zeiten. Während im Feudalismus alle ökonomischen Aktivitäten der Kontrolle einer zentralen Verwaltung unterworfen waren, zeichnet sich die neue bürgerliche Gesellschaft durch ihre Fokussierung auf Privateigentum und individualisierte Verfügungsrechte aus.

Bereits Thomas Hobbes (1588-1679) hatte erkannt, dass das Streben von Privateigentümern nach Verwirklichung ihrer Interessen nur auf Kosten anderer befriedigt werden kann und daher unweigerlich zum Chaos führen muss; es bedarf also einer „Leviathanischen Gewalt“, die die Ordnung wiederherstellt.[100]

Dieses eben skizzierte Menschenbild wurde durch John Locke (1632-1704) wieder verworfen. Denn er stellte den Naturzustand keineswegs chaotisch dar, sondern seine Gesellschaft war als eine freie Ordnung von rational handelnden Menschen organisiert.[101] Diese neue Gesellschaftsordnung fasste Jean Jacques Rousseau unter dem Begriff der «volonté générale» zusammen.[102]

Anschließend war es Adam Smith (1723-1790), der das harmonische Bild der Gesellschaft auf die politische Ökonomie übertrug. Damit verlieh er den neuen gesellschaftlichen Wertvorstellungen, die aus Verwertungsinteressen vom Privateigentum abgeleitet waren, Legitimität. Von nun an wurde die Verwertung des Privateigentums nach individuellem Ermessen nicht länger als eine Sünde betrachtet. Vielmehr wurde sie als der einzige Weg zur Mehrung gesellschaftlichen Reichtums angesehen und Transaktionen mit der Metapher der „invisible hand“ erklärt. Überzeugte Anhänger dieser Gleichgewichtsökonomie waren auch David Ricardo (1772-1823) und John Stuart Mill (1806-1873). Inzwischen divergierten die Auffassungen über die Akkumulation des Kapitals, die Arbeitsteilung, die Bedeutung technischer Veränderungen und sogar über die Geldtheorie erheblich, dennoch blieb das von Smith behauptete gleichgewichtige Marktverhältnis die dominierende Aussage.

100 Hobbes, Thomas: Leviathan, S. 94 ff.
101 Locke, John: Über die Regierung, S. 95 ff.
102 Rousseau, Jean-Jacques: Vom Gesellschaftsvertrag, S. 72 ff.

Im Zuge der weiteren Theorieentwicklung wurde das von Adam Smith naturphilosophisch begründete Gleichgewichtsdenken auf mathematische Grundlagen gestellt. In den 70er Jahren des 19. Jahrhunderts wandte die neoklassische Theorie zur Quantifizierung des subjektiven Nutzens sich ständig verfeinernde mathematische Methoden an. In ihren Modellen war Geld schließlich nur noch ein bloßes Mittel zur Senkung der Transaktionskosten des Gütertauschs; es stellte ein Standardgut (Numéraire) dar mit der Aufgabe, die relativen Preise aller anderen Güter zu bestimmen.

In der neoklassischen Theorie wurde der Zins in keinerlei Verbindung mit Geld gebracht.[103] Dessen Verhältnis zur Wirtschaft galt als neutral; das standardökonomische Modell war somit das der Naturaltauschwirtschaft.[104] Dies hatte zur Konsequenz, dass die Funktionsbedingungen des Geldes und ihre Auswirkungen nicht untersucht wurden.

Die Wirtschaftssubjekte sind nicht tausch-, sondern geldorientiert.[105] Indem das Geld nicht mehr bloß dem Warentausch dient (Ware – Geld – Ware), sondern beim Denken und Handeln zum beherrschenden Medium wird (Geld – Ware – Geld), ist die neoklassische Annahme realitätsfern, Geld sei ein Gut wie jedes andere.[106] Die freiwirtschaftliche Analyse der Funktionsweise des Kapitalismus widerspricht also den neoklassischen Erkenntnissen nicht, sondern sie ergänzt sie.

1. Golddeckung

Ende des 19. Jahrhunderts war das Konzept der Golddeckung, auch als Goldstandard bezeichnet, das vorherrschende Währungskonzept. In den meisten Industrienationen löste die Golddeckung die zuvor vorherrschende silberbasierte Währung ab. Hauptursache dafür war der Preisverfall des Silbers.[107]

Im Jahr 1821 ging das Vereinigte Königreich als erstes größeres Land zum Goldstandard über. Es folgten zwischen 1880 und 1914 alle wirtschaftlich bedeutenden Länder. Der Goldstandard setzte sich damit gegenüber dem Bimetallismus (Gold-Silber-Währung), der in der ersten Hälfte des 19. Jahrhunderts

---

103 Heinsohn, Gunnar / Steiger, Otto: Eigentum als gesellschaftliche Innovation, S. 88.

104 Biswanger, Hans Christoph: Geld und Wachstumszwang, S. 81, und Hubbard, R. Glenn: Money, the financial system, and the economy, S. 8 und S. 14 ff.

105 Marx, Karl: Das Kapital, 2. Bd., S. 87 ff., und Hahn, Young Bin: Die Geldtheorie von Marx und Keynes, S. 53 ff.

106 Dorfner, Ernst : Der Zins in der modernen Geldwirtschaft, S. 140 f.

107 Werner, Hans-Joachim: Geschichte der Freiwirtschaftsbewegung, S. 6, und Pohl, Manfred: Vom Goldstandard zum Multireservewährungsstandard, S. 11 ff.

vorherrschend war, und dem Silberstandard der zweiten Hälfte des 19. Jahrhunderts, durch.

Nach der allgemein gültigen Wertvorstellung musste ausgegebenes Papiergeld durch Metall gedeckt sein. Diesem Zweck schien Gold am ehesten zu entsprechen. „Der Grundgedanke der Gold-deckung der Währung war der, im Außenhandel feste Maßstäbe trotz unterschiedlicher binnenwirtschaftlicher Konjunktur- und Wirtschaftspolitik der einzelnen Länder zu garantieren.“[108]

Der klassische Goldstandard war durch langfristige konstante Wechselkurse der beteiligten Länder gekennzeichnet. Dadurch waren Importbeschränkungen und Devisenbeschaffungsmaßnahmen nicht notwendig, und Währungsreserven wurden nur in geringem Umfang gehalten.[109] Es herrschte die Auffassung vor, dass eine funktionierende Papierwährung nur dadurch ermöglicht wird, wenn sie mit Gold gedeckt ist.[110] Also hatten naturgemäß Länder, die einen direkten Zugriff zu den Goldminen besaßen (USA, England), ein Interesse daran, Gold als weltweite Außen- und Binnenhandelswährung zu etablieren.

Aber auch die kapitalistisch orientierten Staaten insgesamt versprachen sich aus dem „Metallgeld“ einen entsprechenden Gewinn durch das Zinssystem.[111] Die nationalen Notenbanken wurden verpflichtet, ein Deckungsverhältnis von Gold zu Papier im Verhältnis 1 zu 3 aufrecht zu erhalten. Dieses Währungssystem hatte den Nachteil, dass die Goldfunde nicht ausreichten, um alle Staaten mit der notwendigen Menge zu versorgen, so dass die Papiergeldemission nie dem wirklichen Bedarf der Wirtschaft angepasst werden konnte. Erschwerend kam hinzu, dass die einzelnen Notenbanken die Export- und Importüberschüsse in Gold bezahlen mussten.

Im Falle eines Importüberschusses führte dies zu einer Deflation, da aufgrund der Dritteldeckung dem Markt die dreifache Menge an Papiergeld entzogen werden musste. Dies hatte die klassische Krisenerscheinung mit Zinsanstieg, Nachfragerückgang, Kostenfalle für Unternehmer, Investitionsrückgang und Arbeitslosigkeit zur Konsequenz.[112]

Bei Exportüberschüssen hingegen bestand immer die Gefahr einer importierten Inflation. Preisschwankungen und Störungen prägten das Wirtschaftsbild

---

108 Binn, Felix: Silvio Gesell, Der verkannte Prophet, S. 11.

109 Die Tatsache, dass sich in dieser Zeit länger andauernde Devisenbilanzungleichgewichte nicht einstellten, resultierte mitunter aus den Anpassungsmechanismen. Vgl. zu diesen wie auch zu Merkmalen des Goldstandards: Jarchow, Hans-Joachim / Rühmann, Peter, Monetäre Außenwirtschaft, S. 33 f.

110 Vgl. Bordo, Michael D.: The Gold Standard, S. 27 ff., und Schöningh, Ferdinand: Die Industrialisierung in Deutschland 1800 bis 1914, S. 255.

111 Sternberg, Max: Die Goldwährung und der Erste Weltkrieg, S. 9.

112 Binn, Felix: Silvio Gesell. Der verkannte Prophet, S. 6.

des Goldstandards. Ein typisches Beispiel hierfür ist die Weimarer Republik. Sie scheiterte unter anderem an ungelösten Währungsfragen, die sechs Millionen Arbeitslose zur Folge hatten und schließlich den Aufstieg Hitlers ermöglichten.

Der Zeitraum zwischen den beiden Weltkriegen ist durch verschiedene währungspolitische Ansätze charakterisiert. Bis zur Pfundkrise 1931 kehrte man zu festen Paritäten zurück und restaurierte damit den Goldstandard. Nachfolgend trat eine zunehmend währungspolitische Desintegration ein. Nach den Vorstellungen der wirtschaftlich führenden Länder sollte nach dem Krieg so schnell wie möglich zu dem während des Krieges abgeschafften Goldstandard zurückgekehrt werden. Doch dafür waren die Voraussetzungen nicht überall gegeben. Der importbedingten Verschlechterung der Handelsbilanzen der kriegführenden Länder Europas stand eine Verbesserung der Handelsbilanzen der USA und Japans gegenüber, welche auch von Goldzuflüssen begleitet wurde.[113] Durch die unterschiedlichen Entwicklungen waren in den einzelnen Ländern in den ersten Nachkriegsjahren flexible Wechselkurse die einzige Lösung. Nach der schweren Inflation Anfang der zwanziger Jahre kehrten die meisten von ihnen zu festen Goldparitäten zurück. Dabei war das englische Pfund über- und der französische Franc unterbewertet. Im Gegensatz zur Zeit des klassischen Goldstandards wurden zusätzlich zu Gold auch noch Devisen in größerem Maße als Währungsreserven gehalten. Negativ war jedoch die unkoordinierte Rückkehr zu Goldparitäten mit dem Ergebnis, dass einzelne Währungen – wie am Pfund und Franc gezeigt – über- beziehungsweise unterbewertet wurden.

Ein weiterer wichtiger Grund für den Zusammenbruch des Systems war die starke Konzentration auf binnenwirtschaftliche Maßnahmen, die im Gegensatz zu den zahlungsbilanzorientierten Regeln des Goldstandards standen. Dies führte am 21. September 1931 zur Suspendierung der Goldeinlösungspflicht seitens der Bank of England für das Pfund, so dass Abwertungen anderer Währungen folgten und es zum Zusammenbruch des Goldstandards kam.[114]

Seit Anfang der dreißiger Jahre bewirkte die Konzentration auf die Binnenwirtschaft eine allmähliche Erhöhung der geschrumpften Währungsreserven. Ein weiteres Merkmal der währungspolitischen Desintegration war die Bildung von Währungsblöcken, des Sterling- und des Goldblocks.[115] Inzwischen war der Welthandel durch Devisenkontrollen, Importbeschränkungen, Zollerhöhungen und Bilateralismus charakterisiert.

Überlegungen bezüglich des Geldes wurden in der herrschenden Lehre damals so gut wie gar nicht angestellt. Allerdings hatte sich die Annahme von dem sich neutral verhaltenden Geld bereits durchgesetzt.

---

113 Jarchow, Hans-Joachim / Rühmann; Peter. Monetäre Außenwirtschaft, S. 95 f.

114 Jarchow, Hans-Joachim / Rühmann; Peter. Monetäre Außenwirtschaft, S. 78 f., 105.

115 Jarchow, Hans-Joachim / Rühmann, Peter: Monetäre Außenwirtschaft, S. 95 f.

Allgemein wurde die Auffassung vertreten, dass jedes einmal produzierte Angebot an Gütern sich seine eigene Nachfrage schafft und somit reibungslos abgesetzt wird.[116] Den meisten Wirtschaftstheoretikern war bewusst, der Konjunkturkreislauf würde sich von Depression über Aufschwung, Boom und Rezession ohne Eingriffe einer übergeordneten Instanz von selbst regeln. Das Bekenntnis der liberalen klassischen Ökonomie, die sich an Adam Smith orientierte, schien mit dem Gedanken einer sich selbst regelnden Wirtschaft gemäß dem Prinzip des Laissez-faire eine gerechte Ordnung einzugehen, die dem Merkantilismus überlegen war.

Einer der Ersten, die sich mit dieser Frage beschäftigten, war Silvio Gesell in seiner Abhandlung über „Die Anpassung des Geldes und seiner Verwaltung an die Bedürfnisse des modernen Verkehrs“.[117] Außerdem hat er noch viele andere, eher kürzere Broschüren zum Thema Metallwährung veröffentlicht. Inhalt dieser Publikationen war immer die Kritik an der Golddeckung, die zu seiner Zeit das vorherrschende Währungssystem ausmachte.

2. Kapitalfülle, Geldrückzug, monetäre Krisenauslöser und -verstärker

In den Jahren 1871 und 1873 hatte Deutschland mit zwei Münzgesetzen neben der älteren Silberwährung die Goldwährung etabliert und war damit dem Beispiel Englands gefolgt, das bereits seit 1816 die Golddeckung besaß.[118] Nach 1873 ging die weltweite Fördermenge an Gold zurück, gleichzeitig sank der Silberpreis, was in den 70er und 80er Jahren in Deutschland heftige Reaktionen bezüglich der Goldwährung hervorrief. Die Depression von 1873 wird oft als Gründerkrise bezeichnet, die auch auf die Nachbarstaaten ausstrahlte. Bei der Gründerkrise handelte es sich um eine durch Überhitzung der Volkswirtschaft verursachte Krise, die man auch als eine Korrektur der vorangegangenen hohen Wachstumsraten beschreiben könnte. Dieses vorangegangene Wachstum basierte auf der Übernahme und Bildung von Firmen und Fabriken zu überhöhten Preisen. Zudem traf die Krise gleichzeitig mit der US-amerikanischen Wirtschaftskrise zusammen und resultierte in einer langen Stagnation in allen hochentwickelten Ländern.

---

116 Das Saysche Theorem des klassischen Liberalismus geht davon aus, dass immer genügend Nachfrage entsteht, weil jede Produktion sich die zu ihrem Absatz erforderliche Nachfrage schafft. Die Neoklassik schien diese These mit der Funktion des Zinses am Kapitalmarkt zu untermauern, der immer wieder ein Gleichgewicht zwischen Sparen und Investieren herbeiführe, so dass der durch Sparen unterbrochene Kreislauf durch Investitionsnachfrage wieder geschlossen wurde.

117 Gesell, Silvio: Die Anpassung des Geldes und seiner Verwaltung, S. 31 f.

118 1907 stellte Deutschland schließlich ganz auf die Goldwährung um.

Der aus der Gründerkrise entstandene Preisverfall wurde unter anderem durch die Einführung der Goldwährung verschärft. Da es eine viel zu geringe Menge an Gold gab, kam es zu einer sinkenden Nachfrage, die wiederum ein Fallen der Preise nach sich zog. Es war also nicht möglich, allein auf der schwankenden Basis der Goldmenge, die in Abhängigkeit zu den Goldfunden stand, ein angemessenes Verhältnis zwischen Gütermenge und Goldmenge herzustellen.

Auch war es ab 1850 immer wieder zu angebotsseitigen Wirtschaftsschüben gekommen. Diese wurden durch technische Innovationen ausgelöst, die mit einer massiven Produktionserweiterung einhergingen. Derselbe Effekt trat auch dadurch ein, dass der Freihandel immer öfter zugelassen wurde. Alle diese Wachstumsschübe bewirkten, dass es zu einer deutlichen Ausweitung des gehandelten Gütervolumens kam; somit wurde der Bedarf an Tauschmitteln, also an Geld, erhöht. Die Preise und die Zinsen stiegen, da das Geld infolge der Goldparität knapp wurde. Dies wiederum hatte zur Konsequenz, dass der einsetzende wirtschaftliche Aufschwung im Keim abgewürgt wurde, weil die Nachfrage an Gütern nicht mehr mit der Produktionsausweitung Schritt halten konnte.

Die Krise konnte jedoch ab dem Jahr 1890 überwunden werden, weil die Goldförderung in Folge neuerschlossener Goldfelder in Transvaal und Kanada, aber auch wegen gestiegener Produktionen in Australien, wesentlich ausgeweitet werden konnte. Der dadurch einsetzende Aufschwung, der bis zum Jahr 1912 andauerte, wurde nur durch die Krise von 1907/1908 kurz unterbrochen.

Genau wie Gesell es prophezeit hatte, schlug gegen Ende der 20er Jahre die Inflation in eine Deflation um, die verheerende Auswirkungen auf die Wirtschaft hatte. Während der Inflationsphase war es möglich gewesen, wenigstens eine lang anhaltende Massenarbeitslosigkeit zu verhindern. Aber die wirtschaftliche Depression traf die Lohn- und Gehaltsempfänger mit voller Wucht. Über die Ursachen dieser weltweiten Wirtschaftskrise wurde viel diskutiert. Die Meinungen gingen weit auseinander. Vielfach wurde behauptet, dass Absatzschwierigkeiten die Krise auslösten und somit den Rückzug des Geldkapitals bewirkten. Fraglich ist allerdings, ob nicht erst der Abzug großer Geldmengen aus dem Umlauf die Absatzstockung hervorrief.[119]

In Deutschland jedenfalls betrieb die Reichsbank aus Angst vor einer neuen Inflation eine Kredit- und Diskontrestriktion.[120] Die große Nachfrage nach Geldkapital, das in der deutschen Volkswirtschaft dringend benötigt wurde, verursachte ein einseitig nationales Ansteigen der Zinssätze. Dies nutzten die Spekulanten aus, indem sie an deutsche Banken und Unternehmen Geld verliehen. In Folge dessen setzte eine intensive Investitionstätigkeit ein, trotz meist nur kurzfristig gewährter

119 Karner, Christof: Silvio Gesell's Freiwirtschaftstheorie, S. 110.
120 Blaich, Fritz: Der schwarze Freitag, S. 78 ff.

Kredite. Als der gesamte Kreditapparat letztendlich zusammenbrach, wurde dafür der Ausgang der Reichswahlen vom 14. September 1930 verantwortlich gemacht. Damals konnte die NSDAP die Zahl ihrer Mandate von 12 auf 107 erhöhen.[121] Nach dieser Wahl mussten die deutschen Großbanken eine Kündigungswelle von ausländischen Einlagen und Krediten in Höhe von 700 Millionen Reichsmark hinnehmen.[122] Gleichzeitig verlor die Reichsbank mehr als 1 Milliarde Reichsmark an Gold- und Devisenbeständen.

Die wirtschaftlichen Folgen waren katastrophal; es gab Millionen von arbeitslosen Frauen und Männern, die von jeder sozialen Fürsorge ausgeschlossen waren, sie wussten oft nicht, wie sie den nächsten Tag überleben sollten. Große Hoffungslosigkeit prägte die Gesinnung, und das Vertrauen in die bürgerliche Demokratie und ihre Interessenvertreter war schon seit langem erschüttert. Die Antwort auf diese schwere Krise des Kapitalismus war die Flucht in utopische Vorstellungen, verbunden mit einem einsetzenden Nationalismus.

3. Die Schlussfolgerungen aus der Krise

Nach dem Sturz des argentinischen Diktators Juan Manuel Ortiz de Rosas im Jahr 1853 trat eine liberale Verfassung in Kraft. Somit öffnete sich das Land für Einwanderer, wovon später Silvio Gesell profitieren sollte. Ein Rückgang der Weltkonjunktur zur Mitte der 70er Jahre des 19. Jahrhunderts führte auch in Argentinien zu einer Politik des Handelsprotektionismus. Dennoch erholte sich die argentinische Wirtschaft bald, bis sie 1880 wieder vor einer schweren Krise stand.

Gesell hatte somit bereits in jungen Jahren in Argentinien die Möglichkeit gehabt, wirtschaftliche Entwicklungen zu beobachten. Während in Europa die Industrialisierung schon in vollem Gange war, stand Argentinien noch am Anfang, da Spanien kein Interesse an der selbstständigen Entwicklung seiner amerikanischen Kolonien hatte.

Erst einige Jahre zuvor war in Argentinien die reine Goldwährung eingeführt worden. Durch diese Golddeckungsvorschrift wurde die stark expandierende Wirtschaft geknebelt.[123] Das Preisniveau sank wegen des Mangels an Geld bzw. Gold, wodurch die Wirtschaft zum Erliegen kam; daraus resultierte ein bankrotter defizitärer Staatshaushalt sowie eine hohe Arbeitslosigkeit. Bekämpft wurden diese Folgen mit einer systemlosen Papiergeldwirtschaft. Der daraufhin einsetzenden Inflation begegnete man mit einer Politik des deflationären Preisabbaus.

---

121 Erdmann, Karl Dietrich: Die Weimarer Republik, S. 283.
122 Blaich, Fritz: Der schwarze Freitag, S. 83.
123 Pick, Walter: Die Zinstheorie, S. 15 f.

Diese Maßnahme hatte eine Lähmung der Wirtschaft zur Folge. Die großen Preisniveauschwankungen riefen in Gesell das Bestreben hervor, sich wegen seiner eigenen Geschäfte intensiv mit dem Geldwesen zu befassen. Während seines Aufenthalts in Argentinien konnte er sehr genau die Grundprinzipien der modernen Wirtschaftsform studieren.

Er kam dabei zu der Überzeugung, dass die Golddeckung eine Illusion ist. Wenn Geld durch sie Sicherheit, Stabilität und Vertrauenswürdigkeit verliehen bekommen sollte, vertrat Gesell die gegenteilige Ansicht, dass die Golddeckung überflüssig sei, weil Geld auch ohne sie seine Funktion erfülle.[124]

Irving Fisher (1867-1947) hat erst um 1940 mit seiner Quantitätstheorie die alte Auffassung von der Golddeckung widerlegen können. Gesell forderte schon Jahrzehnte vor ihm und ca. siebzig Jahre vor dem Chicagoer Monetaristen Milton Friedmann[125] (*1912) die Abkehr vom Goldstandard, um anstelle dessen die Geldmenge an das Bruttoinlandsprodukt und somit das Geldmengenwachstum an das realwirtschaftliche Wachstum anzupassen. Um dieses Ziel zu erreichen, sollte nach Silvio Gesell ein statistisches Amt ins Leben gerufen werden, um die hierfür notwendigen Daten zu erheben und auf deren Basis eine Prognose zum Wachstum des Bruttoinlandsprodukts abzugeben.[126] Darüber hinaus forderte Gesell ein Reichswährungsamt, welches als Zentralbank fungieren sollte. Seine Aufgabe sollte es sein, für Preisstabilität zu sorgen und diese möglichst zu garantieren. Als völlig unabhängige Institution sollte es politisch autark agieren können.[127] Auch mit dieser Meinung war Gesell seiner Zeit weit voraus.

Gesell hatte die Nachteile des Konzeptes der goldgedeckten Währung erkannt. Der plötzliche Anstieg der Goldmenge, etwa durch neue Goldfunde oder Kriegsbeuten, konnte für die goldgedeckten Währungen in einer Inflation münden. Dass die jeweiligen Zentralbanken wegen des herrschenden Umtauschverhältnisses zwischen Gold und Bargeld dann keinen Handlungsspielraum hätten, auf diesen Missstand hat Gesell immer wieder hingewiesen.[128]

Konsequenterweise hatte er in seinen Ausführungen und Schriften die Notwendigkeit einer Golddeckung bereits gesehen. Damit hatte Gesell die monetaristische Forderung nach einer output-orientierten Geldmengensteuerung bereits erkannt und vorweggenommen. In der Folge entwickelte er sein tauschmittelo-

---

124 Gesell, Silvio: Die neue Lehre vom Geld und Zins, S. 73 f. und 133 f.

125 Milton Friedman mit seiner „Gegenrevolution des Monetarismus" wies auf die längerfristigen Gefahren einer Inflation und wachsender Staatsverschuldung hin und forderte eine konsequente Antiinflationspolitik.

126 Gesell, Silvio: Die Anpassung des Geldes und seiner Verwaltung, S. 31-114.

127 Gesell, Silvio: Das Reichswährungsamt S. 55 f.

128 Gesell, Silvio: Die Anpassung des Geldes und seiner Verwaltung, S. 31-114, und Gesell, Silvio: Das Reichswährungsamt, S. 55 f.

rientiertes Konzept des Freigeldes, mit dem Gesell aber keinen nennenswerten Erfolg hatte.

IV. Die Gesellsche Antithese

Die Freiwirtschaftslehre ist eine Antithese zur Standardökonomie, weil sie Wirtschaftswachstum nicht vorbehaltlos begrüßt. Vielmehr wird nach dem Sinn des Wachstums gefragt und auf die damit einhergehenden Risiken aufmerksam gemacht. Die ursächliche Gefahr für die Ökonomie wird im Zinssystem gesehen, welches die Wurzel für das konstante Wirtschaftswachstum ist.[129] Für die Freiwirtschaftslehre ist der Zins ein rein monetäres Phänomen.

Im Zins wird der Grund dafür gesehen, dass ein kapitalistisches System permanent wachsen muss, um weiter existieren zu können.[130] Dieser Zwang liegt im Anwachsen des Geldvermögens begründet, als dessen Gegenstück die Schulden im gleichen Maße ansteigen müssen. Da mit wachsenden Schulden die Zinsen ebenfalls ansteigen, wird die Volkswirtschaft belastet, weil eine Verzinsung des Geldvermögens auf Zeit auch eine Vermehrung des Geldbestandes bedingt.[131]

Es entsteht eine Belastung, weil der Zinsanteil an den Gesamtkosten einer Unternehmung absolut wie relativ beständig ansteigt. Da diese Aufwendungen erst zu verdienen sind, müssen ebenfalls die Erträge im gleichen Maße ansteigen. „Das Anwachsen der Geldvermögen erfordert – gesamtwirtschaftlich und im Durchschnitt betrachtet – ein entsprechendes Wirtschaftswachstum. Anders ausgedrückt: Der Zins setzt die Wirtschaft unter permanenten Wachstumszwang.“[132]

Gemäß der Freiwirtschaftslehre muss sich organisches Wachstum – wie in der Natur – mit der Zeit auch abschwächen dürfen oder ganz einstellen können, denn sonst wäre das Wirtschaftssystem nicht lebensfähig.[133] Auch fehlt dem kapitalistischen Wirtschaftssystem das Prinzip der negativen Rückkopplung, das alle organischen Systeme kennzeichnet. Daher wird jedes System, das ohne Regulator exponentiell wächst, mit der Zeit instabil und krisenanfällig.[134] Gesell formuliert wie folgt: [...] *Eine jener Geschäftskrisen, welche in den letzten Jahrzehnten in fast allen Ländern mit ziemlicher Regelmäßigkeit wiederkehrten und ihren einfachen und ganz natürlichen Grund darin hatten, dass* [...] *durch das System der Zinsen die Capitalien sich unnatürlich und soweit anhäufen, dass die Schulden,*

129 Pick, Walter: Die Zinstheorie, S. 15 ff.
130 Šik, Ota: Wirtschaftssysteme, S. 129.
131 Vgl. Dorfner, Ernst: Der Zins in der modernen Geldwirtschaft, S. 7.
132 Senf, Bernd: Der Nebel um das Geld, S. 87.
133 Creutz, Helmuth: Wachstum bis zur Selbstzerstörung, S. 8 f.
134 Creutz, Helmuth: Wachstum bis zur Selbstzerstörung, S. 27.

die diesen Capitalien entsprechen, trotz des besten Willens und angestrengtester Arbeit nicht mehr verzinst werden können und den Bankrott der Schuldner zur Folge haben ...[135]

Gesells Thesen eröffnen neue Perspektiven im Hinblick auf Wirtschaftskrisen. Nicht die vielfach vertretene Ansicht, Krise als Ausdruck einer Diskrepanz zwischen Bedarf und Produktion[136] zu sehen, sondern Störungen im Wirtschaftsleben als reine Geldkrisen zu definieren, tritt bei Gesell in den Vordergrund. Weil Geld nicht nur in der Realwirtschaft als Tauschmittel genutzt, sondern auch zu spekulativen Zwecken gehortet und somit dem Kreislauf entzogen wird, hat dies nach Gesell Kreislaufstörungen zur Konsequenz.

Im Zusammenspiel mit der realen Wirtschaft tritt die immanente Krisenanfälligkeit, also der Defekt des kapitalistischen Systems, zu Tage. Denn die Realwirtschaft, die nur über endliche Ressourcen verfügt, kann zwar für eine gewisse Zeit mit dem durch den Schuldendienst bedingten exponentiellen Wachstum Schritt halten. Bei einem Geldentzug hat dieses aber zur Folge, dass von demjenigen ein Zins erpresst werden kann, der auf den Durchfluss des Geldes angewiesen ist. Daher muss es ab einem bestimmten Zeitpunkt zwangsläufig zu einem Auseinanderdriften zwischen den monetären und den realen Größen kommen. Selbst wenn der Zins die gesparten Gelder vollständig in den Produktionsprozess-Einkommens-Kreislauf zieht und in Form von Krediten weiterleitet, würde aufgrund der inneren Dynamik auf lange Sicht eine Krise ausgelöst werden, so die Auffassung von Gesell.[137]

Als Konsequenz dieser Überlegung müsste das Wirtschaftswachstum unendlich sein, damit es nicht zur Krise kommt. Mit dem Anstieg der Investitionen wächst jedoch ebenfalls die Menge der produzierten Güter und Dienstleistungen. Da dem Wirtschaftswachstum indes nur endliche Ressourcen zur Verfügung stehen, muss es irgendwann unausweichlich zu einer Krise kommen, weil die reale Wirtschaft mit dem wachsenden Geldvermögen nicht mehr Schritt halten kann.[138] Die permanent steigende Nachfrage nach produzierten Gütern brächte eine Absatzstockung.[139] Außerdem würden die Renditen und somit auch

135 Gesell, Silvio: Die Reformation im Münzwesen, S. 41.

136 Gesell ist der Auffassung, dass es eine Überproduktion von vornherein nicht geben kann, weil die Ursache der Produktion nur das Bedürfnis der Produzenten nach Waren ausdrückt. Wenn viele Waren produziert werden, ist dies nur der Beweis für das starke Bedürfnis. Damit kann das Arbeitserzeugnis als Maß für den Bedarf an Waren gelten.

137 Senf, Bernd: Geldfluss, Realwirtschaft und Finanzmärkte, S. 2 f.

138 Senf, Bernd: Der Nebel um das Geld, S. 87 f.; Creutz, Helmuth: Wachstum bis zur Selbstzerstörung, S. 7 f., und Mankiw, N. Gregory: Principles of Economics, S. 529 f.

139 Vgl. Biswanger, Hans Christoph: Geld und Wachstumszwang, S. 94 f.

der Zins am Kapitalmarkt absinken, so dass er die Vorteile des Hortens immer weniger aufwiegt.[140]

Diese Krisentendenz ist dem Kapitalismus immanent, so die These Silvio Gesells.[141] In einem derartigen System muss es ohne Einwirkung von außen – also ohne Kriege oder Naturkatastrophen – zwangsläufig zu Wirtschaftskrisen kommen.

Laut der Freiwirtschaftslehre ist dem Einkommen aus Arbeit der fallende Grenznutzen einer zusätzlich verdienten Geldeinheit mit dem steigenden Grenzaufwand für Arbeit zu vergleichen. So würde das ungebremste Wachstum eine natürliche Barriere finden.[142] Darüber hinaus kann die Tauschmittelfunktion des Geldes nur dann voll zur Geltung kommen, wenn die Spekulationsfunktion unterbunden wird.[143]

Anders verhält es sich im Kapitalismus, der von der Freiwirtschaftslehre abgelehnt wird. Hier sind Zinseinkommen leistungslos, da für sie keine eigene Arbeit investiert wird. Dies hat zur Folge, dass sich jeder noch so geringe Grenznutzen lohnt. Dem Wachstum des Geldvermögens aus Zinsen steht nichts entgegen. Durch die fehlende Barriere setzt das individuelle Streben nach Rendite die reale Wirtschaft unter Wachstumszwang. Dieser wird nur dadurch begrenzt, wenn Zinserträge konsumiert werden oder Insolvenzen eintreten, weil in diesem Fall Schulden vernichtet werden.

Gesell hat mit seiner Freiwirtschaftslehre versucht, den kapitalistischen Widerspruch zu überwinden, indem er als Lösung seine Natürliche Wirtschaftsordnung propagiert, die sich mit der naturgesetzlichen Verknüpfung von Geld und Zins befasst.

1. Die liberalsoziale Idee

Die liberalsoziale Philosophie setzt sich aus zwei zentralen Bestandteilen zusammen: der Freiheit des Individuums und der sozialen Gerechtigkeit. Bezüglich der Freiheit des Individuums werden zwei Arten unterschieden – zum einen eine positive und zum anderen eine negative Freiheit. Unter der ersten versteht man die Abwesenheit von äußerem Zwang.[144] Darunter werden auch die Abwehrrechte des einzelnen gegen den Staat subsumiert. Diese aufgeklärte Denkweise ist als Reakti-

---

140 Senf, Bernd: Geldfluss, Realwirtschaft und Finanzmärkte, S. 3.

141 Gesell, Silvio: Die Natürliche Wirtschaftsordnung, S. 201. Gesell definiert Kapitalismus als Zustand, in dem die Nachfrage nach Leihgeld und Sachgut (Realkapital) das Angebot übertrifft und deshalb den Zins bedingt.

142 Suhr, Dieter: Auf Arbeitslosigkeit programmierte Wirtschaft, S. 50.

143 Senf, Bernd: Geldfluss, Realwirtschaft und Finanzmärkte, S. 3 f.

144 Vgl. Berlin, Isaiah: Freiheit, S. 197 ff.

on auf die absolutistischen Verhältnisse in der vorausgegangenen Zeit entstanden. Ökonomen reduzieren diese Einstellung allerdings auf die Wirtschafts- und Vertragsfreiheit.

Die Freiwirtschaftslehre enthält ein umfassendes Verständnis der Freiheit. Nach Gesell sollte es jedem einzelnen überlassen bleiben, ob er diese Freiheit nutzt oder nicht. Gesell war somit ein Anhänger des aktiven Begriffs der Freiheit, die keine Ruhe erlaubt, bevor nicht alle Wege zur Erweiterung der Lebenschancen erkundet sind.[145] Hingegen definiert Friedrich August von Hayek[146] die Freiheit als Abwesenheit von Zwang, den andere Menschen auf ein Individuum ausüben.

Die Freiwirtschaftstheorie geht davon aus, dass die herrschende Geldordnung eine soziale Gerechtigkeit verhindert. So lange Kapitaleigentümer leistungslose Zuwendung von anderen Wirtschaftssubjekten erhalten, ist die soziale Gerechtigkeit noch nicht verwirklicht. Das herrschende Zinssystem verhindert den sozial gerechten Arbeitsertrag – „das Recht auf den vollen Arbeitsertrag" – für alle. *Was ist der volle Arbeitsertrag?* [...] *Es wird unterschieden: zwischen Arbeitserzeugnis, Arbeitserlös und Arbeitsertrag. Das Arbeitszeugnis ist das, was aus der Arbeit hervorgeht. Der Arbeitserlös ist das Geld, das der Verkauf des Arbeitserzeugnisses oder der Lohnvertrag einbringt. Der Arbeitsertrag ist das, was man mit dem Arbeitserlös kaufen und an den Ort des Verbrauches schaffen kann.*[147]

Die Anwendung der Bezeichnungen Lohn, Gehalt oder Honorar an Stelle von Arbeitserlös bezieht sich auf das Arbeitserzeugnis und ist nicht gegenständlicher Natur wie ganz alltägliche Arbeiten, zum Bespiel das Straßenkehren. Ist das Arbeitserzeugnis allerdings greifbar – wie etwa die Herstellung eines Stuhles, und ist dieses Arbeitsergebnis auch Eigentum des Arbeiters, spricht man nicht mehr von Lohn, Gehalt oder Honorar, sondern vom Preis des verkauften Stuhles. Es handelt sich bei all diesen Bezeichnungen immer um dasselbe, nämlich um den Gelderlös der verrichteten Arbeit.

Als Arbeitserlös sind ebenfalls der Unternehmergewinn und der Handelsprofit zu bezeichnen, sofern man die in ihnen enthaltenen Kapitalzinsen oder Grundrenten in Abzug bringt.

Zum Beispiel erhält der Direktor einer Bergwerks-Aktiengesellschaft sein Gehalt ausschließlich für die von ihm erbrachte Arbeit; ist aber dieser Direktor gleichzeitig Aktionär, so vermehren sich seine Einnahmen um den Betrag der Dividenden. Er ist somit Arbeiter und Rentner in einer Person.

---

145 Dahrendorf, Ralf: Lebenschancen, S. 61.

146 Friedrich August von Hayek geboren am 8.5.1899 in Wien; gestorben am 23.3.1992 in Freiburg im Breisgau. Er war ein österreichischer Ökonom. Neben Ludwig von Mises war er im 20. Jahrhundert der wichtigste Vertreter der Österreichischen Schule der Nationalökonomie und ein Verfechter des freien Marktes.

147 Gesell, Silvio: Die Natürliche Wirtschaftsordnung, S. 10.

Die Einkommen der Bauern, der Kaufleute und Unternehmer bestehen meistens aus Renten (bzw. Zinsen) und Arbeitserlös. Zum Beispiel lebt ein Bauer, der mit geliehenem Kapital auf gepachtetem Boden arbeitet, ausschließlich vom Ertrag seiner geleisteten Arbeit. Die Summe, die nach Zahlung von Pachten und Zinsen vom Arbeitserzeugnis übrig bleibt, resultiert aus seiner Arbeit und unterliegt den allgemeinen Gesetzen, die den Lohn bestimmen.

Zwischen dem Arbeitserzeugnis oder der Leistung und dem Arbeitsertrag liegen die verschiedenen Verträge, die wir bei jedem Einkauf von Waren und Dienstleistungen abschließen. Der Arbeitsertrag wird wesentlich von diesen Verträgen beeinflusst. Es ist eine Tatsache, dass Wirtschaftssubjekte, die die gleichen Arbeitserzeugnisse dem Markt zuführen, dennoch unterschiedlich große Arbeitserträge erzielen. Dies ist darin begründet, dass diese Subjekte (Menschen) als Arbeiter gleichwertig sind, jedoch nicht als Händler. Einige verstehen es besser, ihre Erzeugnisse zu besseren Preisen zu verkaufen. Der Erfolg der Arbeit beinhaltet gleichermaßen, Tausch und Handel sowie die notwendigen Techniken bei der Herstellung der Ware. Daher ist jeder Arbeiter auch Händler, und der Tausch des Erzeugnisses ist als Schlusshandlung der Arbeit anzusehen.

Für Gesell ist die menschliche Arbeitskraft die eigentliche Quelle der Wertschöpfung. Er betont immer wieder dieses Recht auf den vollen Arbeitsertrag, das allerdings den arbeitenden Menschen vorenthalten wird. *Das Recht auf den vollen Arbeitsertrag, sofern darunter das Recht des Einzelnen auf seinen vollen Arbeitsertrag gemeint ist, müssen wir sogar geradezu als Hirngespinst bezeichnen. Ganz anders verhalten sich die Dinge in Bezug auf den gemeinsamen vollen Arbeitsertrag. Dieser verlangt nur, dass die Arbeitserzeugnisse restlos unter die Arbeiter verteilt werden. Es dürfen keine Arbeitserzeugnisse an Rentner für Zinsen oder (Boden-)Renten abgegeben werden. Das ist die einzige Bedingung, die die Verwirklichung des Rechts auf den gemeinsamen vollen Arbeitsertrag stellt.*[148]

Zunächst einmal ist festzuhalten, dass Gesells Ziel die Überwindung von Ausbeutung der Mehrheit der Bevölkerung durch die Minderheit ist. Denn diese eignet sich im Wesentlichen das Produkt der Arbeit an, obwohl diese selbst nichts oder wenig zur Entstehung des gesellschaftlichen Reichtums beigetragen hat.

Für Gesell ist die menschliche Arbeit die eigentliche wertschöpfende Kraft. Das Ergebnis ist aber, dass den Arbeitern nur ein Teil ihres vollen Arbeitsertrags zufließt. Gesell vertritt daher die Auffassung, dass die Verteilung des gesamten Arbeitsertrags unter den einzelnen Arbeitern sich entsprechend den Gesetzen von Angebot und Nachfrage auf den Arbeitsmärkten regeln müsse. Denn den Arbeitern fließt nur ein Teil ihres vollen Arbeitsertrags zu, der andere Teil wird abgeschöpft und gelangt zu der Minderheit der Rentner.

148 Gesell, Silvio: Die Natürliche Wirtschaftsordnung, S. 11.

Sind Zins und Rente restlos aus der Volkswirtschaft ausgemerzt, so ist erwiesen, daß das Recht auf den vollen Arbeitsertrag verwirklicht, daß der gemeinsame Arbeitsertrag gleich dem gemeinsamen Arbeitserzeugnis ist.[149]

Der Teil, der ohne eigene Arbeitsleistung – alleine aufgrund der Tatsache, dass Eigentum an Produktionsmitteln, an Boden oder an Geldkapital besteht und somit abgezweigt wird – entsteht, soll verhindert werden. Bei Gesell handelt es sich um das Recht auf den vollen, durch Wettbewerb erwirtschafteten Arbeitsertrag. Er strebt gerade nicht das Gleichmachen an, sondern der fleißige, tüchtige, umsichtige Arbeiter soll gemäß seiner Arbeitsleistung genau den entsprechenden Arbeitsertrag erhalten. Die allgemeinen Gesetze des Wettbewerbs, die die Höhe des Arbeitsertrages bestimmen, bleiben bestehen. Der Tüchtigste soll den größten Arbeitsertrag erhalten. Jedoch sollen Arbeitserträge in Gestalt von Grundrenten und Kapitalzinsen mit Abzügen belegt werden.

Gesell vertritt somit ein laboristisches Gerechtigkeitskonzept, demzufolge dem Arbeiter der volle Arbeitsertrag zusteht.[150]

In einer liberalsozialen Gesellschaftsordnung, die den verschiedenen Weltanschauungen und Lebensformen neutral gegenübersteht, wird eine Art von Geld benötigt, das sozial und auch neutral ist.[151]

2. Theorie des arbeitslosen Einkommens

Die Güterproduktion wird von drei Faktoren dominiert: Arbeit, Kapital und Boden. Der Faktor Arbeit ist das wichtigste Wirtschaftsmittel. Ohne Arbeit gibt es selbst in einer hochtechnisierten Wirtschaft keine Produktion. Arbeit ist aber zugleich das Element, das von der Erzeugung am abhängigsten ist. Will der Fabrikarbeiter, der Lehrer oder der Arzt nicht verhungern und hat er sonst keine Rücklagen, so muss er seine Arbeitskraft unter allen Umständen zur Verfügung stellen.

Gesell definiert denjenigen als Arbeiter, der ausschließlich vom Ertrag seiner Arbeit lebt.[152] Zu unterscheiden ist dabei zwischen Arbeitserzeugnis, Arbeitserlös und Arbeitsertrag. Arbeitserzeugnis ist das, was erzeugt und produziert wird. Arbeitserlös ist der Geldbetrag, den der Verkauf des Erzeugnisses oder der Leistung erbringt – Lohn und Gehalt. Der Arbeitsertrag schließlich umfasst alle Gebrauchsgegenstände, die mit dem Arbeitserlös erworben werden können. Da sich die Produkte des Arbeitserzeugnisses und -ertrags weder vergleichen noch messen lassen, muss zwischen ihnen der Handel stehen. Laut Gesell ist im gegenwärtigen

149 Gesell, Silvio: Die Natürliche Wirtschaftsordnung, S. 12.
150 Gesell, Silvio: Die Verwirklichung des Rechtes auf den vollen Arbeitsertrag, S. 19 ff.
151 Walzer, Michael: Sphären der Gerechtigkeit, S. 26 ff.
152 Gesell, Silvio: Die Natürliche Wirtschaftsordnung, S. 39 ff.

Wirtschaftssystem der Umfang des Arbeitsertrags verfälscht; das bedeutet, dass der Arbeiter nicht den vollen Arbeitsertrag erhält, weil er einen Teil davon für das so genannte arbeitslose Einkommen bereitstellen muss.

Um den Produktionsvorgang aufrecht zu erhalten, zu dem alle drei Faktoren notwendig sind, muss die Arbeit einen Teil ihres Ertrags an die beiden anderen Komponenten in Form von Kapitalzins und Grundrente abgeben.

Dies hat zur Konsequenz, dass jeder, der eine Ware kauft, mit ihrem Preis die Abgaben an das arbeitslose Einkommen wie Zins aus dem Wirtschaftsmittel Kapital sowie Rente aus dem Faktor Boden mitbezahlt.

3. *Aufgabenstellung des Geldes*

Aufgabe des Geldsystems ist es, den Austausch von Waren und Dienstleistungen zu erleichtern. Ware ist nichts anderes als der materialisierte, greif- und abschätzbare Bedarf an Geld. Nicht in der Nachfrage an Waren liegt das alleinige Bedürfnis der Menschen begründet, sondern im Angebot von Tauschmitteln; die ständige Nachfrage nach Waren erklärt sich dadurch, dass das Geld selbst Wareneigenschaft besitzt und daher für seinen Besitzer sonst nutzlos wäre.[153]

Wie der Bedarf an Eisenwaren nicht abhängig ist von den Wünschen der Aktionäre, sondern von dem Vorrath an Frachtgütern; wie der Vorrath an Frachtgütern das materialisierte, greif- und abschätzbare Maaß bietet für den Bedarf an Eisenbahnwagen, so ist auch der Bedarf an Geld unabhängig von den Bedürfnissen des Fiskus, der Handwerksburschen und Studenten, sondern er deckt sich mit dem Vorrath an Waaren so genau und scharf, dass Waren und Bedarf an Geld zu synonimen Begriffen werden.[154]

Geldbedarf und Ware sind also laut Gesell als synonyme Begriffe zu verstehen. Hiermit wird deutlich, dass sich mit Zunahme der Arbeitsteilung die Warenproduktion vermehrt, weil sie das gleiche Verhältnis an Geld verlangt. Aber nicht nur die quantitative Zunahme der Waren, sondern auch die qualitative der Produkte erhöht den Geldbedarf. Nicht zu unterschätzen sind die Kosten für den Transport zum Konsumenten; der Warenabsatz selbst und die Anzahl der Kreditgeschäfte sind ebenfalls wichtige Faktoren, die den Geldbedarf beeinflussen und ansteigen lassen.[155]

Gesell ist davon überzeugt, dass die Einrichtungen des Staates, sofern diese ihre Aufgaben gut erfüllen, einen störungsfreien Warenfluss garantieren, so dass ein Rückstau auf den Märkten vermieden wird. Dies hat zur Folge, dass der Geld-

---

153 Warum es tatsächlich nicht so ist, erklärt Gesell durch die Funktionsmängel des Geldes (siehe Kap. IV.3.a).

154 Gesell, Silvio: Die Anpassung des Geldes und seiner Verwaltung, S. 70.

155 Gesell, Silvio: Die Anpassung des Geldes und seiner Verwaltung, S. 71 ff.

bedarf gering gehalten wird. Geld besitzt nach Gesell bedingten Warencharakter; es muss gekauft werden und ständig den Besitzer wechseln, also zirkulieren. Die Umlaufgeschwindigkeit des Geldes sowie der Warenbedarf stehen in direktem Verhältnis zueinander. Also hängt die Nachfrage von der Größe des Geldbestandes und von der Schnelligkeit der Zirkulation ab. Genau an diesem Punkt setzt Gesell an, wenn er die Geschwindigkeit des Geldumlaufs durch die staatlichen Handelseinrichtungen gefährdet sieht. Für ihn muss die Tauschmittelfunktion des Geldes absolute Priorität haben. Denn erst wenn das Geld kontinuierlich durch den Produktions-Einkommens-Kreislauf fließt, kann nach Silvio Gesell die Geldmenge sinnvoll gesteuert und somit auf Preisstabilität ausgerichtet werden.[156]

Gemäß der Freiwirtschaftslehre ist im Geld ein einzigartiger Dualismus begründet: Geld verfügt im Gegensatz zur Ware über zwei Eigenschaften, nämlich die der Wertaufbewahrung und die des Geldumlaufs. Seine öffentliche Funktion, nämlich die eines Tauschmittels, soll beschränkt werden, weil der kontinuierliche Geldumlauf im Interesse der Gesellschaft ist. Die Funktion der Wertaufbewahrung ist jedoch rein privater Natur und muss abgeschafft bzw. auf andere Weise gelöst werden.[157]

Die Lehre der Freiwirtschaft will die gesamtwirtschaftlich schädliche Verknüpfung des Geldes mit dem Zins aufheben, ohne negative Folgen für die Allgemeinheit entstehen zu lassen. Für Gesell ist die primäre Aufgabe des Geldes, den Austausch von Produkten zu erleichtern. Daher soll die umlaufende Geldmenge reduziert werden.[158]

Im Gegensatz dazu wird Geld von einigen Wirtschaftstheoretikern wie zum Beispiel Adam Smith und Walras als neutrales Tauschmittel angesehen. Neutral bedeutet hierbei, dass es den Gütern, bei deren Austausch es als Hilfsmittel dient, gleichgestellt ist und keinen Einfluss auf den Tauschvorgang an sich hat.[159] Güter und Dienstleistungen unterliegen jedoch einem Verfall oder einer technischen Veralterung. Außerdem müssen Güter gelagert werden, so lange sie nicht verkauft werden. Entsprechend fallen Lagerkosten an, was den Druck auf den Produzenten erhöht, seine Güter auf dem Markt anzubieten. Silvio Gesell entwarf dazu als wirtschaftliches Gleichnis die Robinsonade.[160] Hierin beschreibt er, wie Robinson auf einer einsamen Insel seine Güter einem neuen Bewohner der Insel nur gegen Zins verleihen möchte. Der neue Bewohner macht Robinson deutlich, dass dieser durch den Verfall der Waren einen Verlust erleidet. Würde jedoch Robinson sie

---

156 Senf, Bernd: Geldfluss, Realwirtschaft und Finanzmärkte, S. 3 f.
157 Gesell, Silvio: Freigeld ?, S. 34 f., und Onken, Werner: Silvio Gesell und die Natürliche Wirtschaftsordnung, S. 79 f.
158 Gesell, Silvio: Die neue Lehre vom Geld und Zins, S. 47.
159 Senf, Bernd: Die blinden Flecken der Ökonomie, S. 153.
160 Gesell, Silvio: Die Natürliche Wirtschaftsordnung, S. 309 ff.

verleihen, so könnte er sie nach Ablauf der Verleihfrist frisch und ohne Verlust zurückerhalten.

Dienstleistungen sind die am schnellsten verfallenden Güter, da sie direkt mit der Zeit verbunden sind, in der sie erbracht werden. Vergeht Zeit, ohne dass eine Dienstleistung erbracht werden kann, kommt dies dem kompletten Verlust der erzielbaren Einnahmen durch einen Verkauf der Dienstleistungen gleich.

Dienstleistungen und Güter zu horten ist mit Kosten verbunden – deshalb unterliegen sie einem Angebotszwang. Dagegen sind die Lagerkosten von Geld nahezu vernachlässigbar. Es unterliegt keinem Angebotszwang, es kann grundsätzlich beliebig lange dem Markt entzogen werden, um zum Beispiel auf ein Absinken der Güterpreise zu spekulieren.

Für Silvio Gesell ergab sich daraus die Frage, ob nicht erst die Möglichkeit des verlustlosen Hortens dem Zins zu seiner Existenz verhilft.[161]

a. Die Lehre vom Urzins

In der herrschenden Volkswirtschaftslehre existieren drei Zinstheorien: die Liquiditätstheorie, die Kredittheorie und die Eigentumstheorie. Die Freiwirtschaftstheorie bildet eine weitere Variante. Alle diese Theorien schließen sich nicht gegenseitig aus. Die Liquiditätstheorie nach Keynes versteht den Zins als den Preis für die Überlassung von Liquidität. Die Kredittheorie sieht den Zins als Preis für die befristete Überlassung von Kredit. Die Eigentumstheorie nach Heinson/Steiger versteht den Zins als Kompensation der aufgegebenen Prämie auf Gläubigereigentum.[162]

Dabei werden dem Zins folgende volkswirtschaftliche Funktionen zugeordnet:

- Koordinationsfunktion: Der Zins vermittelt Angebot und Nachfrage von Liquidität bzw. Kredit auf den Märkten.
- Allokationsfunktion: Der Zins lenkt das Geldkapital in bestimmte alternative Verwendungszwecke.
- Distributionsfunktion: Der Zins beeinflusst als Einkommenselement die Vermögensverteilung in einer Volkswirtschaft.
- Bewertungsfunktion: Der zukünftige Wert von Gegenwartswerten kann durch Aufzinsen, der Gegenwartswert durch Abzinsen von erwarteten Vermögens- oder Einkommenswerten ermittelt werden.
- Stabilitätsfunktion: Durch geldpolitische Maßnahmen der Zentralbanken kann der Zins zur Stabilisierung des Wirtschaftsprozesses eingesetzt werden.

---

161 Senf, Dieter: Die blinden Flecken der Ökonomie, S. 161 f.
162 Heinson, Gunnar / Steiger, Otto: Eigentum als gesellschaftliche Innovation, S. 177.

Die von Silvio Gesell initiierte Zinstheorie der Freiwirtschaftstheorie betrachtet den Zins als Ergebnis der Blockierung des Geld-Güter-Kreislaufes durch Entzug und Hortung von Geld.

Keynes sieht den Zinsfuß als Belohnung für die Aufgabe der Liquidität für einen bestimmten Zeitabschnitt.[163] Der Zinsfuß ist somit ein Maß für die Abneigung derer, die Geld besitzen, sich von der liquiden Verfügung darüber zu trennen[164] oder die Belohnung für die Nichthortung von Geld.[165] Er schlägt sich dann in den auf dem Geldmarkt real erzielbaren Zinsen nieder.

Nach Gesell sinkt der Zinsfuß langfristig nicht unter den Urzins, den er aus Erfahrungswerten bei etwa 3 % sieht.[166]

Diesen Urzins begründet die Freiwirtschaftstheorie damit, dass Geld ohne bedeutsame Lagerkosten gehortet werden kann. Somit wird es dem Markt entzogen, sobald die erzielbaren Zinsen unter den Urzins sinken.[167] Es ist für den Geldbesitzer dann vorteilhafter, liquide zu sein, anstatt die geringen Zinsen zu kassieren. Der Urzins ist deshalb hauptsächlich psychologischer Natur. Er ist eine Mindestprämie, die Geldbesitzer davon abhält, Geld zu horten und sie dazu bringt, ihr Geld auf dem Markt anzubieten.

Ähnliche Zusammenhänge sind bei Keynes zu finden. Er sieht die Ursache von Wirtschaftskrisen darin, dass die Grenzleistungsfähigkeit des Kapitals unter den Zinsfuß sinkt. Damit unterbleiben Investitionen bzw. werden vorhandene Investitionen ausgelöst. Es kommt zu Stockungen in der Wirtschaft.[168]

In der Urwirtschaft ist der Warenbesitzer gezwungen, sein Kapital gegen eine geringe Vergütung oder kostenlos zur Verfügung zu stellen, will er keine großen Verluste wie Verfaulen oder Verrosten riskieren. Die natürlichen Eigenschaften rufen ein gleichmäßiges Angebot hervor, das vielfach sogar die Nachfrage übertrifft. Aus diesem Umstand lässt sich ableiten, dass die Naturalienvergütung bzw. der Zins sich weiter verbilligt. Der Warenbesitzer der Urwirtschaft ist daran interessiert, den durch die Natur bedingten Verlust der Waren durch Weitergabe auf andere zu übertragen. Er begnügt sich damit, nur die gleiche Menge zurückzufordern, die er verliehen hat.

Nach Gesell ist die Geldwirtschaft aber die Ursache dafür, dass der Warentausch jetzt vom Willen der Geldbesitzer abhängt, womit sich das zuvor ausgeglichene Machtverhältnis gewendet hat. Denn jetzt dominiert Geld die Waren, ohne deren Lasten wie Lagerung und Verderb zu tragen. Wenn der Bauer einen

---

163 Keynes, John Maynard: The General Theory, S. 167.
164 Keynes, John Maynard: The General Theory, S. 168.
165 Keynes, John Maynard: The General Theory, S. 173 f.
166 Gesell, Silvio: Die Natürliche Wirtschaftsordnung, S. 359.
167 Wirth, Roland: Marktwirtschaft ohne Kapitalismus, S. 44.
168 Keynes, John Maynard: The General Theory, S. 334 ff.

Pflug will, […] *so ist es letztlich nicht der Schmied, sondern der Bankier, der ihm diesen liefert.*[169]

Der Zins liegt in dem unterschiedlichen Wesen von Waren und Geld begründet. Der Warenbesitzer unterliegt einem Angebotszwang – zum einen, weil die Waren verderben und zum anderen, weil die Kosten der Produktion ersetzt werden müssen. Sobald Lohnarbeit in die Produktion einfließt, entstehen stark ersatzbedürftige Kosten. Der Produzent muss also seine Waren losschlagen, um die entstandenen Löhne zu bezahlen. Insofern unterliegt der Produzent einem Angebotszwang. Dagegen unterliegt der Besitzer von Geld keinem Angebotszwang, denn er leidet nicht unter den stark ersatzbedürftigen Kosten, weil sein Geld gerade nicht verderben kann.

Die unterschiedliche Stofflichkeit – Verderbnis von Waren beziehungsweise starke Ersatzbedürftigkeit der Kosten einerseits und unbeschränkte Haltbarkeit des Geldes andererseits – führt dazu, dass der Halter von Geld vom Halter von Waren einen Zins fordern – also den Urzins erpressen kann. Denn das Wesen des Urzinses besteht darin, dass die Fristigkeit bei Warenhaltern und Geldhaltern unterschiedlich ist. Ziel des Warenhalters ist nämlich, seine Warenlager so oft wie möglich umzuschlagen; der Geldhalter dagegen gibt seinen Liquiditätsvorteil nur bei einem angemessenen Zins auf. Hierin liegt die Ursache des Urzinses begründet – der Geldhalter erpresst ihn vom Warenhalter.

Erst mit der Einführung der Geldwirtschaft wird ein Gut zur Ware. Waren auf Vorrat zu halten, daran besteht in der Regel geringes Interesse. Denn Waren sind durch Alter und Verderblichkeit einer natürlichen Wertminderung ausgesetzt. Dies trifft allerdings nicht für Geld zu, was aber nach Gesell der Fall sein sollte, da es ebenfalls eine Ware ist. Nicht der Produktionsapitalismus, sondern der Geldkapitalismus ist für ihn der eigentliche Verursacher des Zinssystems. *Der Zins sei nicht* […] *in der Fabrik, im Privatbesitz der Produktionsmittel, sondern weiter zurück, beim Tausch der Arbeitserzeugnisse gegen Geld zu suchen. Die Trennung des Volkes von seinen Arbeitsmitteln ist nur die Folge, nicht die Ursache des Zinses.*[170]

Gesell definiert den Geldzins als Urzins, um ihn vom Zins der Waren beziehungsweise Sachgüter und Realkapitalien zu unterscheiden.[171] Der Zins, der mit der Ware vom Konsumenten, also dem Verbraucher, erhoben wird, ist auf den Urzins zurückzuführen. Dieser muss nicht für den Erzeuger, sondern für den Geldbesitzer bereitgestellt werden. Für Gesell ist es das Wesen des Geldes, dass die Ware weder vom Käufer noch vom Verkäufer als Kapital betrachtet wird. Zunächst be-

169 Gesell, Silvio : Die Verstaatlichung des Geldes, S. 207.
170 Gesell, Silvio: Die Natürliche Wirtschaftsordnung, S. 325.
171 Gesell, Silvio: Die Verwirklichung des Rechts auf den vollen Arbeitsertrag, S. 277.

zahlt der Käufer – Verbraucher – den Preis, den der Erzeuger – auch Händler – erhalten hat, zuzüglich des Zinses. Der Verkäufer – Erzeuger, Händler – sieht in seinem Produkt schließlich „negatives Kapital“, weil er den Preis erhält, den der Verbraucher bezahlt, abzüglich des Zinses. Also entsteht nach der Theorie Gesells der Mehrwert in dem Augenblick, in dem der Händler seine Ware gegen Geld kauft. Diese ist jetzt mit dem Urzins belastet und wird so an den Verbraucher gegen Geld – Urzins + Handelsunkosten – weitergegeben.[172]

Hiernach müsste der Verbraucher regelmäßig mehr Geld ausgeben als er als Erzeuger einnimmt. Dieses Mehr, aus Urzins bestehend, verschafft sich der Erzeuger dadurch, daß er mehr Ware verfertigt und verkauft, als er kauft. Das Mehr, das so die Erzeuger hervorbringen, wird von den Geldbesitzern für persönlichen Bedarf gekauft, und zwar gerade mit dem Geld, das sie als Zins erheben.[173]

In der freiwirtschaftlichen Literatur sind unter Urzins alle Kapitalerträge gemeint, für die weder gearbeitet noch ein Risiko eingegangen werden muss. Dieses leistungslose Einkommen von Kapitaleigentümern, die für Gesell „Rentner“ sind, muss von anderen Menschen im Rahmen des Produktionsprozesses erbracht werden.

Als primäre Ursache des kapitalistischen Systems bezeichnet Gesell den von ihm so genannten „Urzins“. Dieser ist der Nominalzins abzüglich einer Risikoprämie für einen Inflationsausgleich und einen Verwaltungsaufwand, den die so genannten Finanzintermediäre haben.[174] In der Standardökonomie ist der Urzins mit der Prämie für den Liquiditäts- und Konsumverzicht gleichzusetzen.

Dieser Urzins – dieser Tribut – entsteht dadurch, dass dem Geld eine universelle Einsetzbarkeit innewohnt, denn es wird von jedem und jederzeit als Tauschmittel akzeptiert. Dieser Urzins steht in Konkurrenz mit der Urwirtschaft, der reinen Tauschwirtschaft $W^A - W^B$, dem Wechsel sowie dem (Lieferanten-)Kredit, der damit auch nicht jene Höhe erreichen kann, die durch den Effizienzvorteil der Arbeitsteilung bewirkt wird. So stellt er fest: *Das Geld ist nicht absoluter Herrscher auf dem Markt. Es muß mit Wettbewerbern rechnen und kann deshalb seine Tributforderungen nicht beliebig hochschrauben.*[175]

Diese Universalität besitzen Güter und Dienstleistungen nicht. Denn ihre Anbieter sind auf einen unmittelbaren Bedarf – Nachfrage – an ihren Erzeugnissen angewiesen. Anderen Gütern gegenüber ist Geld bezüglich seiner universellen Einsetzbarkeit grundlegend überlegen. Dies bedeutet für den Geldbesitzer Flexibilität, die die Anbieter von Gütern und Dienstleistungen nicht besitzen; diese sind

172 Pick, Walter: Die Zinstheorie, S. 21 ff.
173 Gesell, Silvio: Die Natürliche Wirtschaftsordnung, S. 325.
174 Gesell, Silvio: Die Verwirklichung des Rechts auf den vollen Arbeitsertrag, S. 77.
175 Gesell, Silvio: Die Natürliche Wirtschaftsordnung, S. 331.

relativ unflexibel.[176] Geld ist außerdem in seiner Funktion als Tauschmittel so gut wie gar nicht durch andere Güter zu substituieren.[177]

Die Folge der Änderung der Geldordnung lässt nach Gesell das Preisniveau stark ansteigen, weil für das aufgenommene Kapital Zinsen gezahlt werden müssen. Die Einführung des Freigeldes wird dafür sorgen, dass Waren nicht mehr direkt ab Werk bestellt werden, sondern, da nur noch geringe Mengen an Vorräten von den Menschen gehalten werden, diese die Tendenz haben, ihren Bedarf über Kommissionsgeschäfte zu stillen. Es entsteht eine neue Dienstleistungsstufe: der Einzelhandel. Es resultieren daraus zusätzliche Kosten der Verteilung.

Die Freiwirtschaftslehre will also nicht das Zinssystem als solches abschaffen; ihre Zielsetzung ist vielmehr, die Besserstellung der Kapitalisten – der Geldbesitzer – abzuschaffen, so dass sich die Marktkräfte frei entfalten können. Dies wird zwar von Gesell nirgends explizit ausgedrückt, doch er negiert nicht die Allokationsfunktion des Zinses. Auch ist Gesell der Überzeugung, dass die Asymmetrie nur mit der Aufhebung der Vorteile, die das Geld besitzt, beseitigt werden kann. Erst wenn dieser Zustand erreicht ist, können die Marktkräfte, also Angebot und Nachfrage, richtig wirken. Dass Gesell den Zins nicht abschaffen will, wird schon dadurch deutlich, dass er mit seiner vorgeschlagenen Geldreform einen Negativzins einzuführen beabsichtigt. Erst dieser Negativzins als Liquiditätsgebühr macht das neue Geld zu einer Ware.[178] Nach Gesell gibt es jedoch permanent einen positiven Zins, was er als Beweis dafür ansieht, dass das Kapital bzw. das Geld immer knapp ist. Auch gibt es keinen natürlichen Grund dafür, warum dies unbedingt so sein muss und das Angebot an Kapital regelmäßig von der Nachfrage überholt wird.[179]

---

176 Pick, Walter: Die Zinstheorie, S. 31 f.

177 Suhr, Dieter / Godschalk, Hugo: Optimale Liquidität, S. 27.

178 Gesell beschreibt dies mit folgenden Worten: *Das Wort negativ spielt hier die gleiche Rolle wie in der Elektrizität, wo man die Elektrizität des negativen Pols auch nicht negieren wird. Negativer Zins wäre also der positive Zins, den der Nehmer vom Geber dafür erhebt, dass er die Verlegenheiten, auf die die Geber bei der Verleihung ihrer Habe stossen, für sich ausbeutet; wie umgekehrt die Geber die Lage ausbeuten, wenn sie den Nehmern gegenüber im Vorteil sind. Wenn z. B. konkurrierende Kartoffelverleiher mit zusammen 100 Tonnen konkurrierenden Kartoffelborgern mit einem Bedarf von zusammen 50 Tonnen gegenüberstehen, so ist unter der Berücksichtigung der Natur des hier zu verleihenden Capitals anzunehmen, dass die Borger die Saatkartoffeln von einem Frühling zum anderen weit unter pari angeboten erhalten, dass also die Borger von den Leihern Zins erheben können. Ein Fall, der nebenbei gesagt, unter der Herrschaft des Geldes undenkbar ist, wohl aber als Begleiterscheinung des Tauschhandels sich vorstellen lässt.* Aus: Die neue Lehre vom Geld und Zins, S. 108.

179 Gesell beschreibt dies am folgendem Beispiel: *Wenn plötzlich drei Viertel aller Menschen einer Krankheit zum Opfer fallen würden, gäbe es plötzlich einen großen*

Wenn nun aber die Marktkräfte frei miteinander spielen können, so Gesell, wird immer mehr Sachkapital angeboten; dadurch entfällt auf Seiten des Geldbesitzers die Möglichkeit, einen Zins zu erpressen. Demzufolge wird das Geld auch ohne Zins dem Kapitalmarkt zugeführt. Auf Grund des wachsenden Geldangebots sinkt der Zins, so dass er schließlich gegen Null tendiert.[180] Nach diesen Ausführungen ist für Gesell Sachkapital ohne liquides Geld nicht vorstellbar; denn es muss eine Rendite abwerfen, welche zumindest so hoch sein muss wie die Ware.

Die im Kapitalismus existierende Renditeschwelle – die Blockierung des Geldflusses durch Horten – verhindert aber gerade das Anwachsen der Sachwerte und ein Fallen des Zinses. Gesell kommt daher zu dem Schluss, dass mit Fallen dieser Barriere das Kapital mit der Zeit allen Menschen zur Verfügung steht. Als Konsequenz fällt die zinsbedingte Umverteilung weg – ist somit neutralisiert. Folgende Auswirkungen sind dann zu erwarten: Erstens sinken die realen Preise für Güter, weil der in ihnen versteckte Zinsanteil als Kostenanteil wegfällt. Zweitens wächst mit der Aufhebung der Asymmetrie zwischen Geld und Gütern der Kapitalstock an, und alle Menschen könnten Häuser, Maschinen und Straßen somit gratis nutzen.

Nach der Freiwirtschaftslehre besitzt Geld demnach einen zweifachen Tauschwert: zum einen in Bezug auf Güter und Dienstleistungen, zum anderen in Form eines über den Nennwert des Geldes hinausgehenden Liquiditätswertes.[181] Unter diesen Annahmen ist eine Liquiditätsgebühr auf Geld eine wünschenswerte Sache, wodurch der Liquiditätswert abgeschöpft wird. Durch diese Maßnahme wird die laboristische Grundeinstellung der Freiwirtschaftslehre betont. Privateigentum kann in ihrem Sinne nur durch Arbeit entstehen, aber gerade nicht durch Zins.

b. Schwundgeld und Währungsreform

Die Freiwirtschaftslehre will – wie bereits erläutert – das Geld auf seine öffentliche Funktion als Tauschmittel beschränken. Als Wertaufbewahrungsmittel sollen künftig auch Realgüter, wie zum Beispiel Feldfrüchte etc., dienen. Das Geld soll weiterhin seine Aufgabe als Wertaufbewahrungsmittel behalten können, muss dann allerdings mit einer Liquiditätsgebühr belastet sein. Dies hat zur Konsequenz, dass beispielsweise der Zins für den Kreditgeber gleich hoch wäre wie die Liquiditätsgebühr; somit erhält sich der reale Wert des gesparten Geldes, das später konsumiert werden kann.

Überhang an Sachkapital. Auf einen Menschen kämen mehrere Wohnungen, auf einen Bauern mehrere Pflüge, auf einen Arbeiter mehrere Maschinen, etc. Aus: Die neue Lehre vom Geld und Zins, S. 220. Dies hätte dann zur Konsequenz, dass der Nettoertrag wie im Kartoffelbeispiel unter Null betrüge.

180 Senf, Bernd: Geldfluss, Realwirtschaft und Finanzmärkte, S. 3.

181 Suhr, Dieter: Auf Arbeitslosigkeit programmierte Wirtschaft, S. 49.

Sollte sich aber der langfristige Kreditzins auf ein Niveau unterhalb der Liquiditätsprämie einpendeln, unterliegt das gesparte Geld einem Schwund. Der Name Schwundgeld bzw. Freigeld besagt, dass solches Geld frei vom Liquiditätswert ist. Mit Freigeld will Gesell ein Geld schaffen, das nur Tauschmittel ist und nichts anderes.[182]

Aber wie wird sich diese Währungsreform auswirken? Der Kreditzins wird gleicher Weise funktionieren, denn der Zins wird ja gerade nicht abgeschafft. Daher gilt in der Freiwirtschaftslehre folgende Formel für Kapitalerträge:

$$\text{Ertrag}^{\text{neu}} = \text{Ertrag}^{\text{alt}} - \text{Liquiditätsgebühr}$$

Diese Neuerung besteht nur in der Aufhebung der Asymmetrie zwischen Angebot und Nachfrage. Denn der Nachfrager – also der Geldbesitzer – kann, bedingt durch die Liquiditätsgebühr, nicht mehr mit Nichtabnahme drohen. Durch die Geldreform mittels Einführung der Liquiditätsprämie steigt nun die reale Kaufkraft des Arbeitseinkommens, weil kein Kapitalist mehr aus leistungslosem Einkommen in Form von Kreditzinsen Einnahmen erzielen kann. Gesell geht davon aus, dass die kleinen Sparer generell risikoscheu sind, während die reichen gern mit ihrem Geld spekulieren und es so der Volkswirtschaft entziehen.

Im Unterschied zur Inflation bleiben beim Freigeld der Wert der Währung und die Güterpreise erhalten. Was hingegen an Wert verliert, ist das umlaufende Geld.[183] Freigeld ist also auf seine Funktion als Tauschmittel reduziert, dessen Nutzung durch die Anzahl der Transaktionen gebührenpflichtig wird, und zwar in Abhängigkeit von der Zeit. Gesell selbst schlägt eine jährliche Liquiditätsgebühr von 5 % des Nominalwertes vor.

Wie muss man sich diese Liquiditätsgebühr praktisch vorstellen? Am 1. Januar gilt zum Beispiel ein 100-Euro-Schein an allen Kassen 100 Euro. Will man diesen aber am 31. Dezember nutzen, um Waren im Wert von 100 Euro zu bezahlen, müssen 5 Euro mehr bezahlt werden, weil die 100 Euro nur noch 95 Euro wert sind. Es gilt dabei eine unterstellte Liquiditätsgebühr von 5 %, so wie Gesell sie gefordert hat.

---

182 Gesell, Silvio: Die Natürliche Wirtschaftsordnung, S. 238.

183 Gesell beschreibt dies mit folgenden Worten: *Was ist geschehen? Nichts, als was mit den Waren geschieht. Ähnlich wie ein bestimmtes Ei sich von dem ökonomischen Begriff Ei ständig und schnell entfernt und mit dem Faulwerden überhaupt nicht mehr damit verglichen werden kann, so entfernt sich das individuelle Markstück ständig von dem, was die Mark als Währung bedeutet. Die Mark als Währung ist das Unveränderliche, das Währende, die Grundlage aller Berechnungen; die Mark als Geld hat nur den Ausgangspunkt mit jener gemein. Es ist also nichts weiter geschehen, als was mit allen Dingen rings um uns her geschieht. Die Gattung, der Begriff bleibt, das Exemplar, der Vertreter ist sterblich und treibt ständig seinem Ende entgegen.* Aus: Die neue Lehre vom Geld und Zins, S. 177.

Silvio Gesell und seine Anhänger wollen den Besitz von Geld künstlich mit Kosten, einer Art Steuer, belegen. Dadurch soll auch ohne Zins der Geldumlauf gewährleistet werden. Um dieser Steuer zu entgehen, werden die Geldbesitzer ihr Geld schnell ausgeben oder auch ohne Zins an andere verleihen – so die Theorie.

Eine ganz gewöhnliche Inflation bewirkt ohne komplizierte Verfahren der Geldsteuer einen ähnlichen Effekt: Auch da ist der Geldbesitzer mit Kosten belegt, da das Geld an Wert verliert. Ob der Geldinhaber 5 % Geldsteuer pro Jahr zahlen muss oder sein Geld durch eine 5 %ige Inflation verliert, kommt für ihn weitgehend auf das gleiche heraus. Allerdings zeigt die Erfahrung: Die Kapitalgeber verlangen bei Inflation entsprechend höhere Zinsen. Sie haben ja immer noch die Möglichkeit, ihr Kapital woandershin zu investieren, wo nur eine geringe Inflation besteht. Die höheren Zinsen können den einzelnen Kreditnehmer aber gehörig belasten. So waren z. B. in Italien zur Zeit der Lira die Kreditzinsen wesentlich höher als heute mit dem Euro.

Dasselbe wäre bei auf andere Weise mit Kosten belegtem Geldbesitz zu erwarten. Die Kapitalgeber verlangen trotzdem einen Zins und werden reicher, während die Armen weiter verarmen. Die Schuldenfalle bleibt. Realwirtschaftlich ändert sich nichts. Ob eine Inflation vorliegt, weil etwa der Staat Geld nachdruckt oder künstlich Geld mit Kosten belegt, macht keinen großen Unterschied.

Zwar verweisen die Vertreter eines durch künstliche Liquiditätskosten sich entwertenden Geldes darauf, dass dies doch etwas anderes sei als eine Inflation, welche gerade verhindert werde. So schreibt z. B. Dieter Suhr[184]: „Man darf bei ‚Alterung‘ und ‚Entwertung‘ des Geldes freilich gerade nicht an eine Inflation der Währung denken! Es wäre z. B. völlig falsch, der Idee des alternden Geldes entgegenzuhalten: Das haben wir doch längst mit der Inflation!“ Diesem Denkfehler begegnet man eigenartigerweise am hartnäckigsten bei Fachleuten, die doch die Inflation der Währung (des Maßstabes und die Entwertung des Geldes in der Kasse (des Tauschmittels) noch am ehesten begrifflich auseinander halten sollten, vor allem seit John Maynard Keynes die gezielte isolierte Entwertung von Geld in der Kasse samt ihren willkommenen Auswirkungen auf die übrige Wirtschaft recht genau erörtert hat.

Natürlich können die Fachleute diese Begriffe ohne weiteres auseinander halten. Aber es kommt eben nicht nur auf Begriffe, sondern auch auf das Begreifen der Realitäten des volkswirtschaftlichen Prozesses an. Die Fachleute, die gewohnt sind, volkswirtschaftliche Zusammenhänge zu durchdenken, erkennen, dass in diesem Prozess die künstlichen Kosten auf Geld in der Kasse bzw. auf dem Girokonto ähnlich einer Inflation wirken. Und sie können allein ebenso wie eine Inflation weder den Teufelskreis der Verschuldung durchbrechen noch verhindern,

184 Suhr, Dieter: Alterndes Geld, S 35 f.

dass Reiche aus Erträgen ihres Vermögens ein arbeitsloses Einkommen beziehen und so ihren Reichtum weiter mehren werden. Sie mögen in mancher Hinsicht durchaus günstige Wirkungen in dieser Richtung und Vorteile gegenüber einer gewöhnlichen Inflation haben. Aber die Lösung einer Vielzahl unserer wirtschaftlichen Probleme und die Befreiung der Marktwirtschaft vom Kapitalismus, als die mit solchen Kosten behaftetes Freigeld von manchen seiner Anhänger gesehen und geschildert wird, ist genauso wenig zu bewerkstelligen wie eine Inflation.

Silvio Gesell will den Zins nicht gänzlich abschaffen, sondern offensichtlich nur den Urzins, der aus der unterschiedlichen Fristigkeit von Waren- und Geldkapital herrührt. Es gibt eine instruktive Parabel Silvio Gesells zu dieser Problematik. Er wählt die Figur des Robinson, der, um die Bewässerung seiner Hütte zu verbessern, einen großen Vorrat an Getreide, Wasser, Früchten, Kleider usw. anlegt. Eines Tages kommt ein Schiffsbrüchiger auf Robinsons Insel und bittet diesen um die Mitbenutzung der Vorräte. Dieses Gespräch könnte folgendermaßen abgelaufen sein. Der Schiffsbrüchige: „Lass mich an deinen Vorräten teilhaben, ich möchte mir ebenfalls eine Hütte bauen; das kann ich nicht schaffen, wenn ich gleichzeitig auf Nahrungssuche gehen muss.“ Darauf antwortet Robinson: „Gut, aber dann musst Du mir einen Zins zahlen.“ Daraufhin der Schiffsbrüchige: „Nein, das werde ich nicht tun. Du wirst mir das Geld zinslos geben.“ Robinson entgegnet: „Warum soll ich dir das Geld zinslos geben? Ich habe deswegen gedarbt, und du darbst nicht“. „Ja“, so der Schiffsbrüchige, „ich will das Kapital nicht zinslos von dir, weil du ein guter Mensch bist, sondern weil es dir nützt, mir von deinem Warenvorrat zu geben. Schau dir doch einmal deine Vorräte an: Im Weizen tummeln sich bereits die Mäuse, an deinen hirschledernen Anzügen tun sich bereits die Motten gütlich, dein Warenvorrat verdirbt. Ich werde dir dagegen, wenn du mir jetzt Waren gibst, diese nach einem bestimmten Zeitpunkt vollwertig zurückgegeben.“ Robinson leuchtet dies ein. Er ist sogar bereit, weniger an Zukunftsgütern zu nehmen, damit der Schiffsbrüchige einen möglichst großen Vorrat von seinen Gütern übernimmt und den Verlust des Schwundes trägt.

Der Gehalt der Parabel von Gesell ist folgender: Derjenige, der einen Vorrat angelegt hat, wird diesen, sofern er aus Waren besteht, zinslos zur Verfügung stellen, da der Warenvorrat einem Schwund unterliegt, der durch die Vergabe von Darlehen vermieden werden kann. Mit anderen Worten: Weil physische Güter relativ schlechte Wertaufbewahrungsmittel sind, kommt es zum Phänomen zinsloser Darlehen.

Man könnte sich aber auch vorstellen, dass auf dem Eiland des Robinson ein positiver Zins gezahlt wird, nämlich dann, wenn nicht bloß ein einzelner Fremdling auf die Insel kommt, sondern zehn Schiffbrüchige zugleich. Wenn diese zehn nun an dem Warenvorrat des Robinson partizipieren wollen, wird der erste sagen: „Ich bin bereit, für dich den Schwund zu übernehmen.“ Der Zweite sagt: „Ich bin bereit, etwas Zusätzliches zurückzugeben.“ Der Dritte sagt: „Ich wäre bereit, dieses Zusätzliche und noch etwas mehr zurückzugeben." Die zehn Fremden wären also bereit, Zinsen zu zahlen. Allgemein formuliert ist Zins ein Phänomen der Knappheit. Wenn Geldkapital oder Sachkapital knapp ist, wenn die Nachfrage nach Kapital das Angebot an Kapital übersteigt, dann gibt es auch bei Sachkapital einen Zins.

Denn Kreditwünsche werden auch auf Robinsons Insel nicht kontinuierlich, sondern schubweise, also diskontinuierlich anfallen. Angenommen, auf Robinsons Insel kommt ein Winter, dann werden die Bauwilligen im Frühjahr anfangen zu bauen und sich das notwendige Geld nicht im Winter besorgen, weil es dann ja dem Schwund unterliegt, sondern erst, wenn Zahlungen anfallen. Das heißt, es gibt auch in Gesells Parabel Zeiten, wo viele Leute Kredite haben wollen. Wenn sie den Rohbau nach zwei Monaten bezahlen müssen, steigt die Nachfrage nach Krediten. Anders formuliert, reicht das Angebot an Kapital nicht mehr aus, um die nachgefragte Kapitalmenge zu befriedigen, ergibt sich auch bei Schwundgeld ein Zins, denn der Halter wird sagen: „Warum kommst du nicht im Winter zu mir, da hatte ich reichlich Geld? Damals musste ich den Verlust des Schwundes tragen. Jetzt wo alle Geld wollen, willst du das Geld umsonst haben. Nein jetzt musst du einen Zins zahlen." Der Zins hat also auch in Gesells Parabel die Funktion, die Kredite gleichmäßig zu verteilen und die weniger rentablen Investitionsobjekte auszusondern. Wenn Zinsen zu zahlen sind, weil viele Leute Geld haben wollen, die Nachfrage somit groß ist, dann lohnt die Überlegung, ob nicht zu einem früheren Zeitpunkt ein entsprechendes Darlehn aufgenommen oder auf die Inanspruchnahme eines Darlehns gänzlich verzichtet werden sollte. Ökonomisch formuliert: Der Zins übt auch auf der Insel des Robinson bei Gesell eine Allokationsfunktion aus, nämlich für eine zeitliche Verteilung der Kreditfrage zu sorgen und diejenigen Kreditwünsche auszuschalten, die nicht oder weniger rentabel als andere sind.

Ein Problem unserer Wirtschaft ist der Zinseszins. Wer mehr Geld hat, als er selbst verbraucht, kann dieses für Zins an andere verleihen. Wer weniger Geld hat, als er braucht, leiht sich Geld gegen Zins. Durch die Zinszahlungen hat der Reiche dann nachher noch mehr, wird noch reicher. Und auf den Zins bekommt er wieder Zins. Dies führt dazu, dass die Reichen immer reicher werden. Da die Preise für Zinsen und Kapitalgewinne in den Waren enthalten sind, zahlen alle diese mit.

Wenn aber ein großer Teil des Volkseinkommens einigen wenigen zugute kommt, bleibt für die anderen nicht mehr genug übrig. Sie erhalten keine bezahlten Aufträge, keine bezahlte Arbeit mehr.

4. Sicherung der Geldzirkulation

Die Liquiditätsgebühr hat die Aufgabe, den Anreiz für das Halten von unproduktiver Liquidität zu vermeiden und so das Geld im Kreislauf der Volkswirtschaft zu belassen; denn es gibt nur noch „rostende“ Wertaufbewahrungsmittel. Dies hat zur Folge, dass die einzelnen Wirtschaftssubjekte mit Einführung dieser Gesellschen Liquiditätsgebühr ihre Präferenz für Liquidität massiv ablegen würden.

Letztlich fordert er die Sicherung der Geldzirkulation. Geld soll verdient und schließlich konsumiert oder auch gespart werden; das bedeutet, dass es in eine Geldforderung umgewandelt wird. Es soll jedoch nicht längere Zeit aufbewahrt oder straflos dem Produktions-Einkommens-Kreislauf entzogen werden. Zu diesem Zweck schlägt er eine Geldumlaufsteuer auf stillgelegtes Geld vor, sozusagen als inverse Funktion der bisherigen Belohnung durch den Zins. Werte sollen in Gütern oder in Forderungen, nicht aber in stillgelegter Kaufkraft angelegt werden.[185]

Für Geldbesitzer ist es nun nur rentabel, sein Geld rasch zu konsumieren, um der Liquiditätsgebühr zu entgehen. Wird die nominale Geldmenge konstant gehalten, steigt dadurch die nachgefragte Geldmenge durch das Anwachsen der Umlaufgeschwindigkeit. Dies hat zur Konsequenz, dass mit Umsetzung der freiwirtschaftlichen Theorie die Nachfrage nach Gütern stark ansteigt. Das Geld fließt kontinuierlich in den Produktions-Einkommens-Kreislauf, jetzt kann nach Gesell die Geldmenge überhaupt sinnvoll gesteuert und auf Preisstabilität hin ausgerichtet werden. Das Absinken des Zinses ist nicht mehr mit einer Wirtschaftskrise verbunden, sondern das Gegenteil ist der Fall – die destruktiven Folgen des Zinssystems werden abgebaut, und ein Gesundungsprozess wird eingeleitet, denn die Unternehmen werden sich jetzt auf den gestiegenen und gesicherten Absatz einstellen und ihre Produktion ausweiten.[186] Die Freiwirtschaftslehre ist daher ein nachfrageorientiertes Wirtschaftskonzept. Der wichtigste Einflussfaktor, auf dem alle unternehmerischen Entscheide beruhen, ist die gesicherte Nachfrage.

Im Unterschied zur Inflation wird die Umlaufgeschwindigkeit nach einer gewissen Zeit wieder abnehmen bzw. sich auf einem relativ hohen Niveau einpendeln und von da an relativ stabil sein.

In der Natürlichen Wirtschaftsordnung hat die Zentralbank nur noch dafür zu sorgen, die Geldmenge dem Wachstum der Realwirtschaft anzupassen. Mit der Erhebung der Liquiditätsgebühr ist die Geldzirkulation gesichert. Da die Sparfunktion des Geldes eingeschränkt ist, ist es für die Zentralbank einfacher, für eine dauerhafte Preisstabilität zu sorgen. Erstens wird sich die nachgefragte Geldmenge stabilisieren, wenn kein Geld mehr unvorhersehbar aus dem Produktions-Einkommens-Kreislauf zu- oder abfließt. Und zweitens wird sich die Umlaufgeschwindigkeit des Geldes mit der Liquiditätsgebühr zunächst erhöhen, dann aber

185 Binn, Felix: Silvio Gesell. Der verkannte Prophet, S. 7.
186 Senf, Bernd: Geldfluss, Realwirtschaft und Finanzmärkte, S. 3.

stabilisieren. Gerade die Schwankungen der Umlaufgeschwindigkeit sind ein wesentlicher Unsicherheitsfaktor in der Geldmengensteuerung.[187]

In der Freiwirtschaft wie in der Standardökonomie wird nach der nachfragewirksamsten Geldmenge gesucht. Strittig ist bis heute, wie sich diese Geldmenge zusammensetzt. Daher hat fast jede Zentralbank eine eigene Geldmengendefinition.[188] Gesell betrachtet allein die Bargeldmenge als die für die Preisbildung ausschlaggebende Größe. Ihre Zirkulation ist zu sichern.[189] Dies begründet er damit, dass alle anderen Geldmengen sich nur abhängig von der Bargeldmenge entwickeln können.[190]

5. Die Bodenreform

Neben der Frage des neutralen Geldes beschäftigt sich Gesell mit der Bodenreform, genauer mit dem Problem des Privateigentums am Produktionsfaktor Boden. Die Frage der Bodenreform ist in der freiwirtschaftlichen Diskussion etwas in den Hintergrund getreten. Dies liegt vor allem daran, weil dieses Thema auch von anderen sozialen Reformbewegungen aufgegriffen wurde. Gesell behandelt in seinem Hauptwerk „Die Natürliche Wirtschaftsordnung"[191] die Bodenreform als erstes. Durch diese bevorzugte Behandlung wird deutlich, welches Gewicht Gesell ihr beimisst. *Wie ist es möglich, so fragt man sich vewirrt, dass einzelne Männer den Boden wie eine gemeine Ware kaufen und verkaufen, den Boden, auf den die Menschheit angewiesen ist wie Luft und Wasser? Wie ist es möglich, dass der Besitzlose eine so ungeheure Anmassung, die ihn geradezu entwurzelt und entwürdigt, auch nur 24 Stunden duldet?*[192]

Gesell hat folgende Bedenken: Die bestehende Bodenreform verstößt gegen seine naturrechtliche Denkweise und bietet ein Zufluchtsreservat für eben die kapitalistischen Zins- und Spekulationseinkommen, die mit einer neuen Geldverfassung beseitigt werden sollen. Gerade danach ist eine verstärkte Bodenspekulation zu befürchten.[193]

In Kürze lässt sich das Konzept der freiwirtschaftlichen Bodenreform Silvio Gesells folgender Maßen beschreiben: Das private Eigentum am Boden soll allmählich in öffentliches Eigentum umgewandelt werden. Dies soll ohne Enteig-

187 Creutz, Helmuth: Das Geld-Syndrom, S. 104.
188 Creutz, Helmuth: Das Geld-Syndrom, S. 27 f.
189 Vgl. Onken, Werner: Silvio Gesell und die Natürliche Wirtschaftsordnung, S. 78.
190 Gesell, Silvio: Freigeld?, S. 34 f.
191 Gesell, Silvio: Die Natürliche Wirtschaftsordnung, S. 67.
192 Gesell, Silvio: Die Natürliche Wirtschaftsordnung, S. 67 f.
193 Vgl. Binn, Felix: Silvio Gesell. Der verkannte Prophet, S. 8.

nungen erfolgen. Vielmehr sollen die Grundeigentümer eine angemessene Entschädigung für ihren Boden erhalten. Dieser wird sodann vom Staat den privaten Individuen zur Bewirtschaftung in Erbpacht überlassen. Dies ist ein wesentlicher Unterschied zur kommunistischen Auffassung. Die Bodenreform hat in Gesells Hauptwerk folgende zwei Ziele, die Gesell in seiner Rede zum Frieden 1917 in Zürich angeführt hat.

Erstens: *In allen Staaten, die sich dem grossen Friedensbund anschliessen, wird das Sondereigentum am Boden restlos abgelöst. Der Boden ist dann Eigentum des Volkes und wird der privaten Bewirtschaftung durch öffentliche Verpachtung im Meistbietverfahren übergeben.*

Und zweitens: *An diesen öffentlichen Pachtungen kann sich jeder Mensch beteiligen, einerlei wo er geboren, wie und was er spricht, welchen Lastern er huldigt, welche Verbrechen er begangen, von welchen Gebrechen er geplagt wird, kurz alle, die Menschenantlitz tragen.*[194]

Bei der Bodenreform geht es wie bei der Geldreform darum, eine private Monopolrente zu verhindern, die aus nicht begründbarem „Sondereigentum" am für alle Menschen lebensnotwendigen Boden stammt: *Wenn der private Besitz an Grund und Boden diesen privaten Besitzern arbeitsloses Einkommen abwirft, den Arbeitenden also einen Teil ihres Arbeitsertrages vorenthalten wird, dann erfordert die Gerechtigkeit, dass dieser Zustand geändert wird.*[195]

Was bei den Kapitaleigentümern mit der Geldreform zu verhindern bezweckt wird, nämlich andere Menschen für das eigene Einkommen arbeiten zu lassen, soll auch für die Bodeneigentümer gelten. Ziel beider Reformen ist es, dem kollektiven Recht der Arbeiter auf das Arbeitsprodukt – also auf den vollen Arbeitsertrag – zum Durchbruch zu verhelfen. Aus diesem Grund sind die Argumente, die in Bezug auf das Pachten von Boden angeführt werden, dieselben wie die der Freiwirtschaftslehre im Hinblick auf den Zins.

Gesell postuliert einen Anspruch jedes Individuums auf die ganze Erde und ihre Früchte. Irgendwelche Vorrechte der Geburt lassen sich gegenüber Benachteiligten überhaupt nicht rechtfertigen. Denn kein Mensch kann darauf Einfluss nehmen, in welche gesellschaftliche Position er hineingeboren wird. Das moralische Gebot der Gleichbehandlung aller Menschen verlangt, dass Vorrechte, die beispielsweise aus einer bestimmten Staatsbürgerschaft resultieren, aufgehoben werden; denn auch diese halten keiner vernunftsethischen Kritik stand.[196] Erträge aus Bodeneigentum werden einem leistungslosen Einkommen gleichgesetzt. Über dieses verfügt nur ein relativ kleiner Anteil der Bevölkerung. Zudem wird ange-

194 Gesell, Silvio: Die Natürliche Wirtschaftsordnung, S. 68.

195 Gesell, Silvio: Die Natürliche Wirtschaftsordnung, S. 68.

196 Georg, Henry: Fortschritt und Armuth, S. 292, und Walzer, Michael: Sphären der Gerechtigkeit, S. 98 ff.

führt, Aufwendungen für die Bodenpacht würden die Erträge, die der Eigentümer daraus erzielt, übersteigen. Jeder Mensch soll nicht bloß seinen Anteil am Boden haben, sondern konsequenterweise auch an seinen natürlichen Früchten. Damit sind in erster Linie Rohstoffe gemeint, auf deren Vorkommen der Mensch keinen Einfluss hat, sondern die ohne sein Zutun vorhanden sind. Auch hier gibt es keine vernünftigen Gründe, weshalb der eine Mensch vom Vorhandensein der Bodenschätze profitieren und ein anderer davon ausgeschlossen sein soll: *Der Menschheit, allen Völkern, jedem Menschen gehören offenbar diese Steinkohlen, von denen wir heute alle ebenso abhängig sind, wie von der Sonne, wie von der Luft.*[197]

Gesell steht mit dieser Auffassung in einer Linie mit Proudhon, der in seinen Schriften bewiesen haben wollte, dass es keine Rechtfertigung für privates Grundeigentum gibt.[198] Ziel der Boden- und Geldreform ist es, eine private Monopolrente zu verhindern, die aus Eigentum, das nicht begründbar ist, am für alle Menschen lebensnotwendigen Boden stammt[199]. Zwar sind die Privilegien der Bodeneigentümer unhaltbar, dennoch soll der Staat auf Enteignungen verzichten. Idealerweise soll sich vielmehr die freiwirtschaftliche Bodenordnung kraft ihrer besseren Argumente durchsetzen und der Boden den derzeitigen Eigentümern zu marktüblichen Bedingungen nach und nach abgekauft werden. Als Zahlungsmittel sollen dem Staat verzinsliche Schuldscheine dienen: *Der zu bezahlende Preis richtet sich nach dem Pachtzins, den das Grundstück bisher einbrachte oder einbringen würde.*[200]

Die Zinsen der Schuldscheine für den durch den Staat erworbenen Boden werden flexibel an die marktüblichen Zinsen für Kapital gekoppelt. Dies bedeutet, dass ihr Kurs nicht vom Nominalwert abweicht. Schwankungen von Angebot und Nachfrage werden über den Zins der Papiere ausgeglichen. Der dadurch entstehende ernorme Zinsaufwand, der den Staat durch den Rückkauf des Bodens belastet, soll durch Pachterträge des nunmehr öffentlichen Bodens finanziert werden. Diese stehen jetzt dem Staat zu. Daher ändert sich nichts außer den Eigentumsverhältnissen. Denn die beiden Größen – Zins-aufwand und Zinsertrag – befinden sich zu jeder Zeit im Gleichgewicht, weil die ehemaligen Bodeneigentümer nun auf einem Umweg – nämlich über die Schuldscheine – die Pachterträge über den Staat erhalten. An dieser Stelle greift die Theorie des Freigelds bzw. die der Geldreform. Mit der Geldreform werden die Zinsen für Kapital kontinuierlich sinken und die Schuldscheine eine immer geringere Verzinsung erzielen. Im Gegensatz dazu werden die Pachterträge für den Boden im Durchschnitt gleich hoch blei-

---

197 Gesell, Silvio: Die Natürliche Wirtschaftsordnung, S. 65.

198 Proudhon, Pierre-Joseph: Qu'est-ce que la propriété?, S. 131 und 145.

199 Vgl. Schmid, Werner: Silvio Gesell. Die Lebensgeschichte eines Pioniers, S. 82 f., und Rosenberger, Werner: Boden nutzen statt besitzen, S. 9 f.

200 Gesell, Silvio: Die Natürliche Wirtschaftsordnung, S. 73.

ben, so dass der Staat einen Überschuss erwirtschaften wird. So bedingen sich in der freiwirtschaftlichen Argumentation die Geld- und Bodenreform wechselseitig. Die Bodenreform soll verhindern, dass Boden zu einem Spekulationsobjekt wird, und die Geldreform ermöglicht ein Abtragen der staatlichen Schulden bei den ehemaligen Bodeneigentümern.

Man könnte der Meinung sein, bei einer solchen Finanzierung der Bodenreform handelt es sich um eine Enteignung auf Zeit; denn die Zinsen für die Schuldscheine fallen mit dem Marktzins für Geldvermögen, und die vom Staat gemachten Schulden werden mit Freigeld erstattet. Bei der Rückzahlung erhalten die ehemaligen Bodeneigentümer Geld vom Staat, welches sie zum Konsum nutzen können. Sie bekommen kaufkraftstabiles Freigeld und bleiben insofern besser gestellt als diejenigen, die vor dem Reformprozess keinen Boden besessen haben.

Gesell betont, eine Bodenreform sei auch allein vorstellbar, wäre aber dann durch neu zu erhebende Steuern zu finanzieren.[201] Die Pachtvergabe der einzelnen Bodenparzellen soll, wie schon mehrfach betont, im Wege der Versteigerung erfolgen, wobei eine Person nur eine Parzelle pachten kann. Wenn einzelne besonders ertragskräftige Parzellen an zahlungskräftige Personen gehen, wird dies in der Freiwirtschaft als gerecht angesehen, weil der Reichtum nun aus Arbeitskraft stammt und nicht aus der Ausbeutung anderer.[202]

Ein weiterer Effekt der Bodenreform nach Gesell ist, dass alle Menschen die Freiheit haben sollen, sich dort niederzulassen, wo es ihnen beliebt. Dabei werden geografische und politische Hindernisse überwunden. Gesell stellt sich einen Weltbürger vor, der in einem Klima, das ihm behagt, seiner angestrebten Beschäftigung nachgehen kann. Jeder Mensch soll nicht nur das Recht haben, sich an jedem Ort der Erde niederzulassen, sondern dort auch sofort dieselben politischen Rechte haben wie Alteingesessene.[203] Die daraus mögliche Vermischung der Völker wird von Gesell begrüßt, wobei er der Überzeugung ist, eine solche werde in einem eher geringen Umfang stattfinden. Als weiterer Nebeneffekt werden durch Einführung der Natürlichen Wirtschaftsordnung die Bedingungen für einen dauerhaften Frieden der Völker geschaffen.[204] Erst mit der Aufhebung der herrschenden Geld- und Bodenordnung können die beiden größten Ungerechtigkeiten beseitigt und so der Völkerfrieden erreicht werden.

---

201 Gesell, Silvio: Die Verwirklichung des Rechts auf den vollen Arbeitsertrag, S. 65.

202 Die Freiwirtschaftslehre vernachlässigt allerdings die Tatsache, dass auch in der „Natürlichen Wirtschaftsordnung“ Missbrauch möglich ist und sich so immer noch einzelne Personen auf Kosten anderer bereichern können.

203 Gesell, Silvio: Die Natürliche Wirtschaftsordnung, S. 72.

204 Gesell, Silvio: Die Natürliche Wirtschaftsordnung, S. 56.

Das Staatsverständnis Silvio Gesells hat sich im Lauf der Jahre leicht gewandelt.[205] In seinen ersten Schriften lässt er ein tendenziell sozialdemokratisches Staatsverständnis anklingen. Entsprechend war er anfänglich der Verfechter einer staatlichen Grundversorgung der Bürger in Hinblick auf Bildung und Gesundheitswesen. Gesell stellt sich einen Staat vor, der eine große Attraktivität für alle Menschen besitzt: *Ein Staat, der seine Anziehungskräfte mehrt, von dem Liebe, Wärme, Gerechtigkeit, Licht und Freiheit nach allen Richtungen ausströmt, erweitert dadurch auch schon seine Grenzen, ohne dass er irgendetwas dazu zu tun braucht.*[206] Allerdings ist für Gesell der Staat nur in einer dienenden Rolle vorstellbar.

Mit zunehmendem Alter will Gesell dem Staat immer weniger Aufgaben übertragen bzw. anvertrauen. Der Staat soll die Eigenverantwortlichkeit der freien Menschen nicht untergraben und auch keine Wohlfahrtsgarantie geben.[207] Während der Novemberrevolution 1918 in München und seines Gefängnisaufenthaltes radikalisieren sich Gesells Gedanken. Dies wird noch dadurch verstärkt, dass seinen Lehren keine Anerkennung entgegengebracht wurde. Auch übt er beständig Kritik an der Weimarer Republik, was jedoch ebenfalls ignoriert wird und ungehört verhallt. So ist seit 1919 seine Abneigung gegenüber dem Staat zu erklären, wenn er schreibt: *Staat, du Scheusaal, Kind der großen Hure, des Landraubes, des Privatgrundbesitzes! Wir wollen dich zertreten.*[208] An diesen Stellen werden wieder Parallelen zu Nietzsche deutlich, der den Staat als das „kälteste aller kalten Ungeheuer"[209] tituliert. Zu dieser Abscheu gegenüber dem Staat tritt eine Verdrossenheit, wenn Gesell argumentiert: *Der Staat fällt immer so aus, wie die herrschende Klasse ihn braucht.*[210] Die herrschende Klasse sind bei Silvio Gesell diejenigen, die Zinsen erzielen, also die „Rentner", die dem Volk den „vollen Arbeitsertrag" vorenthalten bzw. ihm ein leistungsloses Einkommen abzwingen. Aus dieser Geisteshaltung heraus hat Silvio Gesell eine Unmenge an Schriften, Pamphleten und Aufsätzen gegen den Ausbau des Staates geschrieben und versandt.

Bei all dieser Kritik am Staat bildet für Gesell der Kommunismus keine echte Alternative zum vorherrschenden Kapitalismus. Auch in der kommunistischen Staatsform sieht er die individuelle Freiheit jedes Einzelnen nicht gewährleistet. *Diesem hohen Ziele (der freien Entfaltung des Individuums) stehen die beiden*

---

205 Onken, Werner / Bartsch, Günter: Silvio Gesell, S. 15.
206 Gesell, Silvio: Der Abbau des Staates nach Einführung der Volksherrschaft, S. 216.
207 Vgl. Onken, Werner: Silvio Gesell und die Natürliche Wirtschaftsordnung, S. 56.
208 Gesell, Silvio: Der Abbau des Staates nach Einführung der Volksherrschaft, S. 238.
209 Nietzsche, Friedrich: Also sprach Zarathustra, S. 51.
210 Gesell, Silvio: Der Abbau des Staates nach Einführung der Volksherrschaft, S. 218.

heutigen Hauptrichtungen der Wirtschaftsordnung, der Kapitalismus und der Kommunismus, gleich hemmend im Wege. Die Gemeinwirtschaft hebt den Wettstreit mehr oder weniger vollständig auf, und die Zinswirtschaft fälscht seine Bedingungen.[211] Somit ist für Gesell die Natürliche Wirtschaftsordnung ein attraktiver dritter Weg in der Ordnungspolitik.

Gesell warnt zwar immer wieder vor der Gefahr einer übermächtigen Bürokratie, die den Staat zum Selbstzweck werden lässt. Dennoch schließt er sich zu deren Vermeidung weder dem Kommunismus noch einer sozialdemokratischen Staatsform oder gar dem Kapitalismus an. Denn nach Gesell geht das Unrecht nicht von der Staatsform aus, sondern von der falschen Sozialordnung. In diesem Sinne ist in Bezug auf die Umsetzung der Natürlichen Wirtschaftsordnung bei ihm folgendes zu lesen: *Ich sehe also die Notwendigkeit einer außergewöhnlichen Tat ein, – wobei es mir ziemlich gleichgültig erscheint, in welcher äußeren Form diese Tat sich vollziehen wird, ob in Befehlsform einer proletarischen Vollziehungsgewalt der demokratischen Regierung oder in Form der so genannten Räteregierung. Auf diese rein formalen Unterschiede lege ich keinen Wert.*[212]

Gesell ist die Staatsform weitgehend gleichgültig. *Unsere Wirtschaftsreformen können unter einem König ebenso gut durchgeführt werden wie unter einer Demokratie oder einer Räteregierung.*[213] Diese Indifferenz in der Frage der politischen Realisierung seiner Boden- und Geldreform wird ihm von seinen Anhängern als Schwäche ausgelegt.[214] Seine Einstellung rührt aus dem aus seiner Sicht desolaten Zustand der Demokratie in der Weimarer Republik.

Dennoch kann Gesell als Demokrat angesehen werden, denn in keiner anderen Rechtsform lässt sich die von ihm angestrebte individuelle Freiheit verwirklichen. Allerdings vermeidet er es, sich explizit zur Demokratie zu bekennen. Solange die wirtschaftlichen Grundlagen für eine solche Demokratie nicht gegeben sind, wird diese vielmehr eine Plutokratie[215] sein und bleiben.[216]

Im Jahr 1927 konkretisiert Gesell in seinem Vortrag „Die herrschaftslose Gesellschaft“[217] sein Staatsverständnis. Demnach soll der Staat sich auf folgende Aufgaben beschränken: Gewährleistung von Freihandel mit dem Ausland, freie Berufswahl und persönliche Freizügigkeit.

---

211 Gesell, Silvio: Verteidigungsrede, S. 36.
212 Gesell, Silvio: Verteidigungsrede, S. 19.
213 Zitiert nach Schmid, Werner: Silvio Gesell. Die Lebensgeschichte eines Pioniers, S. 265.
214 Vgl. Onken, Werner: Silvio Gesell und die Natürliche Wirtschaftsordnung, S. 265.
215 Die Plutokratie griechisch von: πλουτοκρατί ist eine Staatsform, in der die Herrschaft durch Vermögen legitimiert wird, also die Herrschaft des Geldes.
216 Vgl. Schmid, Werner: Silvio Gesell. Die Lebensgeschichte eines Pioniers, S. 330.
217 Gesell, Silvio: Die herrschaftslose Gesellschaft, S. 97 f.

Die Forderung nach der Gewährleistung der Natürlichen Wirtschaftsordnung impliziert auch das Vorhandensein von freien Märkten. Aufgabe des Staates ist auch die Sicherstellung des Privateigentums, eine leistungsfähige Rechtsprechung und die Gewährleistung eines funktionierenden Wettbewerbs. Gesell unterstützt ebenso eine soziale Absicherung für Erwerbsunfähige – wie zum Beispiel Alte, Kriegsversehrte, Witwen und Waisen –, nicht aber für die „Faulen". Frei vom staatlichen Einfluss sollten die Kirche, die Wissenschaft, die Kunst, das Schulwesen, die Fachbildung, die Heilkunde und die Ehe bleiben.[218] Die Organisation des Verkehrswesens (Eisenbahn) kann sich Gesell allerdings nur in staatlicher Form und unter Aufsicht vorstellen, was dem damaligen Zeitgeist entspricht.

Hinsichtlich der Staatsgrenzen ist Gesell seiner Zeit weit voraus. Diese sind für ihn artifiziell und kleingeistig. Daher will er die Staatsgrenzen zu Verwaltungsgrenzen herabstufen, zumal er zwischen den Völkern mehr Verbindendes als Trennendes sieht. Hier kommt seine Internationalität zum Ausdruck: geboren im deutsch-belgischen Grenzgebiet, ausgebildet in Deutschland, dann früh nach Spanien und Argentinien gelangt, später in der Schweiz ansässig, zuletzt wieder nach Deutschland zurückgekehrt: *Schafft man die Zollgrenzen durch die Einführung des Weltfreihandels ab, so verlieren die Staatsgrenzen jede Schärfe. Das Trennungszeichen verwandelt sich in einen Verbindungsstrich. Die Staatsgrenze wird zur einfachen Verwaltungsgrenze* [...] *und allen Menschen ist es dann gleichgültig, wie die Grenzen der verschiedenen Staaten verlaufen.*[219]

Erst die Natürliche Wirtschaftsordnung ermöglicht es seiner Meinung nach dem Menschen, sich ohne ideologische Vorurteile um die Allgemeinheit zu kümmern. Dem Ausbeutungsdruck des Kapitals entzogen und ausgestattet mit dem „Recht auf den vollen Arbeitsertrag", kann jeder seinen Pflichten gegenüber der Allgemeinheit nachkommen. Zudem vermag sich in dieser Wirtschaftsordnung jeder Einzelne ohne Rücksichtnahme auf Kapitalverwertungsinteressen, zu welchen er momentan unter den Umständen eines Ausbeutungsverhältnisses gezwungen wird, frei zu äußern. Im Gesell'schen Idealstaat kommt es nicht mehr zu Verteilungskämpfen um den Mehrwert. Gesell war Individualist und hatte für kollektivistische Staatsvorstellungen nichts übrig, er argumentiert: *Das Individuum ist allein für sich und sein Glück verantwortlich.*[220] Mit dieser Aussage grenzt Gesell sich fundamental von allen sozialistischen Wirtschaftsreformern ab. Die Natürliche Wirtschaftsordnung soll *dem*

218 Onken, Werner: Silvio Gesell und die Natürliche Wirtschaftsordnung, S. 99, und Schmid, Werner: Silvio Gesell. Die Lebensgeschichte eines Pioniers, S. 197 f.

219 Gesell, Silvio: Internationale Valuta –assoziation, S. 152.

220 Gesell, Silvio: Die herrschaftslose Gesellschaft, S. 100.

strebenden Menschen die Bahn frei machen zur vollen Entfaltung des Ich, zu der von aller Beherrschtheit durch andere befreiten, sich selbst verantwortlichen Persönlichkeit.[221]

Von 1913 an propagiert Gesell die Staatsform der Akratie[222]. Er hält immer weniger vom Staat als legitimem Repräsentanten der Gesellschaft, der alle Bevölkerungsgruppen vertritt. Vielmehr gelangt er zunehmend zu der Auffassung, der Staat sei vor allem Schützer der Renten der Kapitalisten. Bis zu seinem Tod nimmt seine Kritik am Staat zusehends zu und wird immer radikaler. Deshalb wird ihm von bürgerlicher Seite der Vorwurf des Anarchismus gemacht.[223]

V. Würdigung der Gesellschen Zinstheorie

Um 1890 beginnt Gesell seine ökonomischen Studien mit der damals wie heute allgemein verbreiteten Ansicht, unsere Gesellschaft sei eine Tauschgesellschaft beziehungsweise unsere Wirtschaft eine Tauschwirtschaft. Immer wieder spricht Gesell vom Tauschen und vom Tauschhandel, auf dem eine arbeitsteilige Gesellschaft beruht, und vom Geld als Tauschmittel. *Und den Absatz, den gegenseitigen Austausch der Arbeitserzeugnisse, vermittelt das Geld. Ohne Dazwischentreten des Geldes gelangt keine Ware mehr zum Verbraucher.*[224] Sein Credo ist also der freie Markt, auf dem sich durch das Spiel von Angebot und Nachfrage alles regelt. So sehen es auch die Marktwirtschaftler seit Adam Smith.

Neu an Gesells These ist jedoch, dass er das Geld als Störfaktor ansieht, wodurch der natürliche Ausgleich von Angebot und Nachfrage verhindert werden kann.[225] Diese Störungsmöglichkeit soll durch die Einführung eines rostenden Geldes – im Gegensatz zum beständigen Goldgeld jener Zeit – beseitigt werden. Damit würde die Natürliche Wirtschaftsordnung wiederhergestellt, wie sie vor Einführung des Geldes bestand. Der Zins als Tribut an das den Waren überlegene Geld würde so beseitigt und der volle Arbeitsertrag könnte den Arbeitern zufließen. Dazu allerdings ist nach Gesell noch eine Bodenreform notwendig.

---

221 Gesell, Silvio: Die Natürliche Wirtschaftsordnung, S. XXVI. Das Menschenbild Gesells entspricht dem Ideal Nietzsches, von dem er stark inspiriert wurde.

222 Die Akratie griechisch von κρατία, – Macht, Herrschaft, Kraft, Stärke. Bezeichnet nach Franz Oppenheimer die politische Aufhebung der Klassengesellschaft. Da die Herrschaft nie etwas anderes gewesen sei als „die rechtliche Form einer wirtschaftlichen Ausbeutung", basiert die Akratie auf dem „Ideal einer von jeder wirtschaftlichen Ausbeutung erlösten Gesellschaft". Die politische Aufhebung der Klassengesellschaft setzt ihre ökonomische Überwindung voraus.

223 Vgl. Onken, Werner: Silvio Gesell und die Natürliche Wirtschaftsordnung, S. 56.

224 Gesell, Silvio: Die Natürliche Wirtschaftsordnung, S. 118.

225 Vgl. Gesell, Silvio: Die Anpassung des Geldes und seiner Verwaltung, S. 156.

Diese ersten Ideen Gesells sind aus einem spontanen Einfall heraus entstanden. Vielleicht haben sie den Kaufmann Gesell überhaupt erst dazu gebracht, sich mit diesen Dingen theoretisch zu beschäftigen. Sein Erstwerk aus 1891 „Die Reformation im Münzwesen" ist mehr eine bildhafte Darstellung, die die vorhandene und zukünftige Welt beschreibt, als eine Analyse des Istzustandes. Seine fundierte kaufmännische Erfahrung, die ihm seinen eigenen Worten zufolge als Quelle für eine unabhängige Betrachtung dient, kommt erst später zum Tragen, so dass er dann die Unstimmigkeiten seiner Argumentation bemerkt.

Zunächst beschäftigt er sich nur mit dem Tausch Ware gegen Geld und dem seiner Meinung nach bestehenden Ungleichgewicht zwischen beiden. Bedingung ist die Möglichkeit der Produktion der auszutauschenden Güter, Waren werden und können einfach produziert werden, und zwar von den Haushalten, denn nur diese können gleichzeitig Produzenten und Konsumenten sein.

Dies beschreibt er folgendermaßen: *Nehmen wir an, Müller und Schmied, durch Raum und Zeit getrennt, wollen ihre Erzeugnisse, Mehl und Nägel, austauschen und brauchen zu dem Zweck das Geld, das Meyer verfügbar hat. Meyer kann den Tausch, wenn er will, vermitteln, er kann den Tausch aber auch verzögern, unterbinden, einfach verbieten, denn sein Geld läßt ihm die Freiheit, den Zeitpunkt für die Vermittlung des Tausches auszuwählen. Ist es da nicht selbstverständlich, daß Meyer sich diese Macht bezahlen läßt und daß Müller und Schmied in einen Abzug an ihre Forderungen für Mehl und Nägel einwilligen müssen?* [...] *Verweigern sie dem Geld ihre Abgabe, so zieht sich das Geld einfach vom Markt zurück, und Müller und Schmied müssen unverrichteter Sache ihre Habe mit schweren Unkosten wieder nachhause bringen.* [...] *Wir können also sagen: Unser heutiges Geld vermittelt der Regel nach (also kaufmännisch) den Austausch der Waren nur unter der Bedingung eines Tributes. Ist der Markt die Straße, auf der die Waren ausgetauscht werden, so ist das Geld der Schlagbaum, der nur nach Zahlung des Wegegeldes gehoben wird. Das Wegegeld, der Profit, der Zins oder wie man es nennen mag, ist die allgemeine Voraussetzung des Warentausches. Ohne diese Abgabe kein Tausch.*[226]

Betrachtet man dieses Beispiel näher, fragt man sich, wie denn Müller und Schmied den Abzug ihrer Forderung begleichen können. Zahlt Meyer beiden jeweils 100 für Mehl und Nägel, so können diese Meyer umgekehrt das Mehl und die Nägel auch wieder nur um maximal 100 abkaufen. Meyer hat dann maximal wieder das zurück erhalten, was er ursprünglich ausgegeben hat. Wenn er etwas Zusätzliches einnehmen kann, dann nicht Geld, sondern allein einen Teil der angebotenen Waren.

Zusammenfassend ist Gesell mit seiner Analyse gescheitert, weil er einerseits die Begründung und andererseits die Bezahlung des Zinses aus jeweils einem an-

226 Gesell, Silvio: Die Natürliche Wirtschaftsordnung, S. 182 f.

deren Bespiel ableitet, nämlich die Begründung aus dem einleuchtenden Modell einer Tauschwirtschaft W-G-W, deren Realisierung, d.h. die tatsächliche Bezahlung aber aus einer Investitionswirtschaft G-W-G'. Dabei ist die Begründung des Zinses einer Nachfrage in Geld geschuldet, die wegen dessen Hortbarkeit tendenziell immer kleiner ist als das Angebot an Waren. Aber die Bezahlung des Zinses ist genau nur dann möglich, wenn es umgekehrt ist, nämlich wenn die Nachfrage in Geld größer ist als das Angebot an Waren. Das allerdings schließt sich gegenseitig aus und wäre im Idealfall bei einer Höhe des Urzinses von Null denkbar. Die Zuteilung eines Tributes größer als Null für die Zurverfügungstellung von Geld ist dagegen bestenfalls in Warenform denkbar.

Allerdings ist Gesell recht nahe solchen Erkenntnissen, wie sie in den 1930er Jahren von John Maynard Keynes und seiner Schule vertreten wurden. So schreibt er: *In geschäftlichen Glanzzeiten (Hochkonjunkturen), wo der Durchschnitt der Warenpreise aufwärts strebt, wird sich die Erwartung der Kaufleute auch aller Regel nach erfüllen. Der genannte Preisunterschied oder Profit deckt dann die Unkosten des Kaufmanns und die Abgabe, die das Geld fordert. Bei einer rückwärts gerichteten Konjunktur (Preisverfall) ist die Erhebung der Abgabe jedoch zweifelhaft, oft sogar unmöglich. Der Zweifel aber genügt schon, um den Kaufmann zu veranlassen, vom Kauf der Waren abzustehen. Welcher Kaufmann, Wucherspieler, Unternehmer wird sich zum Bankhaus begeben, dort einen Wechsel verkaufen, sich zur Zahlung von Zins verpflichten, wenn er befürchten muß, daß das, was er mit dem geborgten Geld zu kaufen gedenkt, im Preis sinkt, so daß er nicht einmal die Auslagen wiederzuerhalten hoffen kann.*[227] Bei Keynes lautete dies so: „Der Zustand des Vertrauens, wie er genannt wird, ist ein Faktor, dem die Geschäftsleute immer die tiefste und sorgfältigste Beachtung schenken."

1. Der Zeitfaktor

Das erste Werk Gesells datiert aus dem Jahr 1891. Jedoch beginnt Gesell erst mit einer genaueren Analyse des Istzustandes im Jahre 1904. Nunmehr ist er der Meinung, dass Geld nicht ausschließlich zum Tausch Ware gegen Ware benutzt wird, sondern auch als Vorschuss Verwendung findet: *Der Kaufmann muss also den Geldbetrag der Waren vorschießen, denn zwischen Kauf und Verkauf liegt Zeit.*[228] Hier wird erstmals der Faktor Zeit erwähnt, jedoch nicht weiter beachtet, so dass diesbezüglich seine Theorie nicht stimmig ist. Denn der Tausch Ware gegen Geld, von dem er ausgeht, braucht die Zeit nicht; zu dieser Erkenntnis kommt er jedoch erst später.

227 Gesell, Silvio: Die Natürliche Wirtschaftsordnung, S. 184.
228 Gesell, Silvio: Das Monopol der Schweizerischen Nationalbank, S. 286.

Gesells Grundthese ist, dass der Geldeigentümer nichts vorschießt – und für einen Vorschuss keine Zinsen kassiert –, sondern Geld gegen Waren tauscht und dabei den Tribut kassiert, der sich aus der Überlegenheit des Geldes ableitet. Bezüglich dieses Geldvorschusses kommt er jetzt zu einer neuen Theorie, die aus dem eben genannten Beispiele von Müller und Schmied deutlich erkennbar wird. Die beiden brauchen keinen Geldvorschuss, um produzieren zu können. Geld wird nur zum Tausch benötigt. Der in der täglichen Wirklichkeit feststellbare Geldvorschuss und die dafür anfallenden Zinszahlungen machen ihm deshalb zu schaffen. Und er äußert sich diesbezüglich – wenngleich sehr spät – in Kapitel „Vervollständigung der Theorie“[229], ohne jedoch Klarheit zu schaffen, wie aus folgenden Sätzen hervorgeht: *Der Urzins war kein Darlehenszins; der Tausch des Geldes gegen Ware und der hierbei erhobene Tribut hatte absolut nichts gemein mit einem Darlehen. Der Urzins wurde darum auch nicht durch Angebot und Nachfrage bestimmt. Der Produzent gab im Tausch für das Geld seine Ware her. Es war ein Tauschgeschäft, und der Urzins wurde dabei erhoben, weil der Geldinhaber den Tausch gestatten und untersagen konnte* […]. *Beim Zins der Realkapitalien dagegen handelt es sich nicht um einen Tausch, sondern um ein Darlehen* […]. *Der Fabrikant verleiht die Fabrik an die Arbeiter; der Bankier verleiht das Geld an den Schuldner – aber der Kaufmann, der den Zins von den Waren erhebt, verleiht nichts, er tauscht* […]. *Und eigentlich müsste man ganz davon abgehen, diese beiden so verschiedenen Dinge mit dem gleichen Wort Zins zu bezeichnen.*[230]

Hier in der Unterscheidung zwischen Urzins und Darlehenszins fließt alles, was wir über den Urzins bisher gesagt haben, wie in einem Brennpunkt zusammen. Hier tritt seine Natur klar zutage. Man hat den Urzins nicht gesehen, weil er sich hinter dem gemeinen Darlehenszins (seiner Kreatur) versteckte. Wenn der Kaufmann Geld borgt und den Zins, den er dafür bezahlt, auf die Warenpreise schlägt, so ist das, wie man bisher annahm, ein Darlehenszins. Der Kaufmann schießt das Geld der Ware vor, er macht ihr ein Darlehen und die Warenproduzenten zahlen den Zins dieses Darlehens. So erklärte man die Sache. Man braucht übrigens kein oberflächlicher Denker zu sein, um an diesen Trugschluss achtlos vorbeizugehen. Der Schein ist wirklich hier sehr trügerisch. Man muss schon recht genau zusehen, um zu beobachten, dass der Zins, den der Kaufmann für das geliehene Geld zahlt, nicht Ausgangspunkt, sondern Endpunkt der ganzen Handlung ist. Der Kaufmann erhebt mit dem Geld den Urzins von den Waren und liefert, da das Geld ihm nicht gehört, den Urzins an den Geldgeber ab […]. *Wäre es sein eigenes Geld gewesen, so hätte er genau so den Urzins erhoben. Und*

229 Gesell, Silvio: Das Monopol der Schweizerischen Nationalbank, S. 218 ff.
230 Gesell, Silvio: Die neue Lehre vom Geld und Zins, S. 242 f.

dann, wo wäre das Darlehen gewesen? Beim Darlehen ist doch Leistung und Gegenleistung zeitlich getrennt. Der Darlehenszins richtet sich doch ganz nach der Zeitspanne, die zwischen Leistung und Gegenleistung liegt. Aber beim Tausch des Geldes gegen Ware, wo der Urzins erhoben wird, fallen Leistung und Gegenleistung vollkommen zusammen. Das Darlehensgeschäft hinterlässt Gläubiger und Schuldner; das Tauschgeschäft lässt nichts zurück, das Geschäft ist restlos erledigt. Der Urzins hat also keinerlei Verwandtschaft mit dem Darlehenszins. Der Urzins ist wie gesagt, ein Tribut, eine Steuer, ein Raub, nur nicht die Gegenleistung eines Darlehens......Der Kaufmann ist bereit, für ein Darlehen Zins zu zahlen, weil er weiß, dass er sich dafür an den Waren erholen kann. Kommt der Urzins in Wegfall, verliert das Geld die Fähigkeit, Urzins zu erheben, so wird der Kaufmann auch keinen Zins für Gelddarlehen anbieten können zwecks Ankauf von Waren.[231]

In seinem Hauptwerk der „Natürlichen Wirtschaftsordnung" muss Gesell am Ende feststellen, dass seine Herleitung des Zinses eine schwerwiegende Unstimmigkeit aufweist. Sein Urzins ist keine von der Zeit und der Schuldensumme abhängige Zinszahlung, wie sie allgemein üblich ist, sondern eine einmalige Gebühr. Diesen Urzins hat aber noch niemand erkannt, *weil er sich hinter dem Darlehenszins versteckt*[232]. Wie sich allerdings der Darlehenszins aus dem Urzins herleitet, lässt Gesell offen.

2. Der Geldhalter

Eine zweite Unstimmigkeit versucht Gesell erst viel später zu korrigieren. Mit dem Tausch Ware gegen Geld mutiert ja der zuvor benachteiligte Warenhalter zum privilegierten Geldhalter, der nun seinerseits den Vorteil des Geldes nutzen kann. Hier wird, wie *bei der Geldverleihung, nur der Besitzer des Geldes gewechselt, ohne dass dadurch irgendetwas am Geld geändert wird. Statt des Mannes ist es die Frau, die den Schlagbaum fallen läßt.*[233] Dadurch wird die Zinszahlung zum Nullsummenspiel: zuerst geben, dann nehmen. Eine solche Schlussfolgerung lässt aber Gesell nicht gelten, er erwähnt sie so auch nicht: Sie muss ihn jedoch bereits beschäftigt haben, wenn er festhält: *Der Verbraucher, von persönlichen Bedürfnissen getrieben, kann nicht warten, obschon sein Geld es ihm erlauben würde; der Warenerzeuger kann auch nicht warten, obschon seine persönlichen Bedürfnisse es ihm in manchen Fällen wohl gestatten würden;*

231 Gesell, Silvio: Die Natürliche Wirtschaftsordnung, S. 394 ff.
232 Gesell, Silvio: Die Natürliche Wirtschaftsordnung, S. 396.
233 Gesell, Silvio: Die neue Lehre vom Geld und Zins, S. 211.

aber der als Kaufmann auftretende Geldbesitzer, der Eigentümer des allgemeinen, unentbehrlichen Tauschmittels, der kann warten, der kann Warenerzeuger und -verbraucher regelmäßig dadurch in Verlegenheit bringen, daß er mit dem Tauschmittel (Geld) zurückhält. [...]

Aus Rücksicht auf diesen letzten Umstand können wir das Geld der Verbraucher überhaupt ganz aus unseren Betrachtungen ausschalten. Durch die Hände des Kaufmanns gehen alle Waren und geht alles Geld. Darum sind die Gesetze des kaufmännischen Geldumlaufes hier allein maßgebend.[234]

Somit kann gefolgert werden, dass Gesells Theorie nur unter der Voraussetzung gilt, dass erstens der als Kaufmann auftretende Geldbesitzer – also der Eigentümer des allgemeinen, unentbehrlichen Tauschmittels, der warten kann – sich zwischen die einzelnen Produzenten in ihrer Funktion als Konsumenten schiebt.

Treten nur die Produzenten als Konsumenten ohne kaufmännische Vermittlung auf, ist unklar, wie überhaupt das Geld ins Spiel kommt; zudem konkurrieren nur Warenbesitzer untereinander.

Zweitens gilt die Theorie dann, wenn die Produzenten wie Konsumenten nicht warten, somit auch die Konsumenten, von persönlichen Bedürfnissen getrieben, kein Geld horten können. Somit würde sich eine Geldhortung allein auf die Kaufleute beschränken. Damit gesteht Gesell ein, dass die Problematik nicht am Geld selbst liegt, sondern an den Geldhaltern. Damit aber widerspricht er seiner eigenen Theorie der Überlegenheit des Geldes über die Waren.

3. Der Warenhalter

Die dritte Unstimmigkeit besteht darin, dass nach Gesells Theorie der Warenbesitzer gar keine Zinszahlungen in Geld leisten kann, da er ja nur Waren besitzt, die er erst gegen das Geld des Kaufmanns tauschen muss. Die Warenbesitzer können vom Geldbesitzer zu wenig Geld für ihre Produkte bekommen. Aber ebenso können sie dann ihrerseits dem Kaufmann, der allein „Eigentümer des allgemeinen, unentbehrlichen Tauschmittels" ist, wiederum nur für dieses Geld die Waren, die nun in seinem Besitz sind, abkaufen. Nun kann es sein, dass er ihnen nicht das ganze Produkt des anderen verkauft, sondern etwas für sich behält. Aber Zinsen in Geld können die Warenbesitzer so nicht leisten.

Gesell müsste dies anhand des Beispiels von Müller und Schmied erkannt haben, was er im folgenden Beispiel beschreibt: *Der genannte Tribut läßt sich jedoch nur durch den Verkauf der Waren erheben und dazu ist die Erfüllung einer Bedingung erforderlich: in der Zeit, die zwischen Kauf und Verkauf liegt, darf der*

234 Gesell, Silvio: Die Natürliche Wirtschaftsordnung, S. 327.

Preis der betreffenden Ware nicht sinken. Der Verkaufspreis muß über den Einkaufspreis stehen, denn im Unterschied beider steckt der Tribut:[235]

Dieser Tribut kann vom Kaufmann als einfacher Kassenbote des Geldbesitzers nur dann geleistet werden, wenn der Verkaufspreis über dem Einkaufspreis liegt. Somit ist die Tätigkeit des Kaufmanns kein Tausch mehr, sondern eine Investition – also ein Geldvorschuss. Denn zwischen Einkauf und Verkauf liegt Zeit. Die Zirkulation des Geldes erfolgt damit nach der Formel G – W – G'[236], – die Formel der Investitionswirtschaft –, auf die sich später auch Gesell immer wieder beruft: *Eine Ware, die mit Urzins belastet werden soll, muss diese Last natürlich tragen können, d. h., sie muss solche Marktverhältnisse vorfinden, die ihr gestatten, den Einstandspreis zuzüglich Urzins im Verkaufspreis einzulösen. Die Marktverhältnisse müssen also derartige sein, daß das Geld nach der Formel G – W – G.' umlaufen kann.*[237] Unübersehbar ist hier der Widerspruch zur Formel W^A – G – W^B, die Formel des Tauschhandels, wie sie Gesell indirekt im Text immer wieder formuliert, aber auch in einer Skizze darstellt.[238]

4. Der Zins und das Zusammenspiel von Angebot und Nachfrage

Während Gesell stets betont, dass das Angebot an Waren stetig und unaufhaltsam auf den Markt drängt, weil eben die Waren verderblich sind und Lagerkosten beanspruchen, gilt dies für das Geld nicht. *Die Frage ist einfach und klar gestellt: Ist es möglich, dass es jemals zu einem dauernden Ausgleich zwischen Nachfrage und Angebot kommen kann, wenn das Angebot, dem Drucke natürlicher Verhältnisse nachgebend, ununterbrochen auf den Markt erscheint, die Nachfrage aber, von jenem natürlichem Zwange durch materielle Eigenschaften unseres Geldes befreit, nur die Laune, die Gewinnsucht, die Conjunktur oder wie man es nennen mag, zur Gebieterin hat und den Markt nur unter der Bedingung des Gewinnes betritt?*[239] Also kann das Geld warten, die Nachfrage verkleinern und so den Ausgleich zwischen dem Warenangebot und der Geldnachfrage stets stören. Denn ein Angebot an Waren größer als die Nachfrage in Geld führt erst zur Möglichkeit der Erpressung des Zinstributes.

Nun muss Gesell darstellen, wie denn der Verkaufspreis höher sein kann als der Einkaufspreis. Da auch bei ihm die Preise durch Angebot und Nachfrage bestimmt werden, ist dies nur dann möglich, wenn das Angebot an Waren kleiner ist als die

235 Gesell, Silvio: Die Natürliche Wirtschaftsordnung, S. 183 f.
236 So wie es Karl Marx formuliert hat.
237 Gesell, Silvio: Die neue Lehre vom Geld und Zins, S. 212.
238 Gesell, Silvio: Die neue Lehre vom Geld und Zins, S. 209.
239 Gesell, Silvio: Die Anpassung des Geldes und seiner Verwaltung, S. 155 f.

Nachfrage in Geld. Hier ist Gesells Argumentation völlig widersprüchlich, weil er davon ausgeht, dass der Verkaufspreis über dem Einkaufspreis liegen muss, was er folgendermaßen zu begründen versucht: *Ich sage also kurz, bündig und unzweideutig, [...] daß die zinstragende Kraft der heutigen Realkapitalien [...] aus der künstlich durch das Geld vorbereiteten Marktlage entspringt, nämlich der erzwungenen ständigen Unterproduktion an Realkapitalien, die einherläuft mit einer ebenso ständigen Überproduktion an Waren (Absatzstockung, Krise, Arbeitslosigkeit).*[240]

Diese hierfür erforderlichen Marktverhältnisse werden durch unser heutiges Geld geschaffen, indem es die Bildung von weiterem Realkapital verhindern kann, so dass das Angebot von diesem immer unter der Nachfrage bleibt.

Gesell strapaziert die Theorie einer Unterproduktion an Realkapital und Überproduktion an Waren und versucht auf diese Weise, diesen Widerspruch aufzulösen. Dabei übersieht er jedoch, dass er mit der Einführung des Realkapitals auch eine neue Handlungsfigur in seine Theorie einfügt: den Unternehmer beziehungsweise das Unternehmen, das mit Hilfe von Realkapitalien und Arbeit produziert. Folglich stellt sich die Frage: Wie kann eine Überproduktion an Waren bei einer Unterproduktion von Realkapitalien möglich sein? Voraussetzung für die Erzeugung von Waren sind ja Fabriken, Maschinen, Kraftwerke, Verkehrseinrichtungen. So sagt Gesell bereits 1904: *Wie das Geld die Warenerzeugung den für die Erhebung des Zinses nötigen Absatzverhältnissen anpasst bzw. beschränkt, so beschränkt auch das Geld die Konkurrenz der Unternehmer den Arbeitern gegenüber so weit wie nötig, um den Zins des Unternehmens von den Produkten der Arbeiter abziehen zu können.*[241] Die Abschreibung und der Zins der Realkapitalien muss ja über die damit erzeugten Waren hereingespielt werden. Und damit diese Waren den Zins tragen können, muss ihr Angebot kleiner sein als die Nachfrage in Geld.

Wenn nun aber das Angebot kleiner als die Nachfrage ist, fällt die den Zinstribut erpressende Kraft der Nachfrage weg, was Gesell wie folgt begründet: *Wenn nun die Nachfrage die Freiheit, die sie genießt, sich zunutze macht und vom Markt fernbleibt? Dann wirkt der Zwang, dem das Angebot unterliegt, dahin, daß das Angebot die Nachfrage aufsucht, ihr entgegeneilt, sie heranzulocken sucht durch Anbieten eines Vorteil.*[242] Die Erzwingung der Zinsen setzt nach Gesell eine Nachfrage kleiner als das Angebot, die Zahlung der Zinsen jedoch eine Nachfrage größer als das Angebot voraus. Jedoch kann nicht beides gleichzeitig der Fall sein.

240 Gesell, Silvio: Die neue Lehre vom Geld und Zins, S. 200.
241 Gesell, Silvio: Das Monopol der Schweizerischen Nationalbank, S. 288 f.
242 Gesell, Silvio: Die neue Lehre vom Geld und Zins, S. 117.

5. Widerspruch der Tauschtheorie

a. Geldvorschuss

Im Jahr 1904 erwähnt Gesell bereits den Geldvorschuss. In seiner 1909 verfassten Arbeit der ‚Aktiven Währungspolitik', die die Abwendung von seiner Grundthese darstellt, liest man erstmals: *Es ist die Regel, dass fast alle Unternehmer, ähnlich wie die Kaufleute, mit fremden Geld arbeiten. Sie stecken fast alle bis tief in den Hals in Wechselschulden, Obligationsschulden, Hypothekenschulden usw. – und alle diese Schulden sind Geldschulden.*[243] Mit dieser Verschuldung in Geld kommt nun auch die rechnerische, zählende Genauigkeit auf die Welt, wie Gesell beschreibt: *Hat der Unternehmer für Zins und Tilgung jährlich 10.000 Mk. zu zahlen, so bleibt die Summe gleich, wenn durch Rückgang der Preise der Erlös der Produkte von 100.000 etwa auf 80.000 zurückgeht. Die Gläubiger kümmern sich da nicht um die Warenpreise, sie verlangen ihr Geld zurück auf Heller und Pfennig, den vollen nominellen Betrag.*[244] Geld – und nicht die Ware – ist somit das Primäre, wie Gesell früher schon feststellt: *Im Anfang war das Geld, und das Geld wurde zu einer Fabrik, und die Fabrik war das Geld.*[245]

Im Jahr 1904 erwähnt Gesell nicht nur den Vorschuss, sondern spricht jetzt erstmalig auch vom Unternehmer: *Das industrielle Kapital, welches der Arbeiter in der Fabrik besetzt, kann man als einen Geldvorschuss des Unternehmers betrachten, der in der Maschinenanlage ein Pfand dieses Vorschusses behält. Am besten geht das aus dem ersten Blatte des Hauptbuches jedes Unternehmens hervor, dort ist das Gründungskapital mit einer Summe Geldes angegeben.*[246]

Bislang gab es nur die Haushalte, die gleichzeitig Produzenten und Konsumenten sind und alle Voraussetzungen haben, um Waren produzieren zu können. Sie haben direkten Zugang zu allen für die Produktion notwendigen Ressourcen. In Wirklichkeit produzieren die Unternehmer oder korrekter ausgedrückt: die Unternehmen. Diese aber müssen einen Geldvorschuss leisten, um auch die Arbeit, die die Haushalte zur Verfügung stellen, kaufen zu können. Mit dem Geldlohn aber können die Haushalte schon vor Fertigstellung der Erzeugnisse auf bereits fertige Waren zugreifen.

Inzwischen führt der Geldvorschuss, der vorfinanziert werden muss und damit auch mit der Zeit zu tun hat, zu einer völlig neuen Wirtschaft und Gesellschaft, der Erwerbsgesellschaft und der Erwerbswirtschaft. Die Lohnarbeit ist durch die Abhängigkeit der Arbeit von den Lohnvorschüssen der Unternehmer gekennzeichnet,

243 Gesell, Silvio: Kannte Moses das Pulver?, S. 133.
244 Gesell, Silvio: Kannte Moses das Pulver?, S. 133.
245 Gesell, Silvio: Das Monopol der Schweizerischen Nationalbank, S. 289.
246 Gesell, Silvio: Das Monopol der Schweizerischen Nationalbank, S. 289.

womit eine besondere Verbindung zwischen Gegenwart und Zukunft, Vergangenheit und Gegenwart entsteht. Mit den Geldvorschüssen, die die Unternehmer heute tätigen, um nach Investitionsprodukten und Arbeit – und damit auch nach Konsumprodukten – nachzufragen, beeinflussen sie nicht das heutige, sondern das zukünftige Angebot. Eine heute erhöhte Nachfrage stößt auf ein Angebot, insbesondere das von Konsumwaren, das schon vorhanden ist, wofür bereits in der Vergangenheit, also gestern, die Entscheidung getroffen wurde. Die höhere Nachfrage stößt also auf ein Angebot, das nicht mehr veränderbar ist.

Heute kann nur die Nachfrage von heute, nicht aber das Angebot von heute durch die Höhe der von den Unternehmern heute getätigten Geldvorschüsse beeinflusst werden. Damit beeinflussen sie jedoch das Angebot von morgen. Infolgedessen können die Produkte, die heute am Markt sind, später zu Preisen verkauft werden, die höher sind als ihre Kosten, wenn ein Unternehmer in Summe heute höhere Geldvorschüsse tätigt, als sie gestern zur Fertigung der Waren eingesetzt wurden.

Dieser logische Zusammenhang bleibt selbst heute noch teilweise unbeachtet. Gesell hat ihn auch zu seiner Zeit nicht genügend beachtet, obwohl er auf Grund seiner kaufmännischen Erfahrung wichtige Zusammenhänge sieht: *Die Waren, die im Tauschhandel oder auf Kreditwegen den Konsumenten erreichen, sind für die Nachfrage nach Geld verloren. Die Preise steigen also, wenn die Kreditverkäufe zunehmen, denn die gegen Geld angebotenen Warenmassen nehmen um den Betrag dieser Kreditverkäufe ab, und Nachfrage und Angebot bestimmen die Preise, d. h. das Verhältnis, in dem Geld und Waren ausgetauscht werden.*[247] Und sein Resümee lautet: „Braucht man noch weiter nach einer Erklärung der Wirtschaftskrisen zu suchen?“

Gesell spricht hier von Kreditkäufen so, als ob es sich bei den Krediten allein um Konsumkredite, um pure Gelddruckerei, handeln würde. Dies erklärt auch, dass er inflatorische Preissteigerungen befürchtet und bestrebt ist, diese zu verhindern. *Denn wächst auch das Angebot an Darlehen über das gewöhnliche Maß, etwa durch die Emission der Notenbank,* [...], *so steigen sofort die Warenpreise, und das erhöhte Preisniveau verschlingt das ganze Mehr der Darlehen.*[248] Weiter führt er aus: *Wie aber ist man dazu gekommen, die Emissionsbanken, die vielfach mit Privatkapital gegründet wurden, zu ermächtigen, Freud und Leid willkürlich zu verteilen? Mit ihren Noten greift die Emissionsbank in die Taschen der Gläubiger und gibt, was sie findet, den Schuldnern.*[249] Das jedoch ist bei Inflation der Fall.

---

247 Gesell, Silvio: Die neue Lehre vom Geld und Zins, S. 123.
248 Gesell, Silvio: Das Monopol der Schweizerischen Nationalbank, S. 293.
249 Gesell, Silvio: Kannte Moses das Pulver?, S. 119.

b. Verkaufspreise über den Einkaufspreisen zur Zahlung des Zinses

An anderer Stelle spricht Gesell nicht von steigenden Preisen – also von steigenden Einkaufs- bzw. Verkaufspreisen –, sondern davon, dass die Verkaufspreise über den Einkaufspreisen liegen, sie also höher sein müssen, um den Zinstribut überhaupt zahlen zu können. So hält er fest: *Die Ware wird mit Geld gekauft und, mit Urzins belastet, an den Konsumenten gegen Geld wieder verkauft. Hiernach müsste der Konsument regelmäßig mehr Geld ausgeben als er als Produzent einnimmt.*[250] Gesell bemüht sich, auf diese Frage auch die Antwort zu finden. So schreibt er: *Dieses Mehr, aus dem Urzins bestehend, verschafft sich der Produzent dadurch, dass er mehr Waren produziert und verkauft, als er kauft. Das Mehr, das so die Produzenten erzeugen, wird von den Geldbesitzern für persönlichen Bedarf gekauft, und zwar gerade mit dem Geld, das sie als Zins erheben.*[251] Eine so erhöhte Nachfrage ermöglicht folglich erhöhte Preise. Wenn dabei aber eine bestimmte überschüssige Geldmenge immer wieder nur zurückfließt, aber nicht ständig erhöht wird, wird eine inflationäre Entwicklung vermieden.

Dieser Punkt lässt allerdings die Frage unbeantwortet, wie die Geldvermehrung stattfindet und eine dynamische Wirtschaft ermöglicht. Es wird nur gezeigt, dass die Geldbesitzer in einer stationären Wirtschaft mit zusätzlichem, aber offensichtlich schon vorhandenem Geld auf das erzeugte Produkt zugreifen und damit durch eine höhere Nachfrage in Geld die Preise hochtreiben. So aber können die Arbeitenden mit ihren Geld-Einkommen nicht mehr ihr volles Produkt erwerben, da die Summe der Preise nun höher ist als die Summe ihrer Einkommen. Es wird ihnen damit also das „Recht auf den vollen Arbeitsertrag‘ entzogen. Jedoch kann damit nicht das Wachstum der Geldvermögen, die Akkumulation von Geld und das Wachstum der Wirtschaft erklärt werden. Was in Form der Zinsen wieder an die Geldbesitzer zurückfließt, sind ihre eigenen Ausgaben.

Eine weitere Unstimmigkeit in Gesells Argumentation muss konstatiert werden: Geldhalter sind in der glücklichen Lage, über zusätzliches Geld zu verfügen. Es handelt sich um Geld, das sie vorerst nicht für den Ankauf von Waren verwenden, um den Druck auf das Angebot ausüben und den Tribut erzwingen zu können. Dieses Geld können sie aber dafür verwenden, um einen Teil der Waren für ihren Eigenkonsum zu erwerben.

Solches Handeln setzt entweder eine gemeinsame, streng eingehaltene Übereinkunft der Geldbesitzer voraus, einen bestimmten Teil ihres Geldbesitzes flüssig zu halten, oder die sachliche Unmöglichkeit der Konkurrenz unter den Geldverleihern. Gesell geht von letzterer aus. Und so postuliert er: *Es gibt unter den Geld-*

250 Gesell, Silvio: Die neue Lehre vom Geld und Zins, S. 214.
251 Gesell, Silvio: Die neue Lehre vom Geld und Zins, S. 214.

verleihern keine Konkurrenz; sie ist sachlich unmöglich. Stammt das Geld, das die Kapitalisten zu verleihen haben, aus dem Verkehr, so stopfen sie mit der weiteren Verleihung nur die Löcher zu, die sie beim Inkasso des Geldes gegraben haben. [...] *Je mehr Geld angeboten wird, umso größer sind die Löcher.*[252] Dieses Zitat findet sich im Rahmen der Gesellschen Begründung des Urzinses, der nicht durch Angebot und Nachfrage bestimmt wird. Gesell sagt ja ganz deutlich: *Der Urzins war kein Darlehenszins; der Tausch des Geldes gegen Ware und der hierbei erhobene Tribut hatte absolut nichts gemein mit einem Darlehen. Der Urzins wurde darum auch nicht durch Angebot und Nachfrage bestimmt. Der Produzent gab im Tausch für das Geld seine Ware her. Es war ein Tauschgeschäft, und der Urzins wurde dabei erhoben, weil der Geldinhaber den Tausch gestatten und untersagen konnte.*[253]

Diese Argumentation hat also mit Darlehen gar nichts zu tun, sie dient lediglich zur Aufrechterhaltung von Gesells Grundthese von der Überlegenheit des Geldes gegenüber den Waren, die ständig auf den Markt drängen. Dazu aber muss Geld an sich knapp sein. Denn durch zusätzliches Geld würden die Preise der Waren bereits beim Einkauf hinaufgetrieben. Um dagegen den Tribut kassieren zu können, muss der Kaufmann die Waren vom Produzenten unter ihrem Wert gegen Geld einkaufen, um sie später dann mit dem Tributaufschlag verkaufen zu können.

c. Der Kredit als Konkurrent des Geldes

D*as Mehr, das so die Produzenten erzeugen, wird von den Geldbesitzern für persönlichen Bedarf gekauft, und zwar gerade mit dem Geld, das sie als Zins erheben.*[254] Bezüglich der Tauschhypothese erscheint dieser Satz – wie oben gezeigt – nicht schlüssig. Vorausgesetzt, dass Unternehmer Geldvorschüsse tätigen, erscheint diese Argumentation in neuem Licht. Wie schon festgehalten, können die Produkte, die heute am Markt sind, dann zu Preisen verkauft werden, die höher sind als ihre Kosten, wenn die Unternehmer in Summe heute höhere Geldvorschüsse tätigen, als sie gestern zur Fertigung der Waren eingesetzt haben. Es bleibt allerdings die Frage, ob sie das auch können. Vermögen sie überhaupt mehr Geld auszugeben, als sie alle zusammen derzeit haben?

In seinen Veröffentlichungen weist Gesell immer wieder auf den Kredit hin, wobei dieser bei ihm ein Tauschmittel ist, das in Konkurrenz zum Geld steht. Zu klären ist somit, was er unter Kredit versteht? Im Jahr 1897 erwähnt Gesell den Kredit mit folgendem Beispiel: *Eine dieser Einrichtungen, welche*

252 Gesell, Silvio: Die neue Lehre vom Geld und Zins, S. 207 f.
253 Gesell, Silvio: Die Natürliche Wirtschaftsordnung, S. 394.
254 Gesell, Silvio: Die neue Lehre vom Geld und Zins, S. 214.

es gestatten, die Waaren ohne Benutzung des Geldes an den Mann zu bringen, bilden die Creditgeschäfte. A in Königsberg sendet eine Ladung Butter an B in Köln und dieser bezahlt die Rechnung mit einer Ladung Wein. Kein Pfennig ist zu dieser Operation nöthig gewesen und der Bedarf an Geld hat in der Folge dieser Operation um die Ladung Butter und Wein abgenommen. Dieser Einfluss der Creditgeschäfte bleibt auch derselbe, wenn die Ladung Butter und Wein in Geld umgerechnet, und dieses Geld durch Wechsel, Checks etc. vertreten wird. [255]

Hier bezeichnet er den Tauschhandel und den Wechsel sowie die Stundung als Konkurrenten des Geldes. In der Arbeit von 1911 aber erwähnt er den Kredit wie folgt: *Der gewaltige Einfluß, den die Kreditgeschäfte auf die Nachfrage nach Geld ausüben, zwingt uns, diese hier schon etwas näher zu betrachten.*[256] Dieses eben genannte Beispiel findet sich hier – so wie auch später immer wieder – in geänderter Wortwahl: *Wenn A in Königsberg an B in Aachen* [...]. *Hätte B keinen Kredit bei A oder A keinen Kredit bei B, so würde die Butter nur gegen Aushändigung von Bar-Geld ausgeliefert werden.*[257] Aber er kommt dort nicht auf den Kredit zu sprechen, wo er von den Konkurrenten des Geldes spricht: *Die einzigen Wettbewerber des Geldes sind die* [...] *drei Faktoren: die Urproduktion, der Tauschhandel und der Wechsel.*[258] Nur in einer dort dargestellten Skizze wird der Kredit neben dem Wechsel erwähnt.

Jedenfalls scheint Gesell unter Kredit etwas zu verstehen, das zusätzlich zum Geld die Nachfrage ankurbeln kann. Zum Thema Wechsel heißt es: *Bei der Geldverleihung wird nur der Besitzer des Geldes gewechselt, ohne daß dadurch irgend etwas am Geld geändert wird.* [...] *Beim Wechsel und Tauschhandel dagegen findet kein solcher wesenloser Personenwechsel statt, sondern es wird dem Geld eine wirksame Konkurrenz dadurch eröffnet, daß den Waren andere Wege für den Austausch gebahnt werden.*[259]

Aus obigen Darlegungen ist zu entnehmen, dass Gesell zwischen Darlehen und Kredit irgendwie – und wieder auch nicht – unterscheidet. Bei einem Darlehen wird bereits vorhandenes Geld verliehen, dagegen ist der Kredit ein Konkurrent des Geldes.

---

255 Gesell, Silvio: Die Anpassung des Geldes und seiner Verwaltung, S. 78.
256 Gesell, Silvio: Die neue Lehre vom Geld und Zins, S. 101.
257 Gesell, Silvio: Die neue Lehre vom Geld und Zins, S. 101.
258 Gesell, Silvio: Die neue Lehre vom Geld und Zins, S. 208.
259 Gesell, Silvio: Die neue Lehre vom Geld und Zins, S. 211.

6. Gesell – der Kredittheoretiker

a. Zusammenhang von Geld- und Kreditwesen

Was Gesell unter Kredit versteht, ist zu erahnen beziehungsweise wird erkennbar aus der konjunkturpolitischen Betrachtung „Aktive Währungspolitik“ aus dem Jahr 1909, die er zusammen mit Ernst Frankfurth veröffentlicht hat: *Und es muß dies um so mehr hervorgehoben werden, als die Entwicklung des Scheck- und Wechselwesens vielfach die Meinung hat aufkommen lassen, das Geld spiele heute nur mehr eine untergeordnete Rolle.* [...]. *Die Wechsel und Schecks haben zwar einen Teil des Bargeldes ersetzt, aber ist damit die volkswirtschaftliche Bedeutung des Geldes nicht noch gewachsen? Gründet* [...] *das gesamte Kreditwesen sich nicht auf Bargeld, lauten nicht die Schuldscheine aller Art auf Geld, und stürzt nicht das ganze Gebäude an Wechseln, Pfandbriefen, Staatsschulden, Obligationen usw. in sich zusammen, wenn man ihm das Bargeld, seine Unterlage, entzieht? Das Kreditwesen hat also die Bedeutung des Geldes nicht vermindert, sondern im Gegenteil außerordentlich erweitert.*[260]

Wechsel, Schecks, Schuldscheine, Staatsschulden, Obligationen: Das alles bildet nach Gesell das gesamte Kreditwesen. Die Gedanken Gesells werden von den damals nicht nur in Deutschland aufgekommenen Emissionsbanken, die Kredite vergeben, geprägt, denen er kritisch gegenüber steht: *Wäre nämlich hoher Zins Beweis eines Geldmangels und wäre es möglich, mit Hilfe einer Vermehrung des Geldumlaufes einem weiteren Steigen des Zinsfußes vorzubeugen, so müßte doch vermehrter Geldumlauf mit fallendem Zinsfuß und verminderter Geldumlauf mit einem steigenden Zinsfuß der Regel nach zusammenfallen. Das Gegenteil ist aber der Fall.* [...] *Als Law in Frankreich die Kaufleute mit Papiergeld zu sättigen versuchte, stieg der Zinsfuß, als die große Revolution den heute noch immer auftauchenden und unausrottbaren Wahngedanken zur Tat werden ließ und den ‚Grund und Boden‘ in Assignatenform ‚ausmünzte‘, stieg der Zinsfuß* [...]. *Und Umgekehrt.* [...].

Je mehr Geld die Emissionsbanken und Goldminen ausgeben, desto größer wird die Nachfrage nach käuflichen Dingen, desto größer wird auch die Differenz zwischen Einstandspreis und Erlös, desto mehr wecken sie die spekulative Kauflust, und desto mehr werden die Banken um Geld bestürmt werden. Man kauft für 100 mit der Aussicht, das Gekaufte vor Verfall des Wechsels über 100 zu verkaufen. Und da das Gewinnbedürfnis keine Grenzen kennt und die Vergrößerung der Umsätze nur den Gewinn vergrößern mag, sucht jeder seine Umsätze zu vermehren, bis er irgendwo an eine Grenze stößt, und das ist einfach die Grenze seines

260 Gesell, Silvio: Kannte Moses das Pulver?, S. 89.

Kredites. Die Emissionsbank kann also den Geldhunger nur reizen und wecken, niemals kann sie ihn stillen.[261]

Durch einen Kredit kommt also zusätzliches Geld in Umlauf. Infolgedessen richtet sich Gesells Kritik gegen diese Emissionsbanken, weil sie zu viel Geld in Umlauf bringen und damit die Aufrechterhaltung eines stabilen Preisniveaus stören: *Das Geld soll die Schwierigkeiten umgehen, auf die Hinz und Kunz stoßen, wenn sie ihre Produkte gegenseitig austauschen wollen. Mehr nicht. Alle anderen Verwendungen des Geldes sind Anhängsel, Mißbräuche, Schmarotzer, und müßten eigentlich unterdrückt* [...]. *Die glatte, ungestörte Abwicklung des Tausches verlangt von der Geldverwaltung, daß das Geldangebot regelmäßig, zu allen Zeiten und allen Umständen so bemessen sei, daß Hausse- und Baisseperioden vermieden werden. Das Geld soll währen, d. h. für eine Mark soll über Zeit und Ort hinweg an Waren soviel erhalten, wie er selbst an Waren dafür gegeben hat. Weder mehr noch weniger. Denn das ist der Sinn des Wortes ‚Währung'. Die Preise der Waren sollen, wenn nicht untereinander, so doch im Durchschnitt, dem Gelde gegenüber fest bleiben. Nur so kann sich der Handel gesund entwickeln, nur so können Absatzstörungen und Arbeitslosigkeit vermieden werden.*[262]

Aus verschiedenen Textstellen geht hervor, dass Gesell und Frankfurth die merkantilistischen Geldexperimente des John Law kannten.[263] Denn wenn beide Autoren von Kredit reden, haben sie offensichtlich auch das merkantilistische Experiment in Frankreich im Blick, das sich später als Banking-Theorie weltweit durchsetzte und mit der nicht das Verleihen von bereits vorhandenem Geld, sondern das Schöpfen von Kredit und damit von Geld gemeint ist.

Auch in dieser Schrift sind Gesell und sein Mitautor sehr deutlich bemüht, die Tauschmittel-Hypothese des Geldes aufrecht zu erhalten: *Aber bei dieser Auffassung wird vergessen, daß die Ware das primäre, das Tauschmittel das sekundäre ist. Am Anfang war die Arbeitsteilung, diese zeugte die Ware, die Ware aber zeugte den Bedarf an Geld, an Tauschmitteln.*[264] Dennoch verwerfen sie in ihren Vorschlägen dieses In-Umlaufbringen von Geld über den Ankauf von Wechsel und Obligationen nicht grundsätzlich, sondern wenden sich nur gegen die vermeintliche Willkür der Emissionsbanken. Mit ihren Vorschlägen zur Gestaltung einer „aktive[n] Währungspolitik" verwerfen sie die Tauschmitteltheorie.

Ganz detailliert beschreiben Gesell und Frankfuth, wie sie das Tauschmittel Geld in Umlauf bringen wollen. Auch hier geschieht es durch den Ankauf von Wechseln und Obligationen, allerdings streng beschränkt auf das Geldamt: *Um*

261 Gesell, Silvio: Kannte Moses das Pulver?, S. 96 ff.

262 Gesell, Silvio: Kannte Moses das Pulver?, S. 118.

263 Gesell, Silvio: Kannte Moses das Pulver?, S. 96, und Gesell, Silvio: Die neue Lehre vom Geld und Zins, S. 64.

264 Gesell, Silvio: Kannte Moses das Pulver?, S. 92.

Geld auszugeben und Geld einzuziehen, kann das Reichsgeldamt auf sehr verschiedenen Weisen verfahren.

1. Das Geldamt kauft bei beobachteter Baisse Wechsel und bezahlt die Wechsel mit neuen Banknoten[…]. *Steigen die Preise über den normalen Stand, so verfährt das Geldamt umgekehrt; indem es keine Wechsel mehr verkauft; die vorher gekauften bei Verfall einkassiert und das so eingehende Geld verbrennt* […]. *Es kann aber vorkommen, daß nicht genügend Wechsel zum Diskont angeboten werden* [...]. *In unruhigen Zeiten riskieren Bürger nicht gerne Kapital; sie ziehen sich möglichst vom Markte zurück und brauchen dann keinen Wechsel diskontieren* [...]. *In solchen Fällen, die regelmäßig von einem scharfen Rückgang der Preise begleitet sind, würde es dem Geldamt unmöglich werden, die Wechsel in der nötigen Menge aufzutreiben, um den Preisrückgang aufzuhalten* […].[265]

Darum lautet die zweite währungstechnische Forderung: *2. Das Reichsgeldamt wird befugt, für währungstechnische Zwecke Titel der Reichsanleihen in der Summe nach unbeschränkter und nur durch den Zweck begrenzter Menge auszugeben, und umgekehrt Titel der Reichsanleihen zu kaufen.*[266] Geld kommt demzufolge über Kredite an Private und den Staat in Umlauf, die durch Wechsel oder Staatsschuldscheine besichert werden, wie bei Gesell, der hier das einzige Mal in seinen ganzen Arbeiten dieses Wie des In-den-Umlauf-Bringens konkret beschreibt. Selbst in seinem Hauptwerk „Die Natürlichen Wirtschaftsordnung" ist diesbezüglich nichts zu finden. Gesell beschreibt auch in der aktiven Währungspolitik erneut seine Gedanken zur Tauschmittelvorstellung, woraus der dritte Vorschlag zur Regulierung der Geldmenge entspringt:

3. Das Reichsgeldamt ist berechtigt, durch Steuerzuschläge und Steuererlaß die für die Aufrechterhaltung der Währung nötigen Geldmassen einzuziehen oder auszugeben.[267]

Vorausgesetzt, der Ankauf von Forderungen, also von Vermögenstiteln, ist die Bedingung für das In-Umlauf-Bringen von Geld nach Punkt 1 und 2, dann widerspricht dies Punkt 3. Während in den Bilanzen der Emissionsbanken dem ausgegebenen Bargeld auf der Passivseite in den beiden ersten Fällen auf der Aktivseite Forderungen – also Vermögenswerte – gegenüberstehen, gibt es das bei Punkt 3 nicht. Dort wird Geld einfach ausgegeben oder eingezogen. Nach den Vorschlägen 1 und 2 wird Geld somit nicht als Tauschmittel inauguriert, höchstens Geld gegen eine Forderung auf Geld, eine Verschuldung in Geld, getauscht. Damit aber ist Geld gerade nicht Tauschmittel, sondern Tauschgegenstand.

---

265 Gesell, Silvio: Kannte Moses das Pulver?, S. 145.
266 Gesell, Silvio: Kannte Moses das Pulver?, S. 147.
267 Gesell, Silvio: Kannte Moses das Pulver?, S. 149.

b. Konjunkturpolitische Betrachtungen in der Natürlichen Wirtschaftsordnung

In Gesells Gedanken zur aktiven Währungspolitik werden jene Ausführungen verständlicher, die er später in der Natürlichen Wirtschaftsordnung macht; er begründet damit eine neue Theorie, die er aber selbst als solche nicht wahrnimmt beziehungsweise akzeptiert.

In diesen Arbeiten betont er immer wieder, dass der Wechsel ein Konkurrent des Geldes und damit gleichfalls Zahlungsmittel ist. Die Umwandlung in Geld durch Rediskontierung von Wechseln – also durch einen Kredit – wird deshalb nur dann erforderlich, wenn der Wechsel selbst nicht mehr als Zahlungsmittel anwendbar ist – etwa wegen seiner Stückelbarkeit und Akzeptanz bei Lohnzahlungen. Auf jeden Fall muss vor dem Kredit schon der Wechsel vorliegen, beziehungsweise es muss etwas vorhanden sein, das belehnbar ist.

Es sind die Unternehmen untereinander, die den Wechsel hervorbringen können. Damit zeigt sich, dass die Nachfrage nicht von außen durch die Emissionsbank gesteuert werden kann, sondern die Nachfrage autonom ist und wesentlich von den Zukunftserwartungen abhängt: *Es genügt dazu, daß nach allgemeiner Ansicht die Preise fallen werden, um die Nachfrage stutzig zu machen – und um dadurch das, was man erwartet oder befürchtet, wirklich eintreten zu lassen* [...]. *Die Kreditverkäufe nehmen ab, wenn die Preise fallen, wenn der Verkaufspreis unter dem Einkaufspreis steht* [...]. *Die Sicherheit des Kaufmanns steigt und fällt mit den Preisen seiner Waren, und darum steigen und fallen auch die Kreditverkäufe mit dem Steigen und Fallen der Warenpreise. So bekannt die Sache ist, so wenig Absonderliches hat man darin gefunden* [...].[268]

Generell lässt die Nachfrage nach, wenn morgen fallende Preise zu erwarten sind. Gesell erkennt wohl, dass die Nachfrage sich in einem selbstreflektiven Auf und Ab bewegt. Er scheint sich dennoch nicht der vollen Tragweite bewusst zu sein, dass nämlich die gegenwärtige Nachfrage sehr von den zukünftigen Erwartungen beeinflusst wird. Denn einen Wechsel stellt ja niemand aus, um damit Tauschmittel zu schaffen, sondern weil er eine Investition, etwa eine Lagerinvestition, tätigen will. Das Tauschen von Geld gegen ein Investitionsgut ist nur die Oberflächenerscheinung, hinter der sich jedoch ein Verschuldungsvorgang verbirgt. Ob die Schulden allerdings getilgt werden können, liegt in der Zukunft und ist oftmals ungewiss. Es hängt davon ab, ob investiert wird und ein Wechsel überhaupt ausgestellt wird, der dann eventuell gegen Geld diskontiert werden kann. *Es kann aber vorkommen, daß nicht genügend Wechsel zum Diskont angeboten werden.* [...] *In unruhigen Zeiten riskieren Bürger nicht gerne Kapital; sie ziehen sich*

268 Gesell, Silvio: Die neue Lehre vom Geld und Zins, S. 122.

möglichst vom Markte zurück und brauchen dann keinen Wechsel diskontieren,[269] so Gesells Erkenntnis.

Jetzt wird seine folgende Aussage deutlich: *Welcher Kaufmann, Spekulant, Unternehmer wird sich zum Bankier und zur Sparkasse begeben, dort einen Wechsel diskontieren, sich zur Zahlung von Zins verpflichten, wenn er befürchtet, daß das, was er zu kaufen gedenkt, im Preise sinkt, so daß er nicht einmal die Auslagen wiederzuerhalten hoffen kann.*[270]

Zunächst entsteht Geld durch die Rediskontierung von Wechseln, dann verschwindet es wieder durch seine Einlösung durch den Verpflichteten. Gesell will hiermit zeigen, dass unter diesen Umständen eine Umlaufsicherung des vorhandenen Geldes allein nicht genügt, die Konjunktur aufrechtzuerhalten, da das in Umlauf gebrachte Geld keine Konstante ist. Denn wenn die Emissionsbank gegen Geld Wechsel ankauft, werden diese am Ende ihrer Laufzeit nicht zwingend durch neue ersetzt. Dieses Geld wird dann nicht gehortet, sondern fließt zur Emissionsbank zurück, wo es vernichtet – *verbrannt* – wird, wie Gesell sagt. *In Nordamerika geschieht die Notenausgabe so: Die Banken deponieren Titel der Staatsschulden im Schatzamt und können nun bis zu 90 % des Betrages dieser Titel Noten ausgeben.* [...] *Bei einer Krise* [...] *finden die Unternehmer keine Gelegenheit, das Geld nutzbringend anzulegen und bringen es zur Bank zurück. Diese löst damit die deponierten Titel ein, um wenigstens den Zins dieser Titel zu genießen. So geschieht es, dass gerade bei einer Krise, wenn der Geldumlauf so nötig wäre, der Markt vom Gelde entblößt wird.*[271]

Dieses dargestellte Beispiel der Staatsschulden gilt natürlich auch für Privatschulden, etwa für Wechsel. Denn für Wechselkredite der Notenbank würde keine Geschäftsbank Zinsen zahlen, wenn sie zu viele Barreserven in der Kasse halten würde. Auch hortet kein Unternehmer Bargeld, solange er einen verzinslichen Wechselkredit bedienen muss. Er wird den Wechsel zurückkaufen, um sich damit die Zinszahlungen zu ersparen. Deshalb werden auch Unternehmer und Banken kein Geld horten, das aus Krediten kommt, für die sie Zinsen zahlen müssen. Ein solches Vorgehen wäre nur für Lohnempfänger sinnvoll, da diese ihre Geldeinkommen zinsfrei erhalten. Die Zinsen hierfür zahlt ja der Unternehmer bzw. der Staat.

Damit Geld im Umlauf ist, ist eine Verschuldung notwendig. Schulden aber setzen eine Verknüpfung der Gegenwart mit der Zukunft voraus. Das aber birgt einen großen Unsicherheitsfaktor. Diesen Zusammenhang hat Gesell erkannt, weil er nur auf den Tausch fixiert war, der vollkommen zeitgleich ist. Alle Geschäfte

269 Gesell, Silvio: Kannte Moses das Pulver?, S. 146 f.
270 Gesell, Silvio: Die Natürliche Wirtschaftsordnung, S. 310.
271 Gesell, Silvio: Kannte Moses das Pulver?, S. 136.

finden in der Gegenwart statt und sind daher zeitlos. Gesell scheint jedoch diese Unsicherheit – diesen Mangel in seiner Theorie – geahnt zu haben, denn er fordert für sein Geldamt die Möglichkeit, Reichsanleihen kaufen zu können, falls nicht genügend Wechsel angeboten werden.

c. Die Emissionsbank, der Wechsel, der Kredit und das Geld

Wenn die Emissionsbank einen Wechsel aufkauft, wird Geld auf dem Kreditweg in Umlauf gebracht. Denn sie kauft eine Forderung gegen ein Unternehmen auf, die auf Geld lautet – also einen Vermögenswert –, und ersetzt ihn durch eine Forderung gegen sich selbst. So erwirtschaftet sie Geld, indem sie eine Forderung gegen eine allgemein akzeptierte, d. h. wesentlich glaubwürdigere Forderung ersetzt. Sie vergibt somit Glaubwürdigkeit, d. h. Kredit. Infolge dessen gründet der Kredit nicht auf Geld, sondern Geld auf dem Kredit; Geld bekommt also erst durch den Kredit Glaubwürdigkeit.

Jedoch will Gesell es so offensichtlich nicht sehen, wenn er schreibt: *Gründet der Wechsel, der Scheck, das gesamte Kreditwesen, sich nicht auf Bargeld, lauten nicht die Schuldscheine aller Art auf Geld, und stürzt nicht das ganze Gebäude an Wechseln, Pfandbriefen, Staatsschulden, Obligationen usw. in sich zusammen, wenn man ihm das Bargeld, seine Unterlage, entzieht?* [272] Wenn nach Gesells Meinung der Kredit also auf dem Geld gründet, meint er letztendlich: *Das Kreditwesen hat also die Bedeutung des Geldes nicht vermindert, sondern im Gegenteil außerordentlich erweitert.*[273]

Durch einen Kredit wird die Bedeutung des Geldwesens erweitert, denn es ist etwas anderes als ein Darlehen, wo bereits vorhandenes Geld verliehen wird. Gesell bestreitet nicht, dass es diesen Kredit gibt. Aber er stößt sich an dieser Tatsache, weshalb er vehement die Emissionsbanken und deren willkürliche Kreditvergabe angreift. Er befürchtet nämlich, dass Banken damit willkürlich Geld hervorbringen oder einziehen können. Somit stören sie die Erhaltung von stabilen Preisen, sind also für das Auf und Ab der Konjunktur verantwortlich: *Denn wächst auch das Angebot an Darlehen über das gewöhnliche Mass, etwa durch die Emission der Notenbank,* […], *so steigen sofort die Warenpreise, und das erhöhte Preisniveau verschlingt das ganze Mehr der Darlehen.*[274]

Gesell will deshalb die Kreditvergabe und damit die Geldkontrolle allein dem Geldamt zusprechen. Dieses müsste dann dafür sorgen, dass das Preisniveau stabil bleibt. Dabei denkt er vollkommen zeitlos: Geld ist nur Tauschmittel, das (jetzt)

---

272 Gesell, Silvio: Kannte Moses das Pulver?, S. 89.
273 Gesell, Silvio: Kannte Moses das Pulver?, S. 89.
274 Gesell, Silvio: Das Monopol der Schweizerischen Nationalbank, S. 293.

im richtigen Verhältnis zur Warenmenge vorhanden sein muß, damit das Preisniveau (jetzt) gleich hoch bleibt wie ehedem. Ansonsten hat es keinen Einfluß, vor allem keinen auf die zukünftige Entwicklung. Dieses *Tauschgeschäft läßt nichts zurück, das Geschäft ist restlos erledigt.*[275]

Auch hier steht Gesell wieder seine Tauschhypothese im Weg. Er schreibt zwar immer wieder von Geldvorschüssen, welche die Unternehmer zu leisten hätten, dennoch berücksichtigt er nicht, dass Waren erst produziert werden müssen, bevor sie getauscht werden können. Deshalb sieht er auch nicht, dass mit dem Ankauf eines Wechsels nicht einfach willkürlich Geld zum Tauschen in Umlauf kommt, da mit der Wechseldiskontierung eine Rückzahlungsverpflichtung eingegangen wird. *Das Darlehensgeschäft hinterläßt Gläubiger und Schuldner.*[276]

Ein diskontierter Wechsel kann aber in Zukunft nur dann wieder eingelöst werden, wenn der dafür gewährte Kredit produktiv verwendet wird, also wenn er investiert wird. Investieren bedeutet aber eine Erweiterung der Produktion, also noch nicht genutzte Ressourcen in die Produktion miteinzubeziehen. Wenn die Kredite auf diese Weise verwendet werden und infolge dessen auch diejenigen Menschen auf das bereits vorhandene Produkt zugreifen können, die bislang weder in den Erwerbsprozess eingegliedert sind noch ein Geldeinkommen beziehen, dann wird auch in Zukunft das Produkt wachsen.

Somit steht der Kredit für eine Ausdehnung der Erwerbswirtschaft. Denn er bringt eine außergewöhnliche Dynamik in die wirtschaftliche Entwicklung, die zum Wachstum der (Erwerbs-)Wirtschaft führt. Der Kredit erleichtert oder ermöglicht erst (Netto-) Investitionen. Auch stimuliert er zu solchen, weil er über ein steigendes volkswirtschaftliches Gesamteinkommen die Gewinnsituation der Unternehmen gerade zu dem Zeitpunkt verbessert, wo sie investieren müssen. Häufig führt diese Dynamik ins Risiko, was die Investitionslust dämpft und somit die gesamtvolkswirtschaftliche Gewinnsituation.

d. Zukünftige Erwartungen und die Geldmenge

Die gegenwärtige Nachfrage hängt von den Erwartungen über die Nachfrage in der Zukunft ab. Sie allein bestimmt die Höhe der Kredite für Investitionen in der Gegenwart, und damit auch die umlaufende Geldmenge. Die Nachfrage in der Zukunft hängt aber wiederum von den Erwartungen über die Nachfrage in der Nachzukunft ab. Und weil das Investieren immer ein Disponieren mit bereits vorhandenem Vermögen bedeutet, erfolgt eine Investition nur dann, wenn sie mit gro-

---

275 Gesell, Silvio: Die Natürliche Wirtschaftsordnung, S. 396.
276 Gesell, Silvio: Die Natürliche Wirtschaftsordnung, S. 396.

ßer Wahrscheinlichkeit nicht vermögensmindernd, sondern gewinnversprechend ist. Nur dann werden Wechsel ausgestellt.

Eine solche Vermögensvermehrung bedingt aber nach Gesell, dass die Verkaufspreise immer wieder über den Einkaufspreisen – das bedeutet den Kosten – liegen. Denn für Kredite sind Zinsen zu zahlen, und neben den Zinsen sind in Zukunft auch die Schulden selbst komplett zurückzuführen. Um dies bei einer ungewissen Zukunft leisten zu können, muss ein vorsichtiger Kaufmann von vornherein eine Sicherheitsreserve einkalkulieren. Es muss somit volkswirtschaftlich der Saldo aus den Verkaufspreisen minus den Einkaufspreisen ausreichend positiv sein, um für möglichst viele Unternehmen eine optimistische Stimmung in der Gegenwart zu erzeugen, aus der heraus sie die Zukunftsaussichten positiv einschätzen.

Damit ist die angestrebte Vermögensvermehrung nicht nur eine Frage der Gewinnsucht, sondern auch der Sicherheit. Dies hat zur Voraussetzung, dass die Gesamtnachfrage der Zukunft stets größer eingeschätzt wird als die der Gegenwart. Diese Annahme bestätigt Gesell, wenn er davon spricht, dass das Geld Konkurrenten hat, die autonom durch die Wirtschaft bedingt sind. Auf diese Weise produziert die Wirtschaft selbst ihre monetäre Nachfrage. Gesell hat dieses Grundprinzip früher erspürt als viele andere. *Und ist schon der Profit selbstverständliche Voraussetzung der Nachfrage, so ist der Fall erst recht ausgeschlossen, dass sich die Nachfrage auf dem Markte einstellt, wenn ihr dort direkte Verluste drohen. Das Angebot stellt sich ein ohne Rücksicht auf Gewinn oder Verlust; die Nachfrage zieht sich bei schlechten Aussichten zurück in ihre Festung, das ist die Unverwüstlichkeit, und wartet dort die Zeit ab, wo die Verhältnisse für einen Ausfall günstiger sind.*[277]

Hier ist jedoch zu ergänzen, dass zu jeder Zeit die Nachfrage von der Höhe der Investitionen abhängt, obgleich sie diesen nicht unbedingt entspricht. Die Nachfrage kann allerdings langfristig nicht größer sein als die Gesamtinvestition, die sich aus Ersatz- plus Nettoinvestition zusammensetzt.

Wenn aber die Gesamtinvestition immer wieder aus Ersatz- plus Nettoinvestition besteht, muss sie folglich von Mal zu Mal größer werden. Denn die Ersatzinvestition der Periode n muss der Ersatz- plus Nettoinvestition der Periode (n-1) entsprechen. Bei konstanten oder gar sinkenden Stückpreisen können aber die erhöhten Gesamtinvestitionen nur bei einer Steigerung der verkauften Stückzahl hereingeholt werden. Um solche Stückpreise durch den Wettbewerb zu erzielen, ist für einen möglichst produktiven Einsatz der Investitionskredite zu sorgen. Die von Gesell postulierte Steuerung der Geldmenge durch die Emissionsbank hat deshalb mit Blick auf die Gegenwart wie auf die Zukunft zu erfolgen. Es genügt also

277 Gesell, Silvio: Die neue Lehre vom Geld und Zins, S. 119.

nicht, die Geldmenge hinsichtlich des gegenwärtigen Preisniveaus zu begrenzen. Es muss auch bedacht werden, wofür die Kredite eingesetzt werden sollen. Die Steuerung der Kredite über die Kreditzinsen ist somit eines der Instrumente der Emissionsbank, die Geldmenge und damit die Inflation zu kontrollieren.

Dass diese Zinsen als Steuerungsabgabe überhaupt zu zahlen sind, ist nicht problematisch. Die Problematik besteht vielmehr darin, dass sie nicht nur der staatlichen Emissionsbank zufließen – die sie wieder an den Staat abführt, sondern auch den Privaten.

7. Die Freigeldtheorie und das Reichswährungsamt

Die folgende Analyse soll Gesells Richtigkeit seiner ursprünglichen Vorschläge bezüglich der aktiven Währungspolitik bestätigen. Mit Bezug auf den Geldreformer Flürschein meint er: *Der zweite Widerspruch liegt darin, daß der Staat das Geld bei der Ausgabe selber nicht als Tauschmittel benutzte, es also nicht gegen Waren, sondern gegen Wechsel, Pfandbriefe oder sonstige Sicherheiten hergab. Und das Geld ist doch Tauschmittel, und als solches durfte es nur gegen Waren ausgegeben werden.*[278]

Mit dieser Kritik, die er in der Natürlichen Wirtschaftsordnung veröffentlichte, beabsichtigt er zu zeigen, *wie der Staat das Reformgeld in Umlauf setzt.* Dort heißt es auch: *Mit der Geldreform wird der Reichsbank natürlich das Notenprivileg entzogen werden, und an die Stelle der Reichsbank tritt das Reichswährungsamt. Das Reichswährungsamt betreibt keine Bankgeschäfte. Es diskontiert keine Wechsel,* [...]. *Es tritt in keinerlei Beziehung zu Privatpersonen. Das Reichswährungsamt gibt Geld aus, wenn solches im Lande fehlt und es zieht Geld ein, wenn im Lande sich ein Überschuss zeigt. Das ist alles. Um das Reformgeld in Umlauf zu setzen, werden alle Staatskassen angewiesen, das bisherige Metallgeld und die bisherigen Reichskassenscheine zum freiwilligen Umtausch anzunehmen, und zwar pari* [...].[279] Und weiter schreibt er: *Das Reichswährungsamt beherrscht also mit dem Reformgeld das Angebot von Tauschmitteln in absoluter Weise. Es ist Alleinherrscher.*[280]

Seine Vorstellungen über das Geldamt hat Gesell hier innerhalb von zwei Jahren danach geändert, ohne seine früheren Thesen zu widerrufen. Ganz im Gegensatz zu seinen Anregungen in der aktiven Währungspolitik lehnt er in der Natürlichen Wirtschaftsordnung die Diskontierung von Wechseln ab. Kann dann aber das Währungsamt als *Alleinherrscher sowohl über die Geldfabrikation, wie über das Geldangebot*

278 Gesell, Silvio: Die neue Lehre vom Geld und Zins, S. 143.
279 Gesell, Silvio: Die neue Lehre vom Geld und Zins, S. 161.
280 Gesell, Silvio: Die neue Lehre vom Geld und Zins, S. 166.

angesehen werden? Diese Institution kann zwar die Beleihung von Wechseln verweigern, nicht jedoch deren Nutzung als Zahlungsmittel.

Eine detaillierte Beschreibung, wie Geld auf andere Weise in Umlauf kommen könnte, findet sich nicht. *Das Reichswährungsamt gibt Geld aus, wenn solches im Lande fehlt und es zieht Geld ein, wenn im Lande sich ein Überschuss zeigt. Das ist alles.* Hier entdeckt man nirgends, wie und an wen fehlendes Geld ausgegeben und von wem überschüssiges Geld eingezogen wird. Derjenige, der Wechsel oder Obligationen verkauft oder zurückkauft, erhält das Geld, also der private Unternehmer oder der Staat. Ein kleiner Hinweis, in dem ein anderer Reformer (Flürschein) kritisiert wird, könnte allerdings unter Vorbehalt in Richtung dieses Inumlaufbringens führen:[281] Dies bedeutet, dass der Staat mit dem neu gedruckten Geld gleich kaufen und investieren kann. Eine nähere Vorstellung darüber findet sich nicht, geschweige denn, welche Folgen dadurch bewirkt werden.

Gesell äußert sich ein weiteres Mal über die Art und Weise, wie Geld in den Umlauf kommt. In Das Reichswährungsamt bzw. Internationale Valuta-Assoziation heißt es:

- *Das Währungsamt wird, in Übereinstimmung mit der Quantitätslehre, Geld einziehen, solange die Warenpreise aufwärts streben und umgekehrt ausgeben, so oft und solange die Warenpreise eine Neigung nach unten zeigen.*
- *Ausdrücklich wird dem Währungsamt bei der Bemessung des Geldbedarfes jede Rücksichtnahme auf die Bedürfnisse der Reichskasse, der Banken, auch der Reichsbank, sowie auf den Zinsfuß untersagt. Auch darf das Reichswährungsamt keinerlei Bankgeschäfte betreiben, die zu Beziehungen zu Privatpersonen führen.*
- *Das Reichswährungsamt setzt das von ihm auszugebende Papiergeld im Wege der Versteigerung durch Rückkauf von Reichsanleihen in Umlauf. Diese Papiere werden der Reichsschuldenverwaltung zur Vernichtung überwiesen.*
- *Das Einziehen von überschüssigem Papiergeld erfolgt durch Verkauf von Reichsanleihen an den Meistbietenden, zu welchen Zweck ein Teil der unter 6 erwähnten Reichsanleihen als Rücklage zurückbehalten wird.*[282]

Nach Gesell wird das Papiergeld durch Rückkauf von Reichsanleihen in Umlauf gebracht und diese der Reichsschuldenverwaltung *zur Vernichtung überwiesen*. In der Natürlichen Wirtschaftsordnung kritisiert Gesell, dass der Staat das Geld *nicht als Tauschmittel benutzte, es also nicht gegen Waren, sondern gegen Wechsel, Pfandbriefe oder sonstige Sicherheiten hergab*, was bedeutet: Gesell will das Geld nicht

281 Gesell, Silvio: Die neue Lehre vom Geld und Zins, S. 143.
282 Gesell, Silvio: Internationale Valuta-Assoziation (IVA), S. 55 f.

(mehr) als Schuldschein sehen, sondern als Tauschmittel, welches über Ausgaben des Staates in Umlauf kommt. Er will jedoch diesen Geldumlauf streng kontrollieren: *Das R.W.A. ist nach allen Seiten hin unabhängig: – namentlich auch gegenüber den Geldbedürfnissen des Finanzministeriums ist die Unabhängigkeit eine unbedingte.* [...] *Das R.W.A. wird mit allen sachlichen und gesetzlichen Mitteln ausgestattet, die für die Erfüllung seiner Aufgabe als nötig erachtet werden, so daß Zweifel am Bestande der deutschen Reichswährung nicht mehr aufkommen können. Damit wird den Spekulationsgeschäften der Boden entzogen, und der Handel kann sich auf einer festen Unterlage entwickeln.*

Zu diesem Zwecke erhält das R.W.A. nicht nur das Recht zu einer dem Nennwert nach unbeschränkten Notenausgabe, sondern auch die Oberaufsicht über die Umlaufgeschwindigkeit der ausgegebenen Noten, die es durch das Mittel des Freigeldes ausüben wird. [...] *Durch den mit dem Freigeld erstrebten und erreichten geschlossenen Kreislauf des Geldes wird die eine der beiden die Preise bestimmenden Triebkräfte, die Umlaufgeschwindigkeit des Geldes, zu einer feststehenden Größe, während die andere Triebkraft, die Geldmenge, durch das Recht zu unbeschränkter Notenausgabe und Notenverbrennung fest in der Hand des R.W.A. liegt. Zum Überfluss wird auch der Verkehr mit Geldersatzmitteln (Wechseln) dem R.W.A. unterstellt. Durch Einführung, Erhöhung, Ermäßigung oder Beseitigung der Wechselstempelsteuern soll, sofern es für nützlich erachtet wird, der Wechselverkehr verstärkt oder eingeschränkt werden, je nachdem das R.W.A. diese wegen der Währung für geboten hält. Rücksichten auf Reichseinnahmen dürfen bei der Wechselstempelsteuer nicht mitspielen* [...].[283]

Diese Empfehlungen Gesells für ein Währungsamt bedeuten eine grundsätzlich andere Vorstellung über die Ausformung der Wirtschaft. Postuliert er noch in der Aktiven Währungspolitik eine Gestaltungsmöglichkeit einer Kreditwirtschaft, so kehrt er nun zu einem Modell einer Tauschwirtschaft zurück, in der es keine Schulden gibt, weil die Produktion und auch das Handelsgeschäft nicht vorfinanziert werden müssen. Also kehrt er zu jener Wirtschaftsform zurück, die er am Beispiel von Müller und Schmied beschreibt, in der Haushalte, wie sie vor der Industrialisierung bestanden – also keine Unternehmen – das produzieren, wozu sie jene Ressourcen befähigen, die in ihrem Eigentum stehen. Da sie alles haben, was sie zur Sicherung ihrer Produktion und ihrer Subsistenz brauchen, müssen sie sich in dieser Wirtschaft auch nicht verschulden.

Eine solche Wirtschaft bleibt weitgehend eine Eigen- oder Naturalwirtschaft, in der die Haushalte zuerst für den Eigenbedarf produzieren, den Überschuss jedoch gegen andere Konsum- bzw. Investitionsgüter auf den Märkten tauschen. Diese Produktion benötigt zumeist keine Vorfinanzierung und damit auch kein Geld. Geld wird nur zum Tausch benötigt, den der Kaufmann vollzieht, der zwi-

283 Gesell, Silvio: Internationale Valuta-Assoziation (IVA), S. 96.

schen den einzelnen Produzenten steht und so auch den Tausch von Vorfabrikaten und der Arbeit vermittelt. Dieses Handeln schließt nicht aus, dass die Wirtschaft wächst. Sie wächst aber sicher weit langsamer als in einer Kreditwirtschaft. Und da die Produktion kein Geld benötigt, braucht auch das Wachstum der Produktion keine Kredite und kein zusätzliches Geld – im Gegensatz zu unserer Erwerbswirtschaft, wo ein Geldvorschuss notwendig ist, um überhaupt produzieren zu können.

Damit beabsichtigt Gesell keine Reform der Kreditwirtschaft, so wie sie sich damals entwickelte und wie wir sie heute in voller Ausformung haben. Vermutlich werden Gesell doch die Folgen der Kredit- und Geldschöpfung bewusst, die – einmal in Gang gesetzt – nach immer mehr Geld verlangt, weil Schulden nur durch noch höhere Schulden zu tilgen sind. Gesell beabsichtigt jedoch mehr eine Wirtschaftskonzeption, wie sie vor der Kreditwirtschaft existierte, die nicht als Marktwirtschaft bezeichnet werden kann. Dies ist eine Konzeption, wie sie heute weltweit in den Tauschringen zu verwirklichen versucht wird, deren Umsetzung in heutiger Zeit jedoch so schwierig erscheint, weil die Menschen immer nur die positiven Seiten des Kreditgeldes sehen. Dabei erkennen sie nicht, dass sie damit in eine Systemabhängigkeit geraten, die immer mehr Widersprüche produziert, und dass dieses Geld sie eben nicht in die persönliche Unabhängigkeit entlässt.

8. Unbeantwortete Fragen bei Gesell

Um das Reformgeld in Umlauf zu setzen, werden alle Staatskassen angewiesen, das bisherige Metallgeld und die bisherigen Reichskassenscheine zum freiwilligen Umtausch anzunehmen, und zwar pari.[284] So formuliert es Gesell 1911.

Doch das vorhandene Geld ist ein Schuldschein mit einem individuellen Anspruch, der nun in ein Tauschmittel umgetauscht werden soll. *Das Papiergeld*, das Gesell im Auge hat, *ist kein Schuldschein, der zu einer bestimmten Frist eingelöst werden soll.*[285] Seine Deckung ist also ein real gegebener Zustand, der aber nicht greifbar, nicht teilbar und individuell zuordenbar ist, und zwar wie beispielsweise die Arbeitsteilung.

Das ausgegebene Notenbankgeld ist eine Verbindlichkeit der Notenbank, der in ihrer Bilanz entsprechende Forderungen gegenüberstehen. Gesell bemerkt hierzu: *Das Notenausgaberecht der jetzigen Reichsbank erlischt, und die Abwicklung erfolgt in der Weise, dass das Reichswährungsamt die Aktiven (Goldbestände,*

---

284 Gesell, Silvio: Die neue Lehre vom Geld und Zins, S. 162.
285 Gesell, Silvio: Internationale Valuta-Assoziation (IVA), S. 98 f.

Wechsel, Schatzanweisungen, Darlehnskassenscheine) und die Passiven (Reichsbanknoten) übernimmt.[286] Solange also den Verbindlichkeiten Forderungen gegenüberstehen, ist Geld ein Schuldschein. Wenn jedoch diese Forderungen aufgelöst werden, dann auch die Verbindlichkeiten – es wird Geld vernichtet. Damit aber können *die bisherigen Reichskassenscheine zum freiwilligen Umtausch nicht mehr angenommen werden*, weil sie vorher schon vernichtet wurden. Gesell ist sich dieses Unterschiedes kaum bewusst. Dies zeigt sich darin, dass er den Wechsel – also einen Schuldschein – mit hinein nimmt in seinen Vorschlag über die Steuerung der (Frei-)Geldmenge, [...] *um die von der Warenseite herrührenden Einflüsse auf die Preise auszugleichen. Die Mittel können wir uns in Gestalt von Wechseln, Devisen* [...] *vorstellen.*[287]

Nun stellt sich überhaupt die Frage, ob in einer Kredit- und Investitionswirtschaft ein Geld möglich ist, das allein Tauschmittel im Sinn einer allgemein akzeptierten Tauschware ist, einer Tauschware – verderblich – die einen inhärenten Wert hat und diesen nicht erst durch den Rechtsstaat zugesprochen erhält. Die Geschichte einer nicht verderblichen Tauschware wie Gold zeigt aber, dass sich diese eben in ein Kreditgeld verwandelt hat. So ist zu erwarten, dass bei Neueinführung eines Tauschgeldes dieses nur im status nascendi existiert, weil es sich sofort wieder in Kreditgeld, also in ein System von Forderungen und Verbindlichkeiten verwandeln würde.

Dies zeigt auch das Beispiel der Tauschringe. Eine Gutschrift, die der eine erhält, ist ja eine Forderung; sie hat also ihren Wert nur als Forderung, während der andere eine Lastschrift, also eine Verbindlichkeit tragen muss. Somit ist Investieren die Voraussetzung für die Erwerbswirtschaft und deren Ausdehnung. Es setzt aber Kredit- und Geldschöpfung über den Ankauf privater Handelswechsel voraus.

Gesell setzt sich mit seiner Geldreform nicht bewusst für eine Ausdehnung der Erwerbswirtschaft ein. Er beschreibt zwar optimistisch eine Entwicklung, in der nach Einführung des seiner Privilegien entzogenen Geldes alles wächst und gedeiht – eine Wirtschaft, in der von Unternehmen das Geldeinkommen reinvestiert wird, das von den Einkommensbeziehern nicht unmittelbar für den Konsum ausgegeben wird: *Von welcher Seite man auch das zinsfreie Darlehen betrachtet, Hindernisse natürlicher Ordnung stehen ihm nicht im Weg. Im Gegenteil. Je mehr der Zins fällt, umso eifriger wird an der Vermehrung der Häuser, Fabriken, Schiffe gearbeitet werden, und am stärksten wird gebaut werden, wenn die Mietskasernen* [...] *gar keinen Zins mehr abwerfen.*[288]

---

286 Gesell, Silvio: Internationale Valuta-Assoziation (IVA), S. 102.
287 Gesell, Silvio: Internationale Valuta-Assoziation (IVA), S. 98.
288 Gesell, Silvio: Die neue Lehre vom Geld und Zins, S. 232.

Die von Gesell 1920 in „Das Reichswährungsamt“ neu formulierten Vorschläge zeigen seine Distanz zu dieser Form der Kreditgeldschöpfung, die das Wachstum der Erwerbswirtschaft so deutlich beschleunigt hat.

Jedoch ist kritisch zu fragen: Können in einer Wirtschaft, die auf private Geldschöpfung verzichtet, überhaupt zusätzliche Ressourcen, vor allem zusätzliche Arbeiter beschäftigt werden? Denn mit einer konstanten Geldmenge kann bei konstanten Löhnen, die monatlich ausbezahlt werden, nur eine konstante Anzahl von Arbeitern bezahlt und beschäftigt werden. Es muss davon ausgegangen werden, dass bei einer gleichbleibenden Zahl an Arbeitern Verbesserungen in der Produktion im Laufe der Zeit herbeigeführt werden, so dass auf diese Weise eine Erhöhung der Produktion bewirkt wird. Folglich wird mit dem gleichen Geldaufwand eine größere Warenmenge produziert, woraus zu folgern ist, dass die Preise der Einzelstücke sinken müssen. Dann aber sinkt auch der Preisindex, sofern das Geldamt nicht dafür sorgt, dass für den Austausch der anwachsenden Warenmenge mehr Geld vorhanden ist. Wenn nun das Geldamt – so wie es Gesell fordert – als *Alleinherrscher, sowohl über die Geldfabrikation, wie über das Geldangebot*[289] das Geldangebot erhöht, um das Niveau der Stückpreise (Preisindex) stabil zu halten, dann finanziert es einen Überschuss der Einnahmen, also die Gewinne.

Dies geschieht nur dann, wenn der Staat mit dem der Produktionssteigerung entsprechend vermehrten Geld auch zusätzliche Arbeitsplätze finanziert. Das Geld wird also – in Umkehrung einer früheren Aussage – bei der Ausgabe als Tauschmittel benutzt, also gegen Waren oder Leistungen, und nicht gegen Wechsel, Pfandbriefe oder sonstige Sicherheiten eingelöst. Mit diesem Geld können die Beschäftigten auf die zusätzlichen Produkte zugreifen. Die in der Produktion Beschäftigten profitieren nicht unmittelbar von der Produktivitätssteigerung, denn sie können mit ihren Löhnen nicht mehr ihr ganzes Produkt kaufen. Mit dem zusätzlichen ausgegebenen Geld wird eine staatliche Gewinnalimentation der Unternehmen bewirkt. Diese von Betrieb zu Betrieb unterschiedlichen Gewinne können nun durch innerbetriebliche (nicht überbetrieblich-gewerkschaftliche) Maßnahmen zwischen Arbeitgeber und Arbeitnehmer verteilt werden. Es besteht also die Aussicht, dass auch das Lohnniveau in etwa stabil gehalten, gleichzeitig aber durch innerbetriebliche Sozialpartnerschaft Innovation und Wettbewerb gefördert werden können. Durch eine andere Ausprägung dieser Wirtschaft im Vergleich zu unserer heutigen Kreditwirtschaft wird die Wachstumsdynamik behindert, sofern in letzterer überhaupt noch Investitionen in die Realwirtschaft – und nicht nur in die Finanzwirtschaft – erfolgen.

Letztendlich muss festgestellt werden, dass Gesell mit seiner Analyse die Effektivität seiner Reformvorschläge über ein umlaufgesichertes Geld gerade

289 Gesell, Silvio: Die neue Lehre vom Geld und Zins, S. 66.

nicht darstellen kann. Seine Arbeiten bedeuten vielmehr einen Nachweis für das Nichtzutreffen der Tausch-Hypothese in der gegenwärtigen Ökonomie, und sie beschreiben das Geld als Tauschmittel.

Dagegen geht aus den Gesellschen Ideen eine Bewegung hervor, die sich nach außen hin mit einem neuen Geld – einem Geld der Zukunft – beschäftigt, die aber in ihrem Inneren eine Bewegung der Wieder- oder Neuentdeckung der sozialen Gemeinschaften ist, in der sich Menschen mit ihrer Arbeit gegenseitig austauschen. Diese Tauschgesellschaft, von der sowohl Gesell als auch die klassische Nationalökonomie ausgehen, gibt es hiermit noch nicht, sie muss also erst entstehen. Sie kann aber nur dann entstehen, wenn die Gesellschaft nicht mehr vorwiegend durch Geld kontrolliert wird, sondern umgekehrt sie das Geld und den Umgang damit kontrolliert.

In Gesells späteren Arbeiten finden sich neue und weitergehende Ansätze seiner Ideen, die innerhalb der Freiwirtschaftsbewegung in den Hintergrund gedrängt werden; diese werden nun wieder aufgegriffen. Paradoxerweise lassen sich dabei Muster erkennen, die als solche in die Wirtschaftswissenschaft aufgenommen wurden, aber in den realen Strukturen nicht erkennbar sind.

C. Die Freigeldlehre: Anwendungen, Wirkungen und Rezeption

Charakteristisch für die Freiwirtschaftslehre ist die monetäre, ausschließlich auf die Wirtschaft gerichtete Perspektive. Makroökonomische Phänomene, wie periodisch wiederkehrende Krisen, Arbeitslosigkeit und Ausbeutung der natürlichen Umwelt, werden mit der mikroökonomischen Konsequenz des herrschenden Geldsystems begründet. Es werden dabei einige Mängel der Standardökonomie erkannt, allerdings wird der Zins in der neoklassischen Theorie in keinerlei Verbindung zum Geld gebracht. Geld ist in den neoklassischen Modellen nur ein Mittel zur Senkung der Transaktionskosten im Gütertausch und dient als Standardgut zur Bestimmung der relativen Preise aller anderen Güter. Hierbei wird von der Neutralität des Geldes in der Realwirtschaft ausgegangen. Dies hat zur Konsequenz, dass die Funktionsbedingungen des Geldes und seine Auswirkungen auf die Umwelt nicht untersucht werden.

Die freiwirtschaftliche Analyse der Funktionsweise des Kapitalismus tritt mit ihrer monetären Perspektive neben die realwirtschaftlichen neoklassischen Erkenntnisse. Außerdem sollen die Wechselwirkungen der Freiwirtschaftslehre mit anderen ökonomischen Theorien und mit anderen sozialökonomischen Reformbewegungen zur Sprache kommen.

I. Anwendungsversuche der Freiwirtschaftstheorie

Während einer experimentellen Umsetzung und Erprobung der Freigeldtheorie nur wenig im Wege steht, ist dies für die Freilandtheorie nicht ohne weiteres möglich, da der Boden nicht wie Geld liquide ist und die Bindung an den Boden in der Regel wesentlich intensiver ist als an Geld. Deshalb sind historische Versuche zur Umsetzung der Freilandtheorie weitaus seltener. Außerdem bedeutet ein solcher Versuch mit Freiland einen enormen bürokratischen Aufwand, was dem Grundgedanken der Freiwirtschaft widersprechen würde. Darüber hinaus würde ein finanzieller Einsatz für den Ankauf des Produktionsfaktors Boden erforderlich sein, der dann noch umgeschichtet werden müsste. Schließlich ist es deshalb schwierig, die Theorie des Freilandes in die normale Wirtschaft zu integrieren, weil im Gegensatz zur Freigeldtheorie für einen Versuch erst einmal Boden beschafft werden muss. In diesem Zusammenhang sollte an die Schwierigkeiten erinnert werden, die bei der Einrichtung der landwirtschaftlichen Produktionsgenossenschaften in der ehemaligen DDR auftraten. Diese Umschichtungen wurden von vielen als grobe Ungerechtigkeit empfunden.

1. Das Eden-Projekt

Der wohl am besten beschriebene Versuch einer Genossenschaftssiedlung ist der von Eden-Oranienburg bei Berlin.[290] Dieser war von Lebensreformern und Vegetariern 1893 ins Leben gerufen worden. Freiwirtschaftliches Gedankengut kam erst später hinzu. Einige dieser Genossen waren auch stark religiös geprägt. Die Anfangsschwierigkeiten bestanden darin, erst einmal das Geld bzw. das Startkapital zu besorgen. Die Kultivierung des Bodens war extrem schwierig, da dieser sandig und relativ unfruchtbar war.

Den Höhepunkt erreichte die Siedlung um das Jahr 1930, als dort ca. 850 Menschen lebten, unter ihnen auch Silvio Gesell. Trotz basisdemokratischer Bewohnerversammlungen war das Zusammenleben nicht unproblematisch. Die Genossenschaftssiedlung Eden überlebte dennoch die NS- und SED-Herrschaft und existiert noch heute.[291] Allerdings ist sie heute weitaus weniger bekannt als zu Zeiten Gesells.

Das Eden-Projekt kann jedoch kaum als Beispiel für eine Freiwirtschaft dienen, weil es eher als Experiment eines direktdemokratischen Ökodorfes mit lebensreformerischen Ideen zu qualifizieren ist. Der sozialreformerische Gedanke der Bodenreform trat in den Hintergrund und spielte so gut wie keine Rolle mehr. Allerdings funktionierte im Sinne Silvio Gesells bei diesem kleinräumigen Versuch die Verpachtung an Private, wobei der Produktionsfaktor Boden im Gemeineigentum der Siedlung stand. Nur insofern kann der Versuch mit Freiland in diesem Fall als geglückt angesehen werden.

2. Das Experiment von Wörgl

Das bekannteste freiwirtschaftliche Experiment fand in Tirol statt, es wird auch als „Wunder von Wörgl“ bezeichnet.[292] Der wirtschaftliche Hintergrund von

---

290 Vgl. Onken, Werner: Modellversuche mit sozialpflichtigem Boden und Geld, S. 3-33.

291 Eine ausführliche Beschreibung und Bilder, die die Entwicklung zeigen, sind auf folgender Internetseite zu finden: http://www.eden-eg.de/chronik.html.

292 Vgl. Fisher, Irving: Stamp Scrip, Kap. IV.

Wörgl war folgender: Als Reaktion auf den Schock der Hyperinflation von 1923 betrieben die europäischen Zentralbanken und Regierungen eine stark deflationäre Währungspolitik. 1932 erreichte die Weltwirtschaftskrise auch Europa. Dies war das Resultat des Schwarzen Freitag von 1929, bei dem viele US-Banken in akute Zahlungsschwierigkeiten gerieten. Sie mussten daraufhin ihre Kredite in Europa kündigen. Da die Währungen noch durch Gold gedeckt waren, setzte dies einen massiven Goldabfluss nach Amerika in Gang. Als Konsequenz musste sich die Geldmenge in Europa der „Restgoldmenge" anpassen und wurde somit kleiner. Zusätzlich würgten der deflationäre Preisverfall und ein allgemeiner Mangel an Tauschmitteln die Wirtschaft ab.

Dieses deflationäre Klima bereitete den Boden, auf dem der Bürgermeister von Wörgl die Theorie Silvio Gesells – in diesem Fall die Geldtheorie – anwenden konnte.[293] Der österreichische Schilling wurde allerdings durch das Tauschmittel der Arbeitswertscheine nicht abgelöst, sondern existierte neben ihm weiter. Hiermit kann in diesem Fall von einem dualen Währungssystem gesprochen werden.

Insgesamt wurden Arbeitswertscheine im Wert von 32.000 Schilling ausgegeben, denn die Gemeinde hatte genau diesen Betrag in Schilling als Sicherheit bei einer Bank hinterlegt. Dies war elementar für die Akzeptanz der neuen Währung. Genau genommen war sie allerdings genauso überflüssig wie die Golddeckung bei anderen Währungen. Ausschlaggebend war, dass der offensichtlich charismatische Bürgermeister seine Einwohner überzeugen konnte, an diesem Experiment teilzunehmen. Auch gelang ihm dies wohl deshalb, weil die Einwohner in Folge der Weltwirtschaftskrise nichts mehr zu verlieren hatten.

Die Arbeitswertscheine des Wörgler Versuchs waren ganz im Sinne von Silvio Gesell mit einer Liquiditätsprämie versehen. Diese war so konzipiert, dass die Geldscheine nur dann ihre Gültigkeit behielten, wenn jedermann jeden Monat eine Marke auf diese aufklebte. Die Marke wiederum konnte man bei der Gemeinde gegen eine Gebühr von 1 % ihres Nennwertes erwerben.[294] Mit dieser auf das Jahr gerechneten 12 %igen Gebühr war sichergestellt, dass das Geld so schnell wie möglich wieder in die lokale Wirtschaft – also in die Wörgler Gemeinde – zurückfloss. Durch die Maßnahme konnte die Arbeitslosigkeit in Wörgl und der Umgebung binnen eines Jahres um etwa 25 % reduziert werden. Dahingegen stiegen die Arbeitslosenzahlen im übrigen Österreich und auch in Europa weiter deutlich an.[295]

Die Arbeitswertscheine liefen innerhalb eines Jahres 463 Mal um, welches eine extrem hohe Umlaufgeschwindigkeit im Vergleich zu der des „normalen"

---

293 Creutz, Helmuth: Das Geld-Syndrom, S. 543 f., Kennedy, Margrit: Geld ohne Zinsen und Inflation, S. 42 f. und Senf, Bernd: Der Nebel um das Geld, S. 123 f.

294 Schwarz, Fritz: Das Experiment von Wörgl, S. 22.

295 Schwarz, Fritz: Das Experiment von Wörgl, S. 52.

Geldes bedeutet. Es wurden insgesamt Güter und Dienstleistungen im Wert von fast 15 Millionen Schilling umgesetzt. Durch dieses erfolgreiche Experiment waren die Einwohner sogar bereit, ihre Steuern im Voraus zu zahlen, um so der Liquiditätsgebühr zu entgehen. Die Gemeinde war in der Lage, eine Skisprungschanze in Auftrag zu geben und in eine neue Infrastruktur zu investieren.

Abbildung: Onken, Werner: Silvio Gesell Ausstellung, S. 80.

Trotz des Erfolges dieses Versuchs intervenierte die österreichische Zentralbank und verbot die Arbeitswertscheine. In diesen sah sie zu Recht eine Verletzung ihres verfassungsmäßigen Monopols, Geld zu emittieren.[296]

Da das Experiment nach recht kurzer Zeit gestoppt wurde, lassen sich keine Aussagen über langfristige Wirkungen des Freigeldes treffen. Auch liegen über die privaten Investitionen im dualen Währungssystem keine Daten vor. Denn der Umlauf der Arbeitswertscheine bezog sich – von denen der Gemeinde Wörgl abgesehen – vor allem auf Konsumausgaben der privaten Haushalte.

Obwohl keine empirischen Daten vorliegen, können einige gesellschaftspolitische Auswirkungen dieser lokalen Freigeldwährung festgestellt werden:[297]

296 Schwarz, Fritz: Das Experiment von Wörgl, S. 25 f.

297 Vgl. Lietaer, Bernard: Mysterium Geld, S. 109. Lietaer nennt das Freigeld „Ying-Währung" im Gegensatz zur herkömmlichen „Yang-Währung". Diese Bezeichnung erfolgte im Sinne der asiatischen Philosophie. Lietaer ist der Auffassung, dass Freigeld nur in Gesellschaften entstehen kann, in denen das Weibliche geehrt oder zumindest nicht unterdrückt wird. Die sozialen Beziehungen haben in solchen Gesellschaf-

Sie förderte ein Investitionsverhalten mit ungewöhnlich langfristigen Perspektiven und bewirkte einen bemerkenswerten wirtschaftlichen Wohlstand für breite Bevölkerungsschichten. Überdies war das Tauschmittel Geld prinzipiell nicht knapp, und es war in allen Teilen der Gesellschaft stets in ausreichender Menge vorhanden.

a. Weitere Umsetzungsversuche

Das freiwirtschaftliche Experiment von Wörgl hatte einen deutschen Vorläufer, das sogenannte „Wära-System". Es basierte ebenso auf dem Gesell'schen Freigeld. Auch hierbei setzten Freiwirtschaftler die Idee des umlaufgesicherten Geldes in die Tat um.

Damit das Experiment nicht mit dem Gesetz in Konflikt kam und ein solcher hinausgezögert werden konnte, musste eine Bezeichnung gefunden werden, in der das Wort „Geld" nicht vorkam. Hierzu berichtet Hans Timm, einer der Initiatoren, folgendes: *Und so rieten Silvio Gesell und ich einen Nachmittag um die Wette Namen für das Freigeld. Man glaubt nicht, wie wenige Wörter es gibt, die länger standhalten. Als ich schließlich das Wort WÄRA fing, fanden wir beide, dass es sich gut machte, klang es doch an Ware, auf die das Geld herabgesetzt werden soll, und an Währung, die wir doch mit dem Freigeld allein erst erreichen können, an.*[298]

Zu Beginn der Deflationskrise 1929 entstand hauptsächlich in Bayern eine alternative Währung. Ihr primärer Zweck war es, die viel zu knappe Versorgung mit der damals gültigen Reichsmark zumindest auf lokaler Ebene durch ein neues Tauschmittel zu ergänzen. Die Wära wurde von lokalen „Tauschgesellschaften" ausgegeben und war mit einer Liquiditätsgebühr versehen – ganz im Sinne von Gesell. Im Unterschied zu Wörgl handelte es sich bei der Wära um ein Experiment, das von Privatleuten initiiert wurde. Genauso wie bei dem „Wunder von Wörgl" in Tirol konnten mit Einführung der Wära viele Arbeitsplätze geschaffen werden.

Den größten Erfolg hatte das Wära-System im niederbayrischen Ort Schwanenkirchen, wo durch einen von der Tauschgesellschaft gewährten Kredit in der Höhe von 50.000 WÄRA ein stillgelegtes Braunkohlebergwerk wieder in Betrieb genommen werden konnte. Die hier neu geschaffenen Arbeitsplätze hatten eine solch belebende Wirkung auf die lokale Wirtschaft in Schwanenkirchen und Umgebung, dass bald von der „WÄRA-Insel im Bayrischen Wald" die Rede war.[299]

---

ten eine ganz andere, menschliche Qualität als bei uns in Europa, da die Anhäufung von Geld und Reichtum dort weniger zentrale Bedeutung besitzt.

298 Blumenthal, Georg: Neue revolutionäre Taktik, S. 31.

299 Vgl. Onken, Werner: Ein vergessenes Kapitel der Wirtschaftsgeschichte, S. 5 f.

Diese Währung verschwand 1931 auf Grund eines staatlichen Verbots, in dessen Zusammenhang die Wära als „Notgeld“ bezeichnet wurde.[300]

Lokale Währungsversuche, wie die von Schwanenkirchen und Wörgl, wurden in Krisenzeiten fast überall auf der Welt unternommen.[301] In den USA der frühen 30er Jahre vor Roosevelts New Deal gab es eine Vielzahl solcher lokalen Währungen.[302] Einige dieser Versuche waren nicht, wie von Gesell gefordert, mit einer Liquiditäts-, sondern einer Transaktionsgebühr belegt. Darin ist die Hauptursache zu sehen, warum diese Experimente kläglich scheiterten.[303]

b. Das Interesse am Experiment von Wörgl

Auf Grund des durchschlagenden Erfolgs des „Wunders von Wörgl“ bekundeten 170 weitere österreichische Gemeinden ihr Interesse, auch ein solches Freigeld bzw. Arbeitswertscheine einzuführen.[304] Um dem Umsichgreifen des Freigeldes zuvorzukommen, berief sich die österreichische Zentralbank auf ihr verfassungsrechtlich geschütztes „Notenmonopol“.[305] Auch die Deutsche Reichsbank sah ihr Notenmonopol gefährdet, weshalb sie die WÄRA als verfassungswidrig bezeichnete.

Trotz der nur relativ kurzen Dauer von 14 Monaten hatte das österreichische Experiment auch internationales Aufsehen erregt. In ausländischen Presseorganen erschienen Berichte mit der Schlagzeile wie „Ein neues Mekka der Volkswirtschaft – Wörgl“.[306] Sogar der französische Ministerpräsident Edouard Daladier besuchte Wörgl und erstattete dem Parlament in Paris Bericht über den „erstaunlichen“ Versuch mit Freigeld.[307]

Der amerikanische Geldtheoretiker Irving Fisher, der sich selbst als „bescheidener Schüler Silvio Gesells“ bezeichnete, schickte einen Assistenten nach Wörgl.[308] Er sah sogar im Wörgler Modell eine Lösungsmöglichkeit für die Überwindung der US-Rezession: *Free money may turn out to be the best regulator of the velocity of circulation of money, which is the most confusing element in the*

---

300 Vgl. Onken, Werner: Ein vergessenes Kapitel der Wirtschaftsgeschichte, S. 66 f.

301 Vgl. Onken, Werner: Ein vergessenes Kapitel der Wirtschaftsgeschichte, S. 74 f.

302 Eine Übersicht dieser verschiedenen lokalen Währungsversuche findet sich in Lietaer, Bernard: Das Geld der Zukunft, S. 272 f., der wiederum auf weitere Quellen verweist.

303 Vgl. Fisher, Irving: Stamp Scrip, Kap. V, S. 1.

304 Vgl. Onken, Werner: Ein vergessenes Kapitel der Wirtschaftsgeschichte, S. 73 f.

305 In Deutschland verfügt die Deutsche Bundesbank ebenfalls über ein verfassungsrechtlich festgeschriebenes unentziehbares Notenmonopol gem. Art. 88 GG; dies wird nach herrschender Meinung am Wort „Notenbank“ festgemacht.

306 Bourdet, Claude: Ein neues Mekka der Volkswirtschaft, S. 56 f.

307 Vgl. Schmid, Werner: Silvio Gesell, S. 362.

308 Vgl. Fisher, Irving: Stamp Scrip, S. 67.

stabilization of the price level. Applied correctly it could in fact haul us out of the crisis in a few weeks. ... [...] I am a humble servant of the merchant Gesell.[309]

c. Bewertung des Dualen Währungssystems

Fraglich bleibt, ob in heutiger Zeit das Freigeld denselben durchschlagenden Erfolg erzielen könnte wie in Wörgl oder Schwanenkirchen, wo die Konjunktur sprunghaft ansprang und die Arbeitslosigkeit in kürzester Zeit deutlich reduziert werden konnte.
Bei diesen beschriebenen historischen Beispielen handelt es sich um duale Währungssysteme, die einen unterschiedlichen Zweck erfüllten. Die jeweilige nationale Währung, also der österreichische Schilling oder die Reichsmark, war goldgedeckt. Ihre Funktion war die, im Inland als Wertaufbewahrungsmittel und im internationalen Geschäftsverkehr als Tauschmittel zu dienen.

Zu damaliger Zeit waren die Einwohner von Wörgl und Schwanenkirchen kaum auf die Goldwährung angewiesen, denn für den lokalen Tauschhandel wurde während des Experiments nur die Freigeldwährung verwendet. Wahrscheinlich würden in heutiger Zeit wesentlich mehr Interaktionen zwischen den beiden Währungen stattfinden als in den historischen Beispielen. Denn zu Anfang des 20. Jahrhunderts gab es so gut wie keine Globalisierung, weshalb die meisten Menschen Zeit ihres Lebens gut mit einer lokalen Währung – zum Beispiel mit Arbeitswertscheinen oder mit der WÄRA – hätten auskommen können. Zudem war der Schilling bzw. die Reichsmark derart knapp, dass von einer freien Interaktion der beiden Währungen nicht gesprochen werden konnte.

In der heutigen globalisierten Gesellschaft müsste es zwangsläufig zwischen dem sogenannten Freigeld und anderen Währungen zu Interaktionen kommen. Die Liquiditätsgebühr des Freigelds würde sicherlich auch das Zinsniveau der bisherigen Währung beeinflussen, denn wenn sich Unternehmen oder Privatleute in der billigeren Freigeldwährung Kredite beschaffen könnten, hätte dies ein Sinken der Nachfrage nach Krediten in der bisherigen Währung zur Folge, und dies wiederum ein Sinken des Zinssatzes. Die Sparer müssten ebenfalls durch die Liquiditätsgebühr Ertragseinbußen in Kauf nehmen.

3. Das Stamp Scrip von Irving Fisher

Der amerikanische Geldtheoretiker Irving Fisher (1867-1947) bezog sich in seinem Werk mehrfach auf Gesell und hat ihm dabei große Anerkennung entgegengebracht. Fisher war ein sehr produktiver Autor, ähnlich wie Gesell. Denn er ver-

309 Fisher, Irving: Stamp Scrip, S. 67.

fasste sowohl theoretische Abhandlungen als auch Beiträge in Fachzeitschriften, die sich vorwiegend mit den Problemen des Ersten Weltkriegs sowie der zwanziger Jahre und den Folgen der Weltwirtschaftskrise befassten. In seinem Buch „The Purchasing Power of Money" (1911) stellte er die Quantitätstheorie vor, mit deren Hilfe er die Gründe zur Bestimmung des Preisniveaus zu erklären versuchte.

Fishers Quantitätsgleichung lautet: $M \; x \; V = H \; x \; P$, wobei M = nominale Geldmenge, V = Umlaufgeschwindigkeit des Geldes, H = Handelsvolumen und P = Preisniveau bedeuten. Umgeformt ergibt sich daraus die Formel für die von der Zentralbank anzustrebende optimale Geldmenge:

$$M = \frac{H \, x \, P}{V}$$

Fisher war es, der erstmals die monetaristische Forderung für Geldpolitik formulierte. Die Quantitätsgleichung impliziert, dass sich das Wachstum der Geldmenge ausschließlich an dem der Realwirtschaft zu orientieren hat, wobei für die notwendige Quantifizierung der Variablen die Daten der statistischen Ämter heranzuziehen sind. Bei dieser Quantitätsgleichung ist Fisher wohl in wesentlichen Teilen von Gesell inspiriert worden, denn dieser hatte sie bereits in seinem Werk formuliert.[310] Fisher folgte nämlich der Ansicht Gesells, wonach die Goldwährung ein unnötiger Hemmschuh für die Wirtschaft ist. Mit dieser Auffassung kritisierte er den Goldstandard, der zu Anfang des 20. Jahrhunderts die Norm war. Fisher hielt die angebliche Wertstabilität des Goldes für eine bloße Illusion.[311]

Fisher hat Gesells Auffassung von Geldreform und Liquiditätsgebühr intensiv durchgearbeitet, wobei er selbst letztere als Hortungssteuer (stamp tax on hoarding) bezeichnete.[312] Hingegen nannte er sein eigenes Freigeld „Stamp Scrip" und verstand darunter eine vorübergehende Ersetzung eines Teiles des regulären Geldes: *It's like money, because it can be banked or invested or spent. It's not like money because it can not be hoarded.*[313]

Fisher folgte somit der Gesellschen freiwirtschaftlichen Argumentation bzw. seiner Deutung, wonach ein Fehler im Geldsystem vorliege. Im Gegensatz zu Gesell wollte Fisher die Liquiditätsgebühr allerdings nur in Notfällen[314] einführen.

---

310 Vgl. Gesell, Silvio: Die Natürliche Wirtschaftsordnung, S. 143 ff.

311 Vgl. Fisher, Irving: Booms and Depressions, S. 293 f.

312 Vgl. Fisher, Irving: Booms and Depressions, S. 202 f.

313 Fisher, Irving: Stamp Scrip, Kap. III, S. 1.

314 Fisher, Irving: schreibt in Stamp Scrip, Kap. IV: "There is much in Gesell's philosophy to which, as an economist, I cannot subscribe, especially his theory of interest; but Stamp Scrip, I believe, can, in the present emergency, be made at least as useful

Denn nach seiner Einschätzung war es nicht notwendig, in wirtschaftlich stabilen Zeiten negative Zinsen zu generieren. In solchen Zeiten sei es völlig ausreichend, den Kapitalmarkt frei spielen zu lassen, denn dieser selbst verhindere die unerwünschte Liquiditätshortung. Der Zins selbst sorge für einen geschlossenen volkswirtschaftlichen Kreislauf. Im Falle einer deflationären Krise sei indes die Einführung einer Liquiditätsgebühr, so Fisher, ein schnelles und effektives Mittel, um den Weg aus der Depression zu finden: *The plan offers the most efficient method of controlling hoarding and probably the speediest way out of a depression.*[315]

An dieser Stelle wird überdeutlich, dass Fisher im Falle einer Unterkonsumption die Liquiditätsgebühr als geeignetes Mittel ansah, um die Nachfrage nach Gütern und Dienstleistungen unmittelbar anzuregen und zu stabilisieren. Fisher illustrierte die Funktionsweise des Freigeldes am Beispiel der WÄRA, die in Deutschland zwischen 1929 und 1931 im Umlauf war. Zur Lösung der amerikanischen Depression der 1930er Jahre brachte er die Einführung einer Parallelwährung mit Liquiditätsgebühr und einem Nennwert in Dollar ins Spiel. Sein Lösungsvorschlag war, jeder Person 100 dieser Freigelddollars (of these dollars) zur Verfügung zu stellen, um sowohl den Bestand an Tauschmitteln als auch deren Umlaufgeschwindigkeit zu erhöhen, was dann zu einer Anhebung der Nachfrage führen sollte. Fisher ging ferner davon aus, die Einführung der Liquiditätsgebühr werde Mehreinnahmen für die öffentliche Hand erzeugen. Dies würde dem Staat die Möglichkeit eröffnen, weniger Steuern zu erheben, was die Massenkaufkraft stärken würde. Fisher hielt die Liquiditätsgebühr für eine kostenlose Methode mit psychologischer Wirkung, um die Arbeitslosigkeit sofort zu senken.[316] Den amerikanischen Städten schlug er vor, nach dem Vorbild von Wörgl eine lokale Freigeldwährung einzuführen, um die wirtschaftliche Not in der Bevölkerung zu mildern.[317]

Fisher bevorzugte für die Einführung von Freigeld eine öffentliche bzw. staatliche Initiierung, hielt aber auch private Freigeldversuche für grundsätzlich möglich. Die Anforderungen an beide Möglichkeiten waren im Wesentlichen gleich. Dabei hielt er eine private Initiative für schwieriger, da das emittierte Freigeld mit Notenbankgeld voll zu decken sei. Der Vorteil bei einem privat initiierten Versuch mit Freigeld sei dagegen, dass kein politischer Widerstand gegen die jeweiligen Maßnahmen zu erwarten ist. Allerdings könnten sich andere Probleme ergeben, sollte die Zentralbank ihr Notenmonopol gefährdet sehen: *Stamp scrip can very appropriately be sponsored by private organizations, such as exchanges and chambers of commerce; but my belief is that municipal governments, generally speaking, are in the best position to execute a local plan,*

---

an invention as Manuel Garcia's laryngoscope."

315 Fisher, Irving: Booms and Depressions, S. 202.

316 Vgl. Fisher, Irving: Booms and Depressions, S. 287.

317 Vgl. Fisher, Irving: Responses to the First Phases, S. 40.

because a municipally has the best chance of enlisting the support of every element in the community.[318]

Fisher befürwortete Gesells Vorschlag als aussichtsreiche und empfehlenswerte Notmaßnahme. Sie tauge jedoch nicht als eine routinemäßig allgemein anzustrebende Währungsreform. Insofern folgte er nicht Gesell, der in seiner Theorie der Natürlichen Wirtschaftsordnung eine umfassende Währungsreform propagiert hatte. Fisher hatte im Gegensatz zu Gesell keine sozialreformerischen Ambitionen. Ihm ging es ausschließlich um die Funktionsfähigkeit des Wirtschaftssystems. Die Umverteilungswirkung des Zinssystems war für Fisher dagegen nicht von Interesse.

II. Rezeption der Freigeldlehre

Augenfällig ist eine Beziehung zwischen Gesells Theorie der Freiwirtschaftslehre zu der sehr viel bekannteren liberalsozialistischen Schule von Franz Oppenheimer. Der Arzt und spätere Soziologe Franz Oppenheimer verfolgte diese Idee ebenso wie der amerikanische Sozialreformer und Dichter Ezra Pound, der sich ebenfalls mit den Gedanken Gesells auseinandersetzte. Es gibt neben der Freiwirtschaftslehre noch eine andere wirtschaftsreformerische Schule, nämlich die der Wirtschaftsdemokratie, dessen Begründer Ota Šik ist. Auf die Berührungspunkte mit diesen verschiedenen Reformschulen wird in den folgenden Ausführungen eingegangen.

1. Franz Oppenheimer († 1943)

Gesell und Oppenheimer (1861-1943) verbindet die Kritik am marxistischen Sozialismus, wobei für beide der Eigennutz positiv besetzt ist.[319] Doch gingen die Gemeinsamkeiten zwischen Gesells Theorie einer Freiwirtschaft und den Überzeugungen des Liberal-sozialisten Franz Oppenheimer weit darüber hinaus. Auch Oppenheimer hatte die Begriffe Marktwirtschaft und Kapitalismus sorgfältig differenziert. Wie Gesell verfolgte er das Ziel, die Marktwirtschaft von ihren kapitalistischen Auswüchsen zu befreien. Im Geld sah Oppenheimer, ähnlich wie Gesell, ein universell einsetzbares Tauschmittel.[320] Dadurch bedingt entstehe eine den Gütertausch hemmende Asymmetrie, die sich in der Existenz des Zinses als Monopoltribut ausdrücke.[321]

---

318 Fisher, Irvin: Stamp Scrip, Kap. VI, S. 1.
319 Vgl. Kraft, Jürgen: Das Verhältnis von Nationalökonomie und Soziologie, S. 146 f.
320 Vgl. Kruck, Werner: Franz Oppenheimer, S. 204 und 264 f.
321 Vgl. Kruck, Werner: Franz Oppenheimer, S. 204 und 264 f.

Ähnlich wie Gesell wollte Oppenheimer nicht die Marktwirtschaft, sondern alle Monopole beseitigen, um eine Wettbewerbs- und Konkurrenzsituation zu schaffen, die die Lösung der ökonomischen Probleme darstelle.[322] Ein weiterer Punkt der Übereinstimmung war die Bodenfrage. In ihr sahen sie ein Grundübel des Kapitalismus.[323] Oppenheimers Idee basierte auf einer Bodensperre, während Gesell mehr oder weniger denselben Leitgedanken hatte, dafür aber den Terminus Freiland benutzte.[324] Oppenheimer wollte durch Siedlungsgenossenschaften das Bodenmonopol beseitigen. Die Arbeiter sollten Zugang zu Freiland erhalten, um nicht gezwungen zu sein, zu den schlechtesten Bedingungen ihre Arbeitskraft verkaufen zu müssen. Darüber hinaus vertrat Oppenheimer die Idee, dass die Lohnabhängigen frei sein sollten, und zwar in einem doppelten Sinn: Zum einen sollten sie frei sein, um ihre Arbeitskraft auf dem Markt zu verkaufen, zum anderen auch frei sein von Produktionsmitteln. Diese Idee wurde auch praktisch umgesetzt mit Gründung der Siedlungsgenossenschaften Bärenklau und Wenigenlupnitz bei Berlin, während die Obstbausiedlung Eden als Projekt Gesells zu bewerten ist.

Zwar erkannten Gesell und Oppenheimer die Ähnlichkeiten ihrer Probleme, doch sie hatten nicht die gleichen Lösungsansätze.[325] Oppenheimer lehnte die monetäre Universallösung Gesells ab, weshalb es nie zu einer Zusammenarbeit kam.[326] Er war nicht überzeugt von der Effektivität des Freigeldes und der damit verbundenen Liquiditätsgebühr. Oppenheimer war vielmehr der Überzeugung, dass es mit der Einführung einer solchen Gebühr lediglich zu einer Erhöhung des Geldbestandes kommt, woraus sich unweigerlich eine Inflation entwickeln müsste.[327] Sein Ansatz beabsichtigte eine Art Vergenossenschaftlichung der Wirtschaft, welche die Monopolstellung der Kapitalisten brechen sollte.[328]

Zwar existieren zwischen beiden Ansätzen gewisse Parallelen. Doch Oppenheimer verfolgt einen realwirtschaftlichen Ansatz, der sich deutlich von dem des monetären freiwirtschaftlichen Gesells unterscheidet. Der deutlichste Unterschied zur Gesellschen Natürlichen Wirtschaftsordnung ist der, dass hiernach mit Wegfall des Zinses und der Rente das Ziel erreicht ist. Bei Oppenheimer hingegen dreht sich alles um die Bodenfrage. Sein Bestreben ist, das Bodenmonopol aufzuheben,

322 Vgl. Caspari, Volker / Schefold, Bertram: Franz Oppenheimer und Adolph Lowe, S. 73 f., und Schultz, Bruno: Die Grundgedanken des Systems, S. 8 f.

323 Vgl. Caspari, Volker / Schefold, Bertram: Franz Oppenheimer und Adolph Lowe, S. 73 f., und Haselbach, Dieter: Franz Oppenheimer, S. 124 f.

324 Vgl. Caspari, Volker / Schefold, Bertram: Franz Oppenheimer und Adolph Lowe, S. 66 f. und 70 f.

325 Vgl. Kruck, Werner: Franz Oppenheimer, S. 266.

326 Vgl. Onken, Werner: Silvio Gesell und die Natürliche Wirtschaftsordnung, S. 77.

327 Vgl. Oppenheimer, Franz: Zur Geldtheorie, S. 43. Oppenheimer bezeichnet Gesell als „Inflationisten".

328 Vgl. Kruck, Werner: Franz Oppenheimer, S. 227 ff.

um den Arbeitern ein Auskommen in der Landwirtschaft zu ermöglichen. Dies hätte zur Folge, dass die Anzahl der Bodenrenten zurückgeht, damit der Industrie keine weiteren Arbeiter aus der Landflucht mehr zur Verfügung stehen, folglich die Löhne nicht mehr gedrückt werden könnten. So würde dann auch der Profit des Industriekapitals sinken.

Bei Gesell ist nie die Rede von Profit. Es ist festzustellen, dass die Schulen Gesells und Oppenheimers die gleiche Problemwahrnehmung und auch die gleiche Systemkritik haben, sich aber hinsichtlich der Lösungsansätze unterscheiden.

2. Die angloamerikanischen Sozialreformer

Der britische Sozialökonom Clifford Hugh Douglas (1879-1952) entfaltete realpolitische Wirkung. Denn aufbauend auf seiner Idee des Social Credit entstand eine soziale Bewegung, die zur Gründung mehrerer politischer Parteien, unter anderem der Social Credit Party of Canada und der Social Credit Party in Neuseeland führte. Douglas vertrat die monetaristische Auffassung, wonach die Gewährleistung der Preisstabilität währungspolitisch oberste Priorität besaß. Daraus folgte, dass bei realwirtschaftlichem Wachstum konsequenterweise die Geldmenge auszuweiten war. Hier glaubte Douglas den Fehler im herrschenden Geldsystem festmachen zu können. Anstatt das zusätzliche Geld mit Krediten über das Geschäftsbankensystem in Umlauf zu bringen, sollte die Notenbank dieses Geld eher als eine Art „nationale Dividende" in bar allen Bürgern zu gleichen Teilen ausschütten. Er begründete dies so: Die Produktivitätsfortschritte und Innovationen verkörpern eine *kulturelle Errungenschaft* der gesamten Gesellschaft, die daher an dieselbe zu gleichen Teilen zurückzugeben sei.[329]

Mit diesem Konzept des Social Credit näherte sich Douglas der laboristischen Auffassung Gesells an. Als weitere Gemeinsamkeit teilten Douglas und Gesell die Überzuegung, den entscheidenden Mangel des herrschenden Wirtschaftssystems im Geldwesen entdeckt zu haben. Beide gingen davon aus, durch ihre Reformvorschläge die meisten Probleme mit einem Schlag unmittelbar lösen zu können. Technisch hatten die Reformvorschläge nichts miteinander zu tun, da sich Douglas mit dem Gedanken des Freigelds nie ernsthaft auseinandergesetzt hat.[330] Douglas ging sogar soweit, im Bankensystem eine Verschwörung[331] zu

---

329 Vgl. Douglas, Clifford Hugh: Social Credit, Teil I, Kap. V, S. 2.

330 Vgl. Marsh, Alec: Money and Modernity, S. 94.

331 Wesentlichen Einfluss auf Douglas' Theorien hatten die antisemitischen Protokolle der Weisen von Zion. Aufbauend auf diesen verstand er das existierende monetäre System als Teil einer „jüdischen Weltverschwörung". Auch nachdem die „Protokolle" als Fälschung entlarvt wurden, erklärte Douglas, dass sie „die Tatsachen des täg-

sehen, die es sich zur Aufgabe gemacht habe, die „ökonomische Wahrheit" zu unterdrücken.[332]

Im Jahr 1930 hatte Douglas seinen größten Erfolg. Er erreichte nämlich, dass die kanadische Provinz Alberta zur Armutsbekämpfung verschiedene Social-Credit-Gesetze gemäß seinem Konzept erließ. Der oberste kanadische Gerichtshof erklärte indes alle diese Gesetze wegen des Notenbankmonopols für verfassungswidrig; sie wurden also nie umgesetzt.

Als weiterer angloamerikanischer Sozialreformer ist der amerikanische Dichter Ezra Pound (1885-1972) zu nennen, der lange Zeit in Italien lebte. Er verfolgte die sozialreformerische Absicht, die Theorien von Douglas und Gesell miteinander zu kombinieren.[333] *Dieses Ziel Ezra Pounds war es, die Idee eines Sozialkredits zu fördern und mit Gesells Schwundgeld zu kombinieren.*[334] Pound stellte in seinen Werken der kapitalistischen Welt die Kulturtradition der Antike, des Abendlandes und des alten China gegenüber. Er verarbeitete Gesells Theorie, indem er diese mit anderen kombinierte und vermischte.[335] Pound selbst hatte eine grundsätzlich naturrechtliche Überzeugung, die er beim Studium Gesells in Bezug auf das Geldsystem wieder fand. *The problem with the kind of money we have is that it is not natural.*[336] *Gesell's Schwundgeld attracted him because of its faithful mimesis of the real wealth of real things.*[337] Von Gesell übernahm Pound eigentlich nur die Idee des Freigeldes und das Wissen, dass Marx bei seinen Analysen eine monetäre Perspektive vermissen ließ.[338] Pound war von der Idee des Freigeldes fasziniert, so dass er auch seine Freunde, zu denen unter anderem Douglas und Mussolini gehörten, zu überzeugen versuchte. Dabei hatte er allerdings nur recht bescheidenen Erfolg.

Pound hielt den italienischen Faschismus für geeignet, die Geldreform mit ihren neuen Verteilungswirkungen durchzuführen und lobte Mussolini für seine Wirtschaftspolitik: *Italy is, a matter of fact, acting with greater economic enleighment than any other country in the world, and that means he is economically nearer Gesell and Douglas than any of the other nations. Her dividens are being distributed as better wheat, and better drainage and cheaper railway transport.*[339] Angeblich hat Pound auch nach Mussolinis Bündnis mit Hitler und dem Beginn

---

lichen Lebens widerspiegelten".

332 Vgl. Surette, Leon: Pound in Purgatory, S. 179.

333 Vgl. Surette, Leon: Pound in Purgatory, S. 3.

334 http://www.fu-berlin.de/en/presse/fup/archiv/pdw01/pdw_01_042.html.

335 Vgl. Surette, Leon: Pound in Purgatory, S. 198 ff.

336 Marsh, Alec: Money and Modernity, S. 97.

337 Marsh, Alec: Money and Modernity, S. 99.

338 Vgl. Surette, Leon: Pound in Purgatory, S. 190.

339 Zitiert nach Surette, Leon: Pound in Pugatory, S. 190. Vgl. ebenfalls auch Marsh, Alec: Money and Modernity, S. 110.

des Krieges Italien noch hartnäckig die Treue gehalten.[340] Aufgrund der eklatanten Fehleinschätzung des Faschismus wurde Pound in den USA in politischer Hinsicht zu einer Persona non grata erklärt. Ab 1936 soll er zudem von einer jüdischen Weltverschwörung geradezu überzeugt gewesen sein und antisemitische Artikel zumindest gebilligt haben. So hat Pound, der die Freigeldtheorie sehr hochschätzte, wohl einen Nachweis für diejenigen geliefert, die Gesell zu Unrecht als Vorläufer des Nationalsozialismus ansahen. Im Jahr 1945 wurde Pound in den USA wegen Hochverrats verurteilt und schließlich für den Rest seines Lebens in eine psychiatrische Anstalt eingewiesen.

3. Die Schule der humanen Wirtschaftsdemokratie

Die Forderung nach einer Neutralisierung des Kapitals erhob auch Ota Šik (1919-2004), ein tschechisch-schweizerischer Maler und Wirtschaftswissenschaftler; sie hätte aber auch ebenso gut von einem Vertreter der Freiwirtschaftslehre stammen können. Šik stellte im Wesentlichen dieselben Mängel am Kapitalismus fest wie die Anhänger der Freiwirtschaftslehre. Er nahm vor allem daran Anstoß, dass der Gewinn des Produktivkapitals nicht ausschließlich für Investitionen genutzt wurde, sondern auch dem Konsum seiner Eigentümer diente. Somit kritisierte er – wie auch Gesell – die leistungslosen Einkommen der Kapitalisten und die artifiziell herbeigeführte Verknappung des Produktivkapitals.

Šiks Reformvorschlag ist in die Schule der humanen Wirtschaftsdemokratie einzuordnen. Die Zielsetzung besteht darin, die Vorzüge der Marktwirtschaft zu nutzen und gleichzeitig die schädlichen Folgen des Kapitalismus zu mildern. Daher verwundert es nicht, dass Šik die Wichtigkeit marktwirtschaftlicher Anreize für den Unternehmergeist in der Wirtschaft betonte. Die humane Wirtschaftsdemokratie beruht auf den drei Säulen der Kapitalneutralisierung, der Makroverteilung und einer Ordnungspolitik, dem regulierten Koordinationsmechanismus Markt.[341] *Neutralisierung des Kapitals bedeutet Überführung des sich ständig neubildenden Geld- und Produktivkapitals in ein unteilbares Vermögen der Unternehmenskollektive.*[342] Das Kapital der Unternehmen sollte nach seiner Ansicht treuhänderisch verwaltet werden und unter demokratischer Kontrolle der Arbeitnehmer stehen. Auf diese Weise wollte Šik die Identifikation der Belegschaften mit den jeweiligen Unternehmen erreichen und die Entfremdung durch die Arbeit aufheben. Dabei machte er einen Unterschied zwischen großen und kleinen Unternehmen, denn je

340 Vgl. Surette, Leon: Pound in Purgatory, S. 4 f.
341 Vgl. Šik, Ota: Humane Wirtschaftsdemokratie, S. 676.
342 Šik, Ota: Humane Wirtschaftsdemokratie, S. 15. Die präzise Beschreibung von Šiks Unternehmensmodell findet sich in Šik, Ota: Humane Wirtschaftsdemokratie, S. 396 f.

kleiner ein Unternehmen sei – so seine Ansicht –, desto eher könne man es beim derzeitigen Zustand belassen. Demnach ist es nicht erstaunlich, wenn er sogar die Meinung vertrat, bei kleineren Unternehmen könne das Kapital vollständig im Privateigentum verbleiben.

Mit dem Makroverteilungsplan sollten auf demokratischem Weg gesamtwirtschaftliche Regeln für die Verteilung des Volkseinkommens erreicht werden. Unter anderem sollte festgelegt werden, welcher Anteil des Gewinns in ein Unternehmen zu reinvestieren und welcher an die beteiligten Arbeitnehmer auszuschütten ist.

Die dritte Säule, die der Ordnungspolitik, sollte in Šiks Lehre in erster Linie die Preisstabilität garantieren und einen freien Zugang zu den Märkten sicherstellen.

Im Gegensatz zur Freiwirtschaftslehre ist Šiks Weltbild nicht harmonisch. Er hielt permanente Eingriffe des Staates in den Wirtschaftsprozess für unabdingbar.[343] So finden sich in seiner Theorie viele kollektivistische Elemente, die den Grundideen der Freiwirtschaftslehre widersprechen. Die humane Wirtschaftsdemokratie läuft letztlich auf eine Mischung zwischen Kapitalismus und Sozialismus hinaus.

4. Epigonen

Die Grundlagen der Freiwirtschaftslehre sind bezüglich ihrer philosophischen Begründungen und geistesgeschichtlichen Verwandtschaften sehr heterogen. Die folgenden Ausführungen erheben daher keinen Anspruch auf Vollständigkeit, sondern beziehen sich hauptsächlich auf Gesell selbst, weil nach ihm kaum mehr an der Freiwirtschaftslehre gearbeitet wurde. Creutz, Suhr und Kennedy entwickelten ihre Theorie zwar weiter, doch ohne sich um deren philosophisches Fundament zu kümmern.

Im Folgenden sollen die wichtigsten modernen Freiwirtschaftler kurz vorgestellt werden:

An erster Stelle ist wohl *Werner Onken* zu nennen, Leiter der Freiwirtschaftlichen Bibliothek in Varel und Chefredakteur der Zeitschrift für Sozialökonomie. Er gilt als umtriebiger Organisator zahlreicher freiwirtschaftlicher Tagungen und ist wahrscheinlich der bekannteste Vertreter der aktuellen Freiwirtschaft. Seine herausragende Leistung ist die Edition von Gesells Gesamtwerk.

Onken veröffentlichte 1986 eine Interpretation von Momo in der Zeitschrift „Fragen der Freiheit“. Daraufhin wurde ihm von Michael Ende bestätigt, dass sein Werk „Momo“ das heutige Geldsystem kritisiert.

Ein weiterer bedeutender Freiwirtschaftler ist *Helmut Creutz*. 1923 in Aachen geboren, trat er in den siebziger Jahren mit der Veröffentlichung von sozialkri-

343 Vgl. Šik, Ota: Humane Wirtschaftsdemokratie, S. 454 f.

tischen und wirtschaftlichen Beiträgen hervor. Neben seiner publizistischen Tätigkeit arbeitete er in der Privatwirtschaft und war Mitbegründer der Aachener Grünen.

Seit 1980 befasst er sich mit den Zusammenhängen zwischen Geld, Gesellschaft, Währung und Wirtschaft. Er hält ständig Vorträge wie Seminare und veröffentlicht Aufsätze und Bücher zu diesem Themenkreis. Creutz ist somit als der Begründer der modernen freiwirtschaftlichen Schule zu sehen. Diese ist durchweg politisch, da Creutz' Analyse nicht bei der „Allokationsfrage" aufhört, wie jene der Standardökonomie, sondern sich darüber hinaus mit der „Verteilungsfrage" beschäftigt. Sie erfasst die Wirtschaft aus der monetären Perspektive. Sein Buch „Das Geld-Syndrom" ist eine moderne Analyse der Wirtschaft und ist als sein Hauptwerk anzusehen. Staatsverschuldung, Inflation, Krisenanfälligkeit des Kapitalismus, Dynamik der Verschuldung, Geldmengensteuerung, ökologische Probleme und Wirtschaftswachstum sind seine zentralen Themen.[344]

Creutz' Schülerin, *Margrit Kennedy*, wurde 1939 in Chemnitz geboren. Sie zeichnet sich im Wesentlichen dadurch aus, dass sie in allgemein verständlicher Weise die Argumentation von Creutz nachvollzieht. Auch propagiert sie neben der Geld- und Bodenreform eine ökologische Steuerreform als unabdingbares freiwirtschaftliches Element. Von Haus aus ist sie Ökologin und Stadtplanerin und hat ein viel beachtetes Buch „Geld ohne Zinsen und Inflation" veröffentlicht, welches bereits in mehrere Sprachen übersetzt wurde. Zurzeit ist sie Professorin für Architektur an der Universität Hannover. Mit einer Gruppe engagierter Menschen versucht sie ein Netzwerk zur Umsetzung regionaler Komplementärwährungen aufzubauen.

Dieter Suhr (1939-1990) war Jurist und Professor für öffentliches Recht. Neben Creutz gilt er als bedeutendster freiwirtschaftlicher Theoretiker der Gegenwart. Die Freiwirtschaftslehre hat er aus verfassungsrechtlicher Perspektive betrachtet und die herrschende Geldordnung unter dem Aspekt der Grundrechte einer eingehenden Untersuchung unterzogen. Sein Ergebnis: Die Umverteilungswirkung des Zinssystems ist Ausdruck einer nicht für alle Menschen gleich ausgelegten Eigentumsgarantie. Zuletzt befasste er sich mit der Geldtheorie und legte hier vom wissenschaftlichen Mainstream abweichende Vorschläge vor, welche an die Geldtheorie Silvio Gesells und John Maynard Keynes' anknüpften.[345]

In wissenschaftlicher Hinsicht ist noch *Bernd Senf* zu nennen. Geboren 1944 ist er als Professor für Volkswirtschaftslehre an der Fachhochschule für Wirtschaft in Berlin tätig. Er war seit seiner Studienzeit mit den Erklärungen der Standardökonomie unzufrieden. In seinen Werken „Der Nebel um das Geld" und „Die blin-

344 Vgl. Bartsch, Günter: Die NWO-Bewegung Silvio Gesell, S. 283 f.
345 Vgl. Bartsch, Günter: Die NWO-Bewegung Silvio Gesell, S. 288 f.

den Flecken der Ökonomie" hat Senf die Theorien Gesells und die Meinungen von Creutz verarbeitet. Die Freiwirtschaft hat ursprünglich keine konkrete ökologische Komponente. Bernd Senf kommt aber zu dem Schluss, dass die Freiwirtschaft Liquidität für umweltschonende Investitionen zur Verfügung stellt. Der steigende Ressourcenverbrauch einer wachsenden Volkswirtschaft könne nur durch ergänzende Maßnahmen – beispielsweise durch die Ökosteuer – kompensiert werden.

Bernard Lietaer wurde 1942 in Leuven/Belgien geboren. Er bekleidete über 25 Jahre lang sehr verschiedene Positionen im Finanzwesen. So war er Zentralbankier und professioneller Währungsspekulant, Berater von multinationalen Konzernen wie auch von Regierungen in Entwicklungsländern. Ebenso war er Universitätsprofessor für internationales Finanzwesen und Präsident eines elektronischen Zahlungssystems. Allerdings kann er nicht als Freiwirtschaftler im engeren Sinn bezeichnet werden, da er sich so gut wie gar nicht auf Gesell beruft. Lietaers geldreformerischer Ansatz sind duale Währungssysteme. Neben die herkömmlichen zinstragenden Währungen sollen seiner Meinung nach noch regionale Komplementärwährungen treten, die soziale Wirkung entfalten sollen.[346] Viele Verfechter der Freiwirtschaftslehre beziehen sich auf seine Studien, welche die These untermauern, die Marktwirtschaft könne auch ohne Kapitalismus funktionieren.

Johannes Ude (1874-1965) war römisch-katholischer Priester. Er engagierte sich für die Freiwirtschaftslehre Silvio Gesells, war Professor für Philosophie und spekulative Dogmatik in Graz. Damit galt er als eine der schillerndsten Persönlichkeiten in Österreich. Ude war darüber hinaus erklärter Pazifist und Gegner des Kapitalismus. Er gründete die österreichische Antialkoholikerbewegung und 1926 den „Wirtschaftsverein für Österreich". Udes Schriften „Naturrecht, Christentum und Demokratie" und „Christliche Moraltheologie als Helfershelfer des Kapitalismus" kreisten stets um die Zusammenhänge zwischen Militarismus und Kapitalismus sowie um die Korruption.

In der Schweiz, wo Gesell ebenfalls einen Teil seines Lebens verbracht hat, ist *Werner Rosenberger* 1924 im Aargau geboren. Er gilt als moderner Freiwirtschaftler. Als ehemaliger Volksschullehrer beschäftigt sich Rosenberger vorwiegend mit der Frage der Bodenreform. Er gilt als aktives Mitglied der INWO, die 1990 aus der Schweizerischen Liberalsozialen Partei hervorgegangen ist. In ihr war Rosenberger ebenfalls schon Mitglied.

Zusammenfassend kann somit festgestellt werden, dass selbst in der heutigen Zeit immer wider die Idee eines alternden, sich abnützenden Geldes als Lösung vieler wirtschaftlicher Probleme in verschiedenen Schriften aufgegriffen wird.[347]

---

346 Vgl. Lietaer, Bernard: Das Geld der Zukunft, S. 324 f.

347 Zum Beispiel Creutz, Helmut: Das Geld-Syndrom: Wege zu einer krisenfreien Wirtschaftsordnung, München, Wien 1994; Suhr, Dieter: The capitalistic cost-benefit structure of money: an analysis of money's structural nonneutrality and ist effects on the

Arbeitsloses Einkommen durch bloßen Geldbesitz und daraus folgend wachsende Vermögen der Superreichen auf der einen, Armut auf der anderen Seite sollen durch alterndes Geld vermieden werden.

Diese Lehre Silvio Gesells und seiner Nachfolger, zum Beispiel Werner Onken, Helmut Creutz, Dieter Suhr, Margit Kennedy, – findet innerhalb der Volkswirtschaftslehre kaum Anerkennung. Die meisten Wirtschaftswissenschaftler setzen sich mit der Lehre Gesells gar nicht weiter auseinander. Viele Vertreter der Natürlichen Wirtschaftsordnung und des Freigeldes nach Silvio Gesell sind zwar Akademiker, jedoch nicht Wirtschaftswissenschaftler, sondern etwa Architekten, Juristen und Theologen.[348]

III. Rezeption bei John Maynard Keynes

Keynes hat Gesell und seiner Theorie eine große Zukunft prophezeit, obwohl er einige seiner Überlegungen stark kritisierte.[349] In seinem Hauptwerk „The General Theory of Employment, Interest and Money“ geht Keynes über mehrere Seiten auf die Theorie Gesells ein:

It is convenient to mention at this point the strange, unduly neglected prophet Silvio Gesell (1862-1930), whose work contains flashes of deep insight and who only failed the reach down to the essence of the matter.[350]

1. Die Krisentheorie von Keynes

John Maynard Keynes (1883-1946) war ein englischer Ökonom, Politiker und Diplomat. Er muss als bedeutendster Ökonom des 20. Jahrhunderts angesehen werden. Er ist Namensgeber für den so genannten Keynesianismus. Diese Theorie über systemimmanente Krisen des Kapitalismus aus dem Jahr 1936 entwickelte er in seinem Werk „The General Theory of Employment, Interest and Money“.

Die Krisentheorien von Keynes und Gesell haben als Gemeinsamkeit, dass sie die Krisenursachen am Zinssystem festmachen. Bei den vorgeschlagenen Gegen-

---

economy, Berlin u. a. 1989; Suhr, Dieter und Godschalk, Hugo: Optimale Liquidität: eine liquiditätstheoretische Analyse und ein liquiditätstheoretisches Wettbewerbskonzept, Frankfurt am Main 1986.

348 Zum Beispiel sind Helmut Creutz, Margit Kennedy, und Günther Moewes Architekten, Dieter Suhr, Andres Fritz, Roland Geitmann, und Johannes Jenetzky, Juristen.

349 Vgl. Onken, Werner: Silvio Gesell und die Natürliche Wirtschaftsordnung, S. 64.

350 Keynes, John Maynard: The General Theory, S. 353.

maßnahmen zeigen sich jedoch Unterschiede. Keynes war davon überzeugt, mit seinen Ideen die Lösung für eine Stabilisierung des Systems gefunden zu haben.

Der Zins in der neoklassischen Makroökonomie hat die Aufgabe, die beiden gesamtwirtschaftlichen Aggregate Sparen und Investieren über den Kreditmarkt im Gleichgewicht zu halten. Dies bedeutet: Wird mehr gespart als investiert, sinkt der Zins, die Kreditaufnahme wird attraktiver, das Sparen unattraktiver. Insofern gleichen sich die beiden Größen immer wieder an. Gesamtwirtschaftlich gesehen, hat der Zins die Funktion, das gesparte Geld über das Bankensystem den Unternehmen zufließen zu lassen, die davon Investitionen tätigen und damit die Nachfrage ankurbeln. Der Zins ist nach der Theorie der Neoklassik das Element, mittels dessen der durch das Sparen unterbrochene volkswirtschaftliche Kreislauf durch Investitionsnachfrage wieder geschlossen wird. Ohne Investitionen führt das Sparen zur Unterbeschäftigung.[351]

Fraglich ist, ob es tatsächlich der Zinsmechanismus ist, der den Kreislauf jederzeit geschlossen hält. Es war Keynes, der dieses harmonische Bild widerlegte, indem er nämlich bewies, dass „Lecks“ im gesamtwirtschaftlichen Kreislauf entstehen können und so aus systemimmanenten Gründen wirtschaftliche Krisen auftreten müssen. In reifen Volkswirtschaften, in denen mit einem wachsenden Volkseinkommen zu rechnen ist, wird ein immer größerer Teil gespart, dem auf Dauer keine entsprechenden Investitionen gegenüberstehen. Mit fortschreitender Zeit entsteht aus dem Auseinanderdriften von Geldvermögen und Realwirtschaft eine Investitionslücke. Anstatt die Gelder zu niedrigen Zinsen anzulegen, wird bevorzugt das Geld liquide gehalten, und zwar für Spekulationszwecke. Dies hat zur Folge, dass dieses Geld dem Produktions-Einkommens-Kreislauf entzogen wird. Das wiederum führt zu einem gesamtwirtschaftlichen Nachfragemangel, der einen Kreislaufzusammenbruch nach sich zieht, der sich in Form von Massenarbeitslosigkeit manifestiert.

Keynes' Theorie bezüglich der Kreislaufstörung hat große Ähnlichkeit mit der von Gesell. Jedoch setzt seine an einer anderen Stelle an: Nicht die Behebung des Lecks im Kreislauf, wie bei Gesells Theorie, sondern das Auffüllen des undicht gewordenen volkswirtschaftlichen Kreislaufs mit „Geldspritzen“ wird zum Mittel der Krisenbekämpfung.

Es wird also keine Ursachenbehebung, sondern Symptombehandlung betrieben. Die Geldspritzen sollen dem Staat zur Finanzierung des Haushaltsdefizits gewährt werden, damit sie unmittelbar nachfragewirksam werden. Keynes war der Ansicht, dass Geldpolitik allein nicht in der Lage sei, die Konjunktur durch Zinssenkung bzw. -vermehrung anzukurbeln. Das zusätzliche Geld verschwinde unmittelbar in der „Liquiditätsfalle“, so dass es dem Kreislauf wieder entzogen wird.

351 Gehrels, Franz: Böhm Bawerks Beitrag: Eine moderne Interpretation, S. 55.

Zusammenfassend muss gesagt werden, dass die Theorie Keynes' drei Bausteine enthält, welche die Versäumnisse der neoklassischen Ökonomie aufdecken.[352]

a. Die Spartheorie

Für Keynes hängt das Sparen der Bevölkerung nur marginal vom Zins ab, im Gegensatz zur grundlegenden Annahme der neoklassischen Ökonomie.[353] Es handelt sich um eine Restgröße des Volkseinkommens, nämlich um den Teil, der vom Einkommen der Haushalte nach den Konsumausgaben übrig bleibt. Mit wachsendem Einkommen der Haushalte oder der Volkswirtschaft sinkt die Konsumquote. Dies ist nachvollziehbar, da es auch für Menschen mit hohem Einkommen eine Konsum-Obergrenze gibt, die sie trotz ihres Reichtums nicht überschreiten. Die Feststellung, dass die Konsumquote im Laufe der Zeit sinkt, ist für den Fall, dass die neoklassische Identität „Sparen = Investieren“ nicht mehr gilt, deshalb wichtig, weil die Nachfragelücke umso größer wird, je „reifer“ das System ist.[354] Konsequenz ist: Je ungleicher Einkommen und Vermögen in einer Gesellschaft verteilt sind, um so mehr verstärkt sich das Problem der fallenden Konsumquote.

b. Die Investitionstheorie

Um eine nachfrageseitige Krise in einer wachsenden Volkswirtschaft zu vermeiden, muss der Produktions-Einkommens-Kreislauf geschlossen bleiben. Dies bedeutet, dass bei einer fallenden Konsumquote das gesamte Volkseinkommen nachfragewirksam bleiben muss, also die Investitionstätigkeit im selben Umfang ausgeweitet wird, wie der Konsum sinkt. „Die Erfahrungen haben aber immer wieder gezeigt, dass Investitionen nicht einfach beliebig gesteigert werden können, ohne dass dies auf ihre Rendite drückt.“[355] Indem jedes einzelne Unternehmen versucht, durch Investitionen einen Wettbewerbsvorteil gegenüber den Konkurrenten zu erlangen, können gesamtwirtschaftlich leicht Überkapazitäten entstehen. Investitionen erhöhen zwar das Volkseinkommen und mittelbar die Nachfrage, schaffen aber auch für einen langen Zeitraum zusätzliche Produktions- bzw. Überkapazitäten. Sinkt nun die Konsumneigung, wird es zunehmend schwieriger, das produzierte Ange-

---

352 Es handelt sich dabei um eine Zusammenfassung der wichtigsten Punkte aus Keynes' *Allgemeiner Theorie*. Die Originalfassung findet sich in Keynes: The General Theory, S. 289.

353 Keynes, John Maynard: The General Theory, S. 59 ff.

354 Leijonhufvud, Axel: Über Keynes und den Keynesianismus, S. 131.

355 Vgl. Senf, Bernd: Der Nebel um das Geld, S. 117.

bot abzusetzen. Gelingt dies nicht mehr wie erhofft, beginnen die Renditen der Investitionen zu sinken.[356]

c. Die Liquiditätstheorie

Laut Keynes haben Haushalte eine Präferenz für Liquidität. Dies bedeutet, dass sie eher auf festverzinsliche Anlagen am Kreditmarkt verzichten, um das gesparte Geld liquide zu halten. Damit ist neben Konsum und Sparen die dritte Verwendungsmöglichkeit für Einkommen angesprochen, das „hoarding“ oder zu Deutsch „Hortung“. Zwar lagert der Großteil des gehorteten Geldes auf Sichtkonten[357] bei den Banken, dennoch wird es dem Einkommens-Produktions-Kreislauf entzogen. Denn die Banken können auf Giro- und Tagesgeldkonten nicht so viele Kredite schöpfen, wie dies bei langfristig angelegten Geldern der Fall ist. Somit wird das gehortete Geld unproduktiv und nachfrageunwirksam.

In guten Börsenjahren, in welchen das Risiko für Anleger gering ist, fließt viel Geld von den Konten in die Spekulation mit Wertpapieren und Derivaten. Die erwartete Rendite ist dabei höher als auf dem Kreditmarkt. Die liquiden Mittel bleiben dem volkswirtschaftlichen Kreislauf entzogen, weil sie keine realwirtschaftliche Nachfrage erzeugen; denn die Wertpapiere werden nur zwecks Kurssteigerung gehalten und nicht deshalb, um reale Investitionen in den Unternehmen zu bewirken. Diesen Unternehmen fließt aus solchen Transaktionen keine Liquidität zu. Somit führt der Zins nicht immer dazu, dass alles gesparte Geld auch investiert wird, wie es die neoklassische Theorie vorsieht.[358]

Falls die Zentralbank zusätzliches Geld schöpft, um die Zinsen zu senken und so die Investitionen anzuregen, würde dieses sofort wieder in die Spekulation abfließen. Die Wirtschaft befindet sich also in einer „Liquiditätsfalle“, so Keynes.[359]

aa. Die staatspolitische Idee

Die Synthese der drei genannten Bausteine zu einer umfassenden Krisentheorie sieht wie folgt aus:[360] In einer „reifen“, also vielleicht über Jahrzehnte gewachsenen Volkswirtschaft, ist das Volkseinkommen permanent gestiegen. Irgendwann

356 Vgl. Binswanger, Mathias: Wirtschaftwachstum durch “Profits without Production”?, S. 185.

357 Sichtkonten, Sichtgelder oder Sichtguthaben sind Bankguthaben, über die sofort, das heißt ohne vorherige Kündigung, verfügt werden kann. Engl. „demand funds” oder „sight funds”.

358 Leijonhufvud, Axel: Über Keynes und den Keynesianismus, S. 133 ff. und S. 161 ff.

359 Barens, Ingo: Geld und Unterbeschäftigung, S. 225 ff. und S. 234 ff.

360 Vgl. Keynes, John Maynard: The General Theory, S. 370 f.

beginnen die Renditen der Investitionen in Folge von Überkapazitäten zu sinken, was wiederum dazu führt, dass die Investoren die hohe Investitionsrate irgendwann nicht mehr aufrechterhalten. Die „Grenzneigung des Konsums“ nach Keynes verlangt jedoch eine weitere Erhöhung der Investitionsrate, um das gesellschaftliche Ziel der Vollbeschäftigung zu erreichen.

Unter der Grenzneigung des Konsums versteht Keynes, dass die Menschen bei steigendem Einkommen ihren Konsum nicht proportional erhöhen, wodurch es zwangsläufig zu einer Nachfragelücke kommt. Nach der Liquiditätstheorie führt der immer größer werdende Nachfrageausfall dazu, dass immer mehr Geld unproduktiv liquide gehalten wird. Die Unternehmen antizipieren dies und tätigen auch bei niedrigem Zinssatz keine Investitionen mehr.

Das Prinzip der sich selbst erfüllenden Erwartungen beginnt nun in umgekehrter Richtung zu wirken und die Konjunkturspirale dreht sich abwärts. Keynes zieht daraus den Schluss, dass die Wirtschaft in eine systemimmanente Krise rutscht, weil es dem Zins nicht mehr gelingt, die Parameter Sparen und Investieren in einem Gleichgewicht zu halten, und somit Geld dem Einkommens-Produktions-Kreislauf entzogen wird. Er stellt weiterhin fest, dass zu diesem Ausgleich das System selbst nicht mehr in der Lage ist. Deshalb soll der Staat über die Fiskalpolitik eine gewisse Stabilisierung der Nachfrage bewirken. Damit es nicht zu einer Nachfragelücke kommt, müsse diese geschlossen werden, wenn das System nicht wiederholt in einen Zustand der vermehrten Arbeitslosigkeit rutschen soll.

Um periodische Schwankungen zu verhindern, müsse der Staat steuernd eingreifen. Dies wird als Globalsteuerung bezeichnet. Bei einer größer werdenden Nachfragelücke die Nachfrage anzuschieben, kann jedoch nur gelingen, indem Geld ausgegeben wird, über welches der Staat nicht verfügt; er muss also Schulden machen. Mit dieser Ansicht widerspricht Keynes der Neoklassischen Auffassung, die von einem freien Markt ausgeht und einen ausgeglichenen Staatshaushalt postuliert.

Keynes’ staatspolitische Idee ist, dass der Staat durch Fiskal- und Geldpolitik lenkend eingreifen soll, und zwar fiskalpolitisch, indem er Aufträge an die Wirtschaft vergibt, geldpolitisch, indem er die Zinsen erhöht und senkt. Keynes gibt damit erstmals Politikern eine Handhabe, steuernd in die Wirtschaft einzugreifen.

bb. Die Umlaufsicherung

Ein weiterer Unterschied zwischen der Theorie Keynes’ und der der Neoklassik ist die Rolle der Geldmenge. Nach Keynes bestimmt diese sowohl den Beschäftigungsgrad als auch die Produktionsmenge. In der Neoklassik hingegen wird die Produktionsmenge durch die flexiblen Löhne und Preise bestimmt.

Keynes unterstellt bei seinen Annahmen ein festes Lohnniveau, so dass bei einer gegebenen Geldmenge relativ einfach ein Höchstmaß an Beschäftigung und Produktion erreicht werden kann. Daraus leitet er ab, dass es nur durch Zufall oder eine Anpassung der Geldmenge an die Marktgegebenheiten zu einer Vollbeschäftigung kommen kann; immer vorausgesetzt, dass bei steigendem Einkommen der Konsum proportional zunimmt. Zwar ist dieses Prinzip dasselbe wie in der Neoklassik, wo sich die Geldmenge indirekt durch die flexiblen Löhne und Preise anpasst. Keynes war aber der Erste, der die Erwartungshaltung der Konsumenten und Investoren in seiner Theorie mitberücksichtigte. Da diese sich beim Konsumieren und Investieren einschränken, wenn sie mit weiteren Preis- und Lohnsenkungen rechnen, kommt es zu einer erhöhten Präferenz für Liquidität. Nach der Neoklassik fließt dieses Geld zinsbedingt in den Einkommens-Produktions-Kreislauf zurück.

Ein weiterer Unterschied zwischen Keynes und der Neoklassik ist, dass er von einem Gleichgewicht der Unterbeschäftigung ausgeht, während die Neoklassik ein solches der Vollbeschäftigung unterstellt. Keynes geht nicht davon aus, dass das gesamte verfügbare überschüssige Geld reinvestiert wird. Es kann nämlich zu Schwankungen in der Liquiditätspräferenz kommen, was wiederum einen Einfluss auf den Zinssatz hat und somit die Geldmenge zu einem Parameter in diesem System macht. Er kommt daher zu dem Schluss, dass der Kapitalismus nicht die Vollbeschäftigung der Arbeit, sondern des Kapitals anstrebt. Dies bedeutet, dass Lohnabschlüsse hinter den Investitionsentscheidungen zurückstehen und Arbeitsmarktungleichgewichte sich später durch Lohnanpassungen kaum korrigieren lassen.

cc. Die Liquiditätsprämie des Geldes

Nach Keynes besitzt jedes Vermögensgut eine Liquiditätsprämie[361], wobei ein Vermögensgut (englisch „asset“) sich aus drei Komponenten zusammensetzt:

der Produktivität (englisch „yield“) Q eines Vermögensgutes, die ein Erzeugungsverfahren unterstützt oder andere Dienste leistet, den Durchhaltekosten (englisch „carrying cost“) C in Form von Wertminderung durch Verderben und Veraltern wie auch Kosten für Unterhalt, Lagerung und Versicherung und der Liquiditätsprämie (englisch „liquidity premium“) l, eine potenzielle Annehmlichkeit oder Sicherheit. Diese drei Faktoren, bezogen auf 100 Einheiten und auf eine Nutzungsdauer von einem Jahr, ergeben den Zinssatz oder den Zinsfuß (englisch „own-rate of interest“):

$$\text{Zinssatz/Zinsfuß} = Q\text{-}C+l$$

Der Nutzen eines Wirtschaftsgutes ergibt sich somit daraus, dass von den Erträgen des Wirtschaftsgutes die Kosten abgezogen werden und der Nutzen be-

361 Heering, Walter: Geld, Liquiditätsprämie und Kapitalgüternachfrage, S. 70 ff.

stimmt wird, dadurch dass es nicht mehr liquide ist, sich also leicht oder weniger leicht veräußern lässt. Dies ist der so genannte Liquiditätsvorteil.[362]

Anders ausgedrückt ist der Ertrag der Gewinn aus der wirtschaftlichen Nutzung eines Gutes – also das Ergebnis einer Produktivitätssteigerung menschlicher Arbeitskraft oder einer günstigen Marktsituation.

Keynes hat seine Formel auf das Geld angewendet und die Erkenntnis gewonnen, dass Geld einen außerordentlichen Liquiditätswert hat. Denn die Erträge aus Geld belaufen sich auf 0, die Durchhaltekosten sind ebenfalls gleich 0, hingegen ist der Liquiditätsvorteil erheblich. Dies ist bei Kapital und Boden allerdings anders, denn hier ist die Liquiditätsprämie gleich 0. Kapital – Produktionsmittel und Gebrauchsgüter – und Waren verursachen nämlich unterschiedliche Durchhaltekosten. Geld hingegen verursacht Durchhaltekosten nur in Zeiten der Inflation, bei einer Deflation wären sie sogar negativ. Die Rendite einer Geldanlage besteht daher im Wesentlichen aus dem Preis für den Liquiditätsvorteil beziehungsweise in der „Liquiditätsverzichtsprämie“.[363]

Um den Zins zu senken und damit den Mehrwert verschwinden zu lassen, muss nach Keynes das Geld mit Durchhaltekosten belastet werden, denn er wollte ja die langfristig verhängnisvollen Auswirkungen, vor allem Arbeitslosigkeit, vermeiden, die der Zins auf eine wirksame Nachfrage hat. Keynes schreibt: *Thus those reformers who look for a remedy by creating artificial carrying costs for money through the device of requiring legal-tender currency to be periodically stamped at a prescribed cost in oder to retain its quality as money, or in analogous ways, have been on the right track; and the practical value of their proposals deserves considerations.*[364] Allerdings kam er, wie noch näher dargestellt wird, zu anderen Schlussfolgerungen als Gesell. Der angestrebte Endzustand indes war derselbe: *On such assumptions I should guess that a properly run community equipped with modern technical resources, ..., ought to be able to bring down the marginal efficiency of capital in equilibrium approximately to zero within a single generation; so that we should attain the conditions of a quasi-stationary community where change and progress would result only from changes in techniques, taste population and institutions, with the products of capital selling at a price proportioned to the labour, etc. embodied in them on just the same principals as govern the prices of consumption-goods into which capital-charges enter in an insignificant degree.*[365]

Erstaunlich ist, dass Keynes seinen Gedanken nicht weiterverfolgt hat. Er schlug nämlich eine andere Richtung ein, die heute als Keynesianismus bezeich-

362 Heering, Walter: Geld, Liquiditätsprämie und Kapitalgüternachfrage, S. 70 ff.
363 Suhr, Dieter: Auf Arbeitslosigkeit programmierte Wirtschaft, S. 11.
364 Keynes, John Maynard: The General Theory, S. 234.
365 Keynes, John Maynard: The General Theory, S. 220.

net wird, in dem der Staat die Nachfragelücke durch Fiskal- und Geldpolitik ausgleicht.[366] Die Einführung von Stempelgeld hielt er für nicht durchführbar.

Was will Keynes mit den Durchhaltekosten auf Liquidität bezwecken? Anhand seiner Zinsformel wird es deutlich: Die Durchhaltekosten sollen den Liquiditätsvorteil des Geldes aufbrauchen, so dass beim Verleih von Geld – Verkauf von Liquidität – es nicht mehr möglich ist, den Vermögensbestand zu erhöhen. Konsequenz ist: Je nach Höhe der Durchhaltekosten wird der Mehrwert des verliehenen Geldes abgeschöpft.

dd. Der Einfluss auf das Bretton-Woods-Abkommen (1944)

Die entscheidenden Daten für die internationale wirtschaftliche Nachkriegsentwicklung und auch für die bundesdeutsche Währungspolitik bis 1973 wurden durch das internationale Währungsregime von Bretton-Woods vorgegeben. Dieses trat 1945 in Kraft. An dieser Stelle ist zu erwähnen, „dass manchmal Gesell mit seinem Konzept einer internationalen Valuta –Assoziation als einer der geistigen Vorväter des Internationalen Währungsfonds (IWF) genannt wird".[367] Auf die Verbindung zwischen dem Bancorplan und der Internationalen Valuta-Assoziation Gesells wird an anderer Stelle nochmals ausführlich eingegangen.

Nach dem Zweiten Weltkrieg wurde in den westlichen Industrieländern ein stabilitätspolitisches Regime mit Vollbeschäftigungsgarantie etabliert, das mit dem Abkommen von Bretton Woods, einem System fester Wechselkurse mit dem Dollar als Leitwährung, abgesichert wurde. Dieses sollte besonders der früher üblichen „beggar-my-neighbour"-Politik[368] sowie dem „wirtschaftlichen Nationalismus" entgegenwirken.

Das Abkommen von Bretton Woods beruhte auf einem System fester Wechselkurse und einer jeweils autonomen nationalen Geldpolitik. Das externe Gleichgewicht über Anpassung der Wechselkurse sollte dem Markt überlassen bleiben.[369] Die Krise der dreißiger Jahre hatte gezeigt, dass der Welthandel zwischen dem Ersten und Zweiten Weltkrieg schlecht organisiert war. Aus diesem Anlass sollte, unter Beteiligung der USA und Großbritanniens, ein Währungssystem geschaffen werden, das die Fehler der Vergangenheit möglichst vermied. Die Wechselkurs-

366 Barens, Ingo: Geld und Unterbeschäftigung, S. 158 ff.

367 Löhr, Dirk: Fragen der Freiheit, S. 40.

368 Die Teilnehmer der Bretton-Woods-Konferenz machten für das niedrige Lohnniveau und den niedrigen Level des internationalen Handels während der Großen Depression die im Grunde protektionistische Politik („wirtschaftspolitischer Nationalismus") der einzelnen Staaten verantwortlich. Das alles wurde gern als „beggar-my-neighbour policy" bezeichnet, da so die Arbeitslosigkeit von einem Land in das andere exportiert wurde.

369 Vgl. Tomann, Horst: Stabilitätspolitik, S. 242.

änderungen sollten einer internationalen Kontrolle unterworfen, die Währungsreserven durch zusätzliche internationale Finanzierungsfazilitäten ergänzt und die Zahlungsbilanzpolitik überwacht werden.[370]

Trotz einheitlicher Ziele gab es unterschiedliche Wege, um diese zu erreichen. So wurde von britischer Seite der Keynesplan und von amerikanischer Seite der Whiteplan favorisiert.[371] Die Unterschiede lagen vor allem in den verschiedenen Interessen beider Länder: Kriegsbedingt wurden nämlich Großbritannien zum Schuldner- und die USA zum Gläubigerland. Zudem hatten beide Länder in der Wirtschaftspolitik verschiedene Prioritäten gesetzt. Großbritannien wollte Vollbeschäftigung, die USA hingegen wollten in erster Linie eine mögliche Inflation vermeiden.[372]

White und Keynes waren die herausragenden Persönlichkeiten bei der Schaffung des Internationalen Währungsfonds (IWF) – White war im U.S. Treasury ab 1934, Keynes im British Treasury ab 1940 tätig.[373]

Whites erste Vorschläge sahen zwei Institutionen vor, die Inter-Allied Bank und den Inter- Allied Stabilisation Fund.[374] Beide wurden mit den Bretton-Woods-Institutionen Weltbank und Internationaler Währungsfonds realisiert.

Keynes dagegen suchte nach einer Möglichkeit, mittels der die Position Großbritanniens gegenüber den USA gewahrt werden konnte, und dies vor dem Hintergrund, dass Großbritannien kriegsbedingt große Verluste an Währungsreserven zu verkraften hatte.[375] Unabhängig davon hatte er bereits in seinem *Treatise of Money* 1930 einen Plan vorgestellt, der dem Stabilisierungsfonds von White glich. Es sollte eine supranationale Bank eingerichtet werden, die als eine Art Zentralbank für die Zentralbanken der einzelnen Länder fungieren sollte. Für Keynes war es wichtig, dass eine Institution mit der Überwachung von Wechselkursen ins Leben gerufen wurde, die auch mit disziplinarischen Kompetenzen ausgestattet war. So schlug er im Jahr 1941 dem British Treasury die Clearing Union vor.[376]

Keynes' "Proposals for an International Currency (or Clearing Union)" sahen vor, dass die International Currency Union die International Clearing Bank leiten

---

370 Vgl. Jarchow, Hans-Joachim / Rühmann, Peter: Monetäre Außenwirtschaft, S. 108.

371 J. M. Keynes war Berater des britischen Schatzamtes, H.D.White war Mitglied des amerikanischen Schatzamtes; beide Pläne wurden 1943 veröffentlicht.

372 Vgl. Jarchow, Hans-Joachim / Rühmann, Peter: Monetäre Außenwirtschaft, S. 109 f.

373 Vgl. Horsefield, John Keith: The International Monetary Fund, Vol. I, S. 3, und Bachmann, H.: Die Konventionen von Bretton Woods, S. 10 ff.

374 Vgl. Horsefield, John Keith: The International Monetary Fund, Vol. I, S. 12 f.

375 Vgl. Horsefield, John Keith: The International Monetary Fund, Vol. I, S. 6 f., und Moggridge, Donald: The Collected Writing, S. 3 ff. Eine Darstellung der Vorbereitungsphase und der Verhandlungen von Bretton-Woods bezogen auf Keynes findet sich bei Moggridge, Donald: Collected Writing of John Maynard Keynes, Vol. XXV und Vol. XXVI.

376 Vgl. Horsefield, John Keith: The International Monetary Fund, Vol. I, S. 16.

sollte. Diese hatte Konten der Zentralbanken zu halten, wobei die Konten in einer internationalen Währung geführt werden sollten, welche Keynes als Bancor bezeichnete.[377] Der Bancor war in Goldeinheiten ausgedrückt. Nur die Union – nicht die Clearing Bank – sollte die Kompetenz besitzen, den Wert des Bancor zu verändern. Die Mitgliedsstaaten hingegen sollten die Möglichkeit haben, den Bancor im Austausch gegen Gold zu erhalten, jedoch nicht umgekehrt. Die Currency Union als supranationale Zentralbank war an dem britischen Bankensystem orientiert, was bedeutete, dass Zahlungsbilanzungleichgewichte durch Überschuss- oder Defizitländer ausgeglichen werden sollten.[378]

Nach Keynes soll dieser Ausgleich nicht mit Nachteilen für die Überschussländer verbunden sein, da die Zahlungsbilanzüberschüsse mit stillen Reserven gleichzusetzen waren. Sowohl für Überschüsse als auch für Defizite sollte die Union Zinsen erhalten. Zudem sah der Plan eine Begrenzung des jährlichen Zahlungsbilanzdefizits vor, wobei individuell für jedes Land eine bestimmte Quote festgelegt werden sollte.[379]

Die Wechselkurse sollten im Verhältnis zum Bancor fix sein und ohne Genehmigung des Governing Board of the Union nicht verändert werden.[380]

Der Plan beinhaltete eine weltweite Mitgliedschaft in dieser Union, wobei die USA und Großbritannien als Gründungsmitglieder die restlichen Mitgliedsländer überstimmen konnten. Der Hauptsitz der Union sollte London sein. Als erste Übergangsphase zum Wiederaufbau der Ökonomien nach dem Krieg sah Keynes eine Zeitspanne von fünf Jahren vor, für die besondere Vereinbarungen getroffen werden sollten.

Nach weiteren Überlegungen und Korrekturen sowohl auf amerikanischer als auch auf britischer Seite wurde schließlich der IWF (International Monetary Fund) am 22. Juli 1944 gegründet. Er stellte einen Kompromiss zwischen dem Keynes- und dem Whiteplan dar, war aber dennoch stark von den Vorstellungen Keynes' geprägt, auch wenn die internationale, entnationalisierte Währung als reines Buchgeld nicht realisiert wurde und die Lösung mehr zu einem Stabilitätsfonds tendierte.[381]

2. Gemeinsamkeiten in der wirtschaftspolitischen Philosophie

Sowohl Keynes als auch Gesell kommen zu der Erkenntnis, dass das Marktsystem im Laufe der Zeit aus immanenten Gründen nicht aus eigener Kraft zu einem Gleichgewicht finden kann. Die Ursache wird in beiden Theorien in einem man-

---

377 Vgl. Horsefield, John Keith: The International Monetary Fund, Vol. I, S. 19.
378 Vgl. Horsefield, John Keith: The International Monetary Fund, Vol. I, S. 20.
379 Vgl. Horsefield, John Keith: The International Monetary Fund, Vol. I, S. 19.
380 Vgl. Horsefield, John Keith: The International Monetary Fund, Vol. I, S. 20.
381 Vgl. Horsefield, John Keith: The International Monetary, Fund Vol. III, S. 54 f. und S. 185 f.

gelhaft funktionierenden Zinssystem gesehen.[382] Gesell wie auch Keynes streben eine freiwirtschaftliche Geldreform an, so dass deren jeweilige Begründung näher untersucht und berücksichtigt werden muss. Durch eine Liquiditätsgebühr, so Keynes, würde sowohl das Auseinanderdriften der Geldvermögen und der Realwirtschaft verhindert werden, als auch ein Anreiz dafür geboten, gesparte Liquidität als Investition im volkswirtschaftlichen Einkommens-Produktions-Kreislauf zu belassen.[383]

Wie hinsichtlich der Gesellschen Auffassung bereits erwähnt, sind alle Güter von Natur aus mit Durchhaltekosten belastet, d. h. sie verwittern, verfaulen oder veraltern. Geld hingegen ist nicht oder in weitaus geringerem Maße mit Durchhaltekosten belastet. Aus diesem Grund schlussfolgert er, dass der Geldhalter – und besonders der wohlhabende, der also unter keinem Zwang zum sofortigen Konsumieren steht – im Vorteil gegenüber dem Halter von Gütern ist. Er kann es sich nämlich leisten zu warten, ohne einen dem Güterhalter vergleichbaren Wertverlust zu riskieren beziehungsweise hinnehmen zu müssen. Der Geldhalter verlangt einen Abschlag, den sogenannten Urzins, der durch reine Kaufzurückhaltung bzw. Kaufverzögerung oder Horten des Geldes erzwungen werden kann. Dieser Abschlag wird auch dann erhoben, wenn Geld verliehen und für Investitionszwecke zur Verfügung gestellt wird.

Keynes hingegen argumentierte folgendermaßen: Die sogenannte Liquiditätsprämie bzw. Liquiditätsverzichtsprämie ist die Ertragsrate der Geldhaltung gegenüber der Möglichkeit, Konsum- oder Investitionsgüter zu halten, die einen unterschiedlichen Grad an Liquidität besitzen. Die Liquiditätsprämie auf Geld bestimmt nun den monetären Zinssatz und dieser, da er dem Investitions- und Produktionsprozess vorgeschaltet ist, die Untergrenze des mindestens zu erwirtschaftenden Profits. Was also für Gesell der Urzins ist, ist für Keynes die Liquiditätsprämie.

Weil das Geld ein Tausch- wie auch ein Wertaufbewahrungsmittel ist, hat es eine Monopolstellung inne. Der Geldbesitzer kann sich für die Nichtaufbewahrung desselben mit Geld in Form von Zins entschädigen lassen. In der Konsequenz bestreiten sowohl Keynes als auch Gesell, dass der Zins Konsumverzicht ist; darüber hinaus habe er auch nichts mit „Produktivität des Geldkapitals“, „Sparprämie“ oder „Warteprämie“ zu tun. Der Zins sei ausschließlich eine Entschädigung für die Aufgabe der Liquidität; und die Höhe des Zinses bemesse sich an der Abneigung des Geldbesitzers, sich von seinen liquiden Mitteln zu trennen.[384]

Die Monopolstellung des Geldes hinsichtlich der Entscheidung, es zu halten oder zu investieren, dominiert den gesamten Wirtschaftsprozess. Ökonomische

382 Volker, Caspari: Walras, Marshall, Keynes, S. 145.
383 Caspari, Volker: European journal of the history of economic thought, S. 245 f.
384 Volker, Caspari: Walras, Marshall, Keynes, S. 164 f.

Vorgänge werden somit grundsätzlich von der Verfügungsgewalt der Geldhalter über ihre Geldvermögen bestimmt. Varianten in der Neigung zur Geldhaltung bestimmen die Liquiditätsprämie und damit die Höhe des Geldzinses.[385]

Nach Keynes bestimmt der Geldzins auch die Profitrate der Produktion in der von ihm bezeichneten Realsphäre. Eine Investition ist eingesetztes Sachkapital, welches zur Verfügung gestelltes Geld des Geldkapitals ist, so dass sie mindestens die Rendite des Kredit- bzw. Geldzinses erreichen muss.[386] Damit wird ein Rentabilitätszwang mit Untergrenze festgelegt. Der Profit des Sachkapitals kann somit nicht losgelöst betrachtet werden, sondern ist eindeutig durch die Höhe der Liquiditätsprämie bestimmt. Indem das Geldkapital das Geldangebot knapp hält, wird eine Verknappung der Produktion erzwungen. Beide Autoren, sowohl Gesell als auch Keynes, bestreiten einen Zusammenhang zwischen Privatbesitz an Produktionsmitteln und der Entstehung von Profit und setzen sich in Widerspruch zur marxistischen Lehre.

Bezüglich der Analyse von Krise und Arbeitslosigkeit stimmen beide in ihren Überzeugungen überein. Im Falle eines Konjunkturabschwungs sinkt nicht etwa die Liquiditätspräferenz, sondern sie hat im Gegenteil die Neigung, weiter anzusteigen. Dieser induzierte Zinssatz liegt jedenfalls über dem, was ein Vollbeschäftigungsgleichgewicht erzeugen würde. Somit setzt ein Selbstverstärkungsprozess ein, der immer weniger Investitionen zur Folge hat. Die mit zunehmender Neigung zur Geldhaltung entstehende Zinsbarriere ist Ursache für die Krise und Arbeitslosigkeit und gründet ihrerseits in der Funktion des Geldes als Wertaufbewahrungsmittel. Im Gegensatz dazu setzt ein Konjunkturaufschwung die Sachkapitalbildung voraus, also Investitionen, und damit einen Verzicht auf Geldhaltung, diese wiederum werden beschränkt durch die limitierte Bereitschaft zur Geldherausgabe bzw. auf Liquidität zu verzichten.[387]

In einer Krise wird die so unbedingt notwendige Verbilligung der Kredite durch die gleichbleibend hohe Liquiditätspräferenz unterbunden und mit ihr die Neigung zu investieren. Die Ausweitung der Produktion unterbleibt, und ein Vollbeschäftigungsniveau kann nicht erreicht werden. Im Gegensatz zur klassischen Schule ist für die Krise nicht der Kapitalmangel aufgrund von Konsumverzicht ursächlich, sondern gerade das Gegenteil, die Verknappung, das Zurückhalten von Geld. Der neuralgische Punkt ist das Geldkapital, denn dieses löst die Krise aus und beendet sie erst dann wieder, wenn die Profiterwartungen auf dem Gütermarkt das Niveau der Liquiditätsprämie erreicht haben.

---

385 Barens, Ingo / Caspari, Volker: Own rate of interest, S. 283 ff.

386 Barens, Ingo / Caspari, Volker: Own rate of interest, S. 283.

387 Barens, Ingo / Caspari, Volker: Old views and new perspectives, S. 216 ff.

Gesell und Keynes sind der Auffassung, dass das Wirtschaftssystem besser funktionieren könnte, wenn nicht der zinsbedingte Mangel gegeben wäre. Der Grund dafür wird von beiden in der unproduktiven Liquidität gesehen.

3. Keynes – Ein Plagiator der Gesellschen Freigeldtheorie?

Keynes und Gesell weisen somit in ihren geldtheoretischen Beiträgen große Parallelen auf. Der Zins ist monetär bestimmt und wird nicht etwa auf die Existenz des Profits zurückgeführt.[388] Im Folgenden soll einerseits das bisher weitgehend ignorierte Werk Gesells kritisch gewürdigt und andererseits sollen die eher wenig beachteten monetären Überlegungen Keynes in den Vordergrund gestellt werden.[389] Letzteres ist vor allem durch den Monetär-Keynesianismus geschehen.[390]

Sein Hauptwerk „Die Natürliche Wirtschaftsordnung" veröffentlichte Silvio Gesell 1916, also vor Keynes' „General Theory" von 1936. Eine Beeinflussung von Gesell durch Keynes' Ideen ist also auszuschließen, dagegen ist der umgekehrte Fall durch Äußerungen Keynes' in seiner General Theory belegt.

Wie kommt nun die gezeigte frappierende Übereinstimmung zwischen Keynes und Gesell zustande? Die Vorstellung und der Gedanke hinter dem gestempeltem Geld ist nach Keynes Einschätzung eine *idea behind stamped money is sound.*[391] Da Gesell jedoch die Vorliebe für Liquidität nicht richtig erkannte, habe er wohl die Tatsache übersehen, *in particular, he was unaware that money was not unique inhaving a liquidity-premium attached to it, but differed only in degree from many other articles, deriving its importance from having a greater liquidity-premium than any other article.*[392] Keynes war der Überzeugung, dass das Abstempeln von Banknoten allein nicht die Flucht des Geldes in die Liquidität verhindern kann und nur *a long series of substitutes would step into their shoes – bank-money, debts at call foreign money, jewellery and the precious metals generally, and so forth.*[393]

388 Spahn, Heinz-Peter: Marx – Schumpeter – Keynes, S. 249 und Barens, Ingo / Caspari, Volker: Own rate of interest, S. 283.

389 Gick, Wolgang: Die Entwicklung der Geldtheorie bei John Maynard Keynes, S. 10.

390 Die monetär-keynesianische Interpretation von Keynes ist nur eine von vielen Auslegungen. Diese Vielfalt der Auslegungen macht Gude deutlich, wenn er meint, dass viele Wissenschaftler und Politiker sich bemüht hätten, Keynes zu beerben, wobei sie nur einen Teil seiner Lehre übernommen hätten. Gude spricht von einer „inflationären Inanspruchnahme der Gedanken Keynes von allen Seiten." Gude, Jürgen: Hayek, Keynes und die Freiwirtschaft, S. 4.

391 Keynes, John Maynard: The General Theory, S. 357.

392 Keynes, John Maynard: The General Theory, S. 357.

393 Keynes, John Maynard: The General Theory, S. 358.

An dieser Stelle wird Keynes Gesell nicht gerecht, denn dieser wollte ja gerade das Gegenteil erreichen. Das Geld wollte er seiner Wertaufbewahrungsfunktion berauben, also sich seiner entledigen. Das Geld könnte zwar als Wertaufbewahrungsmittel – also als liquide Vermögensanlageform – ersetzt werden, aber nicht auch notwendigerweise als Zahlungsmittel. Die Vorstellung, mit Edelmetallen oder Edelsteinen etc. einkaufen zu gehen, lag ihm fern. Es sei auch wenig praktikabel, in eine Art Naturaltauschhandel zurückzufallen. Die steigenden Transaktionskosten bei der Substituierung des Geldes werden bei Keynes außer Acht gelassen. Er hat in diesem Fall den Einfluss der von ihm erkannten Liquiditätspräferenz überschätzt.

Selbst die stärkste Inflation kann das Geld in seiner Funktion als Zahlungsmittel normalerweise nicht verdrängen. Auch der Begriff der Zigarettenwährung bedeutet eben nicht, dass die Menschen stangen- oder kartonweise mit Zigaretten umherlaufen, sondern dass die Zigaretten stabiler Wertmaßstab werden. In einigen Ländern Südamerikas werden die Preise sehr häufig in US-Dollar ausgezeichnet. Dennoch wird die Rechnung in der jeweiligen Landeswährung beglichen. Vorteilhaft ist dabei die Vermeidung des häufigen Austauschs der Preisschilder. Sofern Geld seine Zahlungsmittelfunktion verloren hätte, wären auch Bilder von Geldbündeln, die zu Zeiten einer Hyperinflation noch als Zahlungsmittel dienen, unmöglich.

Gleichwohl waren Keynes' Zweifel nicht völlig unberechtigt. Was wollte Gesell eigentlich bezwecken? Jedenfalls nicht das bestehende Geldsystem beibehalten.

a. Die Geldtheorie

Der Begriff des Geldes wird von Keynes und Gesell unterschiedlich beantwortet. Für Keynes besteht Geld aus der Menge des Zentralbankgeldes zuzüglich der Sichtguthaben. Gesell verwendet einen enger gefassten Geldbegriff. Für ihn gilt lediglich Bargeld, also Zentralbankgeld, als Geld, denn über das Giralgeld können nicht Kontoinhaber und Banken gleichzeitig verfügen, sondern nur nacheinander.

Sowohl Gesell als auch Keynes betonen die Bedeutung des Geldes für den Wirtschaftskreislauf.[394] Während diese Haltung bei Gesell eindeutig nachzuvollziehen ist, geht die Interpretation von Keynes' Theorie als einer monetären der Produktion in der „neoklassisch inspirierten Rezeption der General Theory“[395] unter. Durch seine Beschreibung der Geldwirtschaft, in der die Existenz des Geldes

394 Leijonhufvud, Axel: Über Keynes und den Keynesianismus, S. 35.
395 Caspari, Volker: A Marshallian perspective of Keynes, S. 101 ff. und Klausinger, Hansjörg: Theorien der Geldwirtschaft, S. 148.

den entscheidenden Unterschied zu einer Realtauschwirtschaft bildet und somit Abflüsse aus dem Einkommenskreislauf auftreten,[396] und damit Vollbeschäftigung nicht mehr gesichert ist, wird die bestimmende Rolle des Geldes bei Keynes deutlich.[397] Gesell meint zur Bedeutung [...] *den Absatz, den gegenseitigen Austausch der Arbeitsprodukte, vermittelt das Geld. Ohne das Dazwischentreten des Geldes gelangt keine Ware mehr bis zum Verbraucher.*[398]

Was bestimmt die beherrschende Stellung des Geldes innerhalb des ökonomischen Prozesses – die „Dominanz der Geldsphäre über die Gütersphäre"?[399] Sie beruht auf seinen besonderen Eigenschaften, die es neben seiner Funktion als Tauschmittel besitzt; eine solche Eigenschaft ist die unelastische Produktion des Geldes, was Keynes folgendermaßen formuliert: *The first characteristic* [...] *is the fact that money has, both in the long and in the short period, a zero, or at any rate a very small, elasticity of production, so far as the power of private enterprise is concerned, as distinct from the monetary authority.* [...] *Money, that is to say, cannot be readily produced.*[400] Auch Gesell hat diese besondere Eigenschaft des Geldes herausgestellt. Für ihn gehört *zum Wesen eines Tauschmittels, daß bei seiner Herstellung die Gewerbefreiheit auf irgendeine Weise ausgeschaltet werde. Stände es jedermann frei, Geld zu verfertigen, und zwar nach seiner Weise, so würde die Vielgestaltigkeit solchen Geldes dieses für den Zweck, den es erfüllen soll, einfach unbrauchbar machen. Jeder würde sein eigenes Produkt als Geld erklären, und damit wären wir ja wieder beim Tauschhandel angekommen.*[401] Da aber alle reinen Rentenfaktoren – man denke zum Beispiel an den Faktor Boden – eine unelastische Produktion aufweisen, reicht dieses Merkmal nicht aus, um die Sonderstellung des Geldes zu erklären.

Eine weitere Eigenschaft des Geldes ist seine niedrige Substitutionselastizität. Steigt nach Keynes der Tauschwert des Geldes, wird es nicht durch einen anderen Faktor ersetzt: *This follows from the peculiarity of money that its utility its solely derived from its exchange-value.*[402] Das Geld seinen Nutzen also einzig durch den Akt des Tausches erhält. Diese Eigenschaft spricht Gesell nicht direkt an, doch gibt es verschiedene Hinweise, die auf eine ähnliche Sichtweise hindeuten. Dazu zählt folgende Äußerung: *Zum Wesen des Geldes gehört es aber, daß das Geld nicht wegen seines Materials* [...] *wegen gekauft werde, sondern seiner Eigen-*

396 Barens, Ingo: Geld und Unterbeschäftigung, S. 104.

397 Klausinger, Hansjörg: Theorien der Geldwirtschaft, S. 150 und Barens, Ingo / Caspari, Volker: Old views and new perspectives, S. 216 ff.

398 Gesell, Silvio: Die Natürliche Wirtschaftsordnung, S. 116.

399 Riese, Hajo: Keynesianische Kapitaltheorie, S. 382

400 Keynes, John Maynard: The General Theory S. 230.

401 Gesell, Silvio: Die Natürliche Wirtschaftsordnung, S. 131.

402 Keynes, John Maynard: The General Theory, S. 231.

schaft als Tauschmittel wegen, dass es nicht verbraucht, sondern nur als Tauschmittel gebraucht werde.[403] Auch hier ergibt sich der Nutzen des Geldes wie bei Keynes nur aus dem Tauschwert und nicht aus dem Stoffwert, da dem *Inhaber das Geldmaterial gleichgültig ist.*[404]

Nach Gesell besteht die dritte Eigenschaft des Geldes darin, dass Geld von Dauer ist, während Realkapital mit der Zeit an Wert verliert. Während alle Waren die Eigenschaft besitzen, durch *Bruch, Rost, Fäulnis, Nässe, Hitze, Kälte, Wind, Blitz, Staub, Mäuse*[405] etc. zu verfallen oder wegen des technischen Fortschritts zu veralten, behält das Geld seinen Wert, denn es *rostet nicht.* [...] *Das Geld* [...] *schützt seinen Besitzer vor jedem Stoffverlust.*[406] Keynes formuliert diese Qualität des Geldes ähnlich: *Most assets, except money, suffer some wastage or involve some cost through the mere passage of time* [...], *they involve a carrying cost.*[407]

Diese Eigenschaft der fehlenden Durchhaltekosten hat zur Konsequenz, dass Geld das geeignete Mittel der Wertaufbewahrung wird, also vom Wirtschaftskreislauf zurückgehalten werden kann. Gesell nennt dies Horten und begründet es mit dem fehlenden Angebotsdruck auf das Geld, während Realkapital aufgrund des zeitbedingten Wertverlustes unter einem solchen Angebotsdruck steht. Statt Horten verwendet Keynes den Begriff *Liquidity-preference.*[408] In seiner General Theory vergleicht er sogar die Begriffe Hortung und Vorliebe für Liquidität noch genauer, um sie exakter beschreiben zu können. Die Entscheidung zu horten werde nicht ohne Rücksicht auf die Vorteile getroffen, die aus der Aufgabe der Liquidität resultieren. Nicht die einfache Entscheidung zwischen Hortung und Nicht-Hortung, sondern das Abwägen von Vorteilen beeinflusst die Entscheidung zu horten. Vorliebe für Liquidität und Hortung stimmen also dann überein, wenn Hortung ebenfalls als relativer Hang zum Horten und nicht als absoluter Begriff gesehen wird. *The readiness of the public to increase their stock of money inresponse to a comparatively small stimulus is due to the advantages of liquidity* [...] *having no offset to contend with in the shape of carrying-costs mounting steeply with the lapse of time.*[409] Somit wird Geld zusätzlich zu seiner Funktion als Tauschmittel zum Wertaufbewahrungsmittel.

Diese drei Eigenschaften zusammengenommen, geringe Produktionskosten wie Substitutionselastizität und fehlende Durchhaltekosten, machen das Geld zu

403 Gesell, Silvio: Die Natürliche Wirtschaftsordnung, S. 132.
404 Gesell, Silvio: Die Natürliche Wirtschaftsordnung, S. 132.
405 Gesell, Silvio: Die Natürliche Wirtschaftsordnung, S. 177.
406 Gesell, Silvio: Die Natürliche Wirtschaftsordnung, S. 179.
407 Keynes, John Maynard: The General Theory, S. 225.
408 Keynes, John Maynard: The General Theory, S. 174.
409 Keynes, John Maynard: The General Theory, S. 233.

einem ganz besonderen Gut, das sich von allen anderen Gütern unterscheidet. Es wird zum *wichtigsten und nützlichsten aller Gebrauchsgüter.*[410] Diese spezifischen Eigenschaften des Geldes und die daraus abgeleitete Liquiditätsvorliebe bzw. Hortung ermöglichen folglich eine monetäre Ableitung des Zinses.

b. Die Zinstheorie

Der Vergleich der Zinstheorie von Gesell und Keynes erfolgt hier ausdrücklich durch eine monetär-keynesianische Interpretation der Keynesschen Theorie.[411] Denn Keynes war sich bewusst, dass seine monetäre Ableitung des Zinses einen entscheidenden Unterschied zur klassischen oder neoklassischen Schule darstellt. Er formuliert im 15. Kapitel seiner General Theory eine kurzfristig orientierte Liquiditätspräferenztheorie, in welcher die Geldhaltung vom Zins abhängt, während er im 17. Kapitel eine langfristig orientierte Liquiditätspräferenztheorie durch die Einführung einer Liquiditätsprämie entwickelt.[412]

Das Problem dieser im 15. Kapitel formulierten Liquiditätspräferenztheorie liegt in der durch die Zentralbank bestimmten Geldmenge. Dadurch wird die Geldangebotsseite exogen durch das Institutionensystem bestimmt und katapultiert damit die Zinsbestimmung aus der Marktökonomie. Im Gegensatz dazu ermöglicht die Einführung einer Liquiditätsprämie eine marktkonforme Zinsbestimmung, in der die Liquiditätspräferenz zugleich Geldnachfrage und Geldangebot bestimmt.[413]

Im 17. Kapitel entwickelt Keynes dann eine ausgesprochen monetäre Theorie der Zinsbestimmung, nach der die Individuen zwischen dem Halten und der Aufgabe von Liquidität wählen können. Das Halten von Geld wird dabei durch die fehlenden Durchhaltekosten des Geldes ermöglicht, die es somit von allen anderen Vermögensgegenständen unterscheidet.[414] In diesem Punkt sind sich Keynes und Gesell, wie bereits oben dargestellt, einig.

Während das Halten von Geld eine Liquiditätsprämie abwirft, die einen nichtmateriellen Nutzen darstellt, bringt die Aufgabe von Liquidität einen materiellen

---

410 Gesell, Silvio: Die Natürliche Wirtschaftsordnung, S. 137.

411 Leijonhufvud, Axel: Über Keynes und den Keynesianismus, S. 35, und Barens, Ingo / Caspari, Volker: Old views and new perspectives, S. 216 ff.

412 Barens, Ingo: Geld und Unterbeschäftigung, S. 176 ff., und Lang, Thomas: Geld und Zins als monetäre Ursache des Wirtschaftswachstums, S. 41.

413 Riese, Hajo: Keynesianische Kapitaltheorie, S. 383 und Caspari, Volker: A Marshallian perspective of Keynes, S. 101 ff.

414 Keynes beschreibt drei Eigenschaften von Vermögensbeständen, die diese in verschiedenen Graden aufweisen: 1. Erzeugung eines Ertrages, 2. Durchhaltekosten, 3. Annehmlichkeit bzw. Sicherheit durch die Verfügungsmacht über einen Vermögensbestand.

Ertrag, nämlich mehr Geld. „Diese Wahlmöglichkeit begründet ein Kalkül des Vermögensbesitzers, der sein Vermögen mit dem Halten von Geld sichert und mit Aufgabe von Geld zu vermehren trachtet."[415] Dem Geld wird somit die Funktion der Vermögenssicherung, der Wertaufbewahrung bzw. der Vermögensmehrung zugesprochen.[416]

Nach Keynes ist der Zins *the reward of not-hoarding*[417] bzw. *being the reward for parting with liquidity, is a measure of the unwillingness of those who possess money to part with their liquid control over it.*[418] Er ist nach Gesell Ausdruck der Überlegenheit des Geldbesitzers über den Warenbesitzer, *der Regel nach eine Sonderleistung* [zu] *fordern* könne *für das Vorrecht, vom Markte fernbleiben zu können.*[419] Beide leiten den Zins aus der ökonomischen Macht am Besitz von Geld ab. Dennoch unterscheiden sich Keynes' Liquiditätsprämie und Gesells Urzins voneinander. Für Keynes ist das Horten Ausdruck des Sicherheitsbedürfnisses der Wirtschaftssubjekte. Gesell sieht die Macht des Geldbesitzers in der durch das Horten von Geld verursachten Deflation, die den Zins erzwingt.

Der Besitzer von Vermögen stellt wegen der besonderen Bedingungen am Vermögensmarkt zwei Überlegungen an. Einerseits muss er einen Knappheitspreis für seine Liquiditätsaufgabe berechnen, den Zins. Zusätzlich dazu muss er aber die Sicherheit der Kreditrückzahlung einschätzen können. Während auf dem Gütermarkt lediglich der Preis kalkuliert werden muss, da eine Transaktion hier mit dem Austausch der Güter[420] abgeschlossen ist, ist eine Transaktion auf dem Vermögensmarkt erst mit der Kreditrückzahlung, also nach einem gewissen Time-Lag beendet.[421] Dieser wird erst durch die Existenz des Geldes ermöglicht, denn *for the importance of money essentially flows from its being a link between the present and the future.*[422] Der Time-Lag ist Ursache für die Unsicherheit des Vermögensrückflusses, die das Geldangebot begrenzt, also das Geld zu einem ständig knappen Gut macht.[423] Mit der Unsicherheit erhöht sich die Liquiditätsprämie, wodurch sich das Geldangebot verringert, der Marktzinssatz steigt. „Unsicherheit tritt somit auf, weil Geld existiert, weil wir in einer Geldwirtschaft leben. Unsicherheit ist eine Kategorie des Vermögensmarktes, nicht des Gütermarktes."[424]

---

415 Riese, Hajo: Theorie der Inflation, S. 52.
416 Barens, Ingo: Geld und Unterbeschäftigung, S. 167 ff.
417 Keynes, John Maynard: The General Theory, S. 174.
418 Keynes, John Maynard: The General Theory, S. 167.
419 Gesell, Silvio: Die Natürliche Wirtschaftsordnung, S. 180.
420 Geld gilt hier als Gut.
421 Riese, Hajo: Theorie der Inflation, S. 54.
422 Keynes, John Maynard: The General Theory, S. 293.
423 Lang, Thomas: Geld und Zins als monetäre Ursachen des Wirtschaftswachstums, S. 42.
424 Riese, Hajo: Theorie der Inflation, S. 56, und Barens, Ingo / Caspari, Volker: Own rate

Keynes liefert mit seiner Begründung der Geldfunktion einen fundamentalen Gegenentwurf zur Neoklassischen Theorie, in welcher der Konsumverzicht – also das Verschieben des Konsums in die Zukunft – die Gegenwart mit der Zukunft verbindet.

Gesells Theorie der monetären Zinsbestimmung entspricht weitgehend derjenigen von Keynes, wenn auch seine Theorie nicht so ausgefeilt ist. Gesell entwickelt keine differenzierte Theorie der Kassenhaltung mit den verschiedenen Kassenhaltungsmotiven, bei ihm gibt es nur die Optionen zu horten oder nicht zu horten.

Gesell und Keynes vertreten gemeinsam die These, dass der Zins nicht beliebig sinken kann, weil das Halten von Geld eine makroökonomische Budgetrestriktion darstellt. Dazu schreibt Keynes: *There are, however several reasons, which taken in combination are of compelling force, why in an economy of the type to which we are accustomed it is very probable that the money-rate of interest will often prove reluctant to decline adequately.*[425] Gesell schildert diesen Sachverhalt anhand eines Beispiels: *Wenn wir annehmen, dass der Geldbestand durch die Pest nicht verändert worden wäre, so würde das Missverhältnis zwischen Geld und Waren die Preise in die Höhe treiben, aber auf den Zins hätte der verhältnismäßig große Geldbestand keinen Einfluß, da, wie wir gezeigt haben, es niemals einen Wettbewerb unter Geldverleihern geben kann.*[426]

Ein wichtiger Aspekt hierbei sind die fehlenden Durchhaltekosten des Geldes. Für Gesell stellen diese die Hauptursache für den nicht vorhandenen Wettbewerb zwischen den Geldverleihern dar – und damit für die Möglichkeit zum Horten. Keynes hingegen sieht dagegen noch weitere Gründe für die fehlende Elastizität der Zinsen. In Frage kommt eine Zunahme der Liquiditätsvorliebe bei negativen Erwartungen bezüglich weiterer Lohnsenkungen. Die zunehmende Geldhaltung würde ein Sinken der Zinsen verhindern. Auch ist es *the fact that wagest end to be sticky in terms of money-wage being more stable than the real wage.*[427] und diese Geldillusion hindert die Bereitschaft den Nominallohn zu senken. *This expectation* [der Stabilität des Geldes] [...] *prevents the exceptional correlation between the money-rate of interest and the marginal efficiencies of other assets which might, if it could exist, rob the money-rate of interest of ist sting.*[428] Hiermit wird auch innerhalb der Zinstheorie die bereits erwähnte Dominanz der Geld- über die Gütersphäre ausgesprochen. Dabei lässt Keynes keinen Zweifel an dieser Aussage, wenn er sagt, dass *the money-rate interest, by setting the page for all*

---

of interest, S. 283.

425 Keynes, John Maynard: The General Theory, S. 232.

426 Gesell, Silvio: Die Natürliche Wirtschaftsordnung, S. 343.

427 Keynes, John Maynard: The General Theory, S. 232.

428 Keynes, John Maynard: The General Theory, S. 238.

other commodity-rates.[429] Gesell drückt denselben Sachverhalt lediglich in anderen Worten aus: *Der Geldzins wird nicht vom Zins der Sachgüter beeinflusst,* [...] *wohl aber umgekehrt,* er *wird von den Waren, also unmittelbar aus dem Kreislauf von Waren und Geld erhoben.*[430]

Letztendlich muss Zins vom Unternehmer durch Erwirtschaftung eines Profits bezahlt werden. Damit liegt bei Gesell und Keynes auch eine Betonung der Gläubiger-Schuldner-Beziehung vor, in der deutlich wird, dass der Produktion eine Investition und damit meist eine Finanzierung über den Vermögensmarkt vorangehen muss, wodurch der Kapitalbegriff zu einer monetären Kategorie wird.[431] Somit kann für die Theorien Gesells und Keynes' bezüglich des marktlogischen Gehalts der monetären Theorie der Produktion gesagt werden, dass Geld die generelle Budgetrestriktion des Marktsystems bildet und dadurch der Zins zu einem monetären Phänomen wird.

c. Die Verbindungslinie zwischen Gesell und Keynes

Nach Keynes hat Gesell zwar tiefe Einsichten in die Natur des Wirtschaftsgeschehens gehabt, sei aber nicht bis auf den Grund der Sache vorgestoßen. Aber „... hat wirklich Gesell den Kern der Sache verfehlt, oder war es nicht vielmehr Keynes, der im letzten Moment einen Bogen um die monetäre Kernspaltung und den daraus entspringenden Zins machte, anstatt diese als des Pudels Kern zu erkennen [...]"[432]

Angeblich hat Keynes Silvio Gesell als „Underconsumptionisten" bezeichnet. Dieser Begriff gilt für all jene, die die Krisenursachen des Kapitalismus auf der Nachfrageseite sehen, welches sowohl für Gesell als auch für Keynes selbst zutrifft.[433] Als erster bekannter Ökonom hat Keynes monetäre Gründe für die Krisenanfälligkeit des Kapitalismus angeführt. Inhaltlich unterscheiden sich die Krisentheorien von Gesell und Keynes kaum. „Keynes öffnete Tausenden von Ökonomen die Augen: Geld ist keine unschuldige Vermittlungsinstanz, es kann die Quelle schwerer und lang anhaltender Störungen werden."[434] Im Unterschied zu Gesell hat Keynes es geschafft, seine Theorie in einer Weise zu Papier zu bringen, die von der etablierten Ökonomie verstanden und akzeptiert wurde. Weiter hervorzuheben ist, dass Keynes auch wichtige zinstheoretische Anregungen von Gesell übernommen hat, denn er lobt Gesell dafür, dass er konsequent eine Un-

429 Keynes, John Maynard: The General Theory, S. 235.
430 Gesell, Silvio: Die Natürliche Wirtschaftsordnung, S. 196.
431 Lang, Thomas: Geld und Zins als monetäre Ursachen des Wirtschaftswachstums, S. 44.
432 Senf, Bernd: Die blinden Flecken der Ökonomie, S. 241.
433 Vgl. Surette, Leon: Pound in Purgatory, S. 8, und Volker, Caspari: Walras, Marshall, Keynes, S. 164 f.
434 Zank, Wolfgang: Der Staat als Hebel, S. 66.

terscheidung zwischen dem Zins auf Geld und dem Grenzertrag des Realkapitals vornimmt. Nur diese konsequente Unterscheidung bringe die ökonomische Theorie entscheidend weiter.[435] Daher kann als sicher gelten, dass Keynes wichtige Anregungen dem Werk Gesells verdankt.[436]

Keynes Empfehlung war es, mit staatlichen Maßnahmen auf das Zinsniveau einzuwirken. Dessen optimale Höhe lag seiner Ansicht nach bei der Grenzproduktivität des Kapitals bei Vollbeschäftigung. Es sei Aufgabe des Staates, diese Höhe festzustellen und mit Hilfe der Geld- und Fiskalpolitik zu erreichen, das Zinsniveau auf diese Höhe zu senken. Diese Forderung unterscheidet sich nicht von jener Gesells, denn mit einer abgesenkten Zinshöhe wäre gerade das Geldmonopol und damit die Monopolrente des Kapitals beseitigt worden.

Keynes will wie Gesell den Zins reduzieren; er ist aber moderater, denn die Zinshöhe soll nur noch gleich den Abschreibungen und dem Risiko des Kapitalzinssatzes sein. Auf diese Weise werde nach kurzer Zeit genug Realkapital zur Verfügung stehen, um Vollbeschäftigung zu garantieren.[437] Laut Keynes gibt es keinen Grund, warum das Produktivkapital notwendigerweise knapp sein muss.[438] Auch in diesem Punkt sind sich Keynes und Gesell einig. Die wirtschafts- und geldpolitischen Maßnahmen, die Keynes zum Senken des Zinssatzes vorschlägt, haben aber nicht die Eleganz des freiwirtschaftlichen Vorschlags und bleiben auf der Ebene der Systembekämpfung. Die Ursache des Systems, die Verbindung des Tauschmittels mit Zins, hat er nicht angetastet.[439]

Daher kommt er zu dem Schluss, dass Gesell die Liquiditätspräferenz nicht erkannt hat und seine Lehre somit nur „halb" brauchbar ist.[440] Gesell stelle zu Recht fest, dass das Vorhandensein der Liquiditätspräferenz das Absetzen aller produzierten Güter behindert, allerdings sei ihm dabei der Umstand entgangen, dass die meisten Menschen daran Vergnügen finden, über Liquidität zu verfügen. Mit der Einführung von Freigeld sei dieses Vergnügen nicht mehr wie im bisherigen Umfang kostenlos möglich. Daher kam Keynes zu dem Schluss, gesamtwirtschaftlich müsse die entstehende Nutzungseinbuße durch die entgangene Liquiditätshaltung beachtet werden.[441] Auch diese Argumentation ist deckungsgleich mit jener von Gesell. Die Gemeinsamkeit der beiden ist die Konstatierung und Interpretation des Zinses als ein Überschuss ohne Arbeit und ohne Leistung.

---

435 Keynes, John Maynard: The General Theory, S. 355.
436 Senf, Bernd: Die blinden Flecken der Ökonomie, S. 240.
437 Keynes, John Maynard: The General Theory, S. 375.
438 Keynes, John Maynard: The General Theory, S. 376.
439 Vgl. Senf, Bernd: Die blinden Flecken der Ökonomie, S. 241.
440 Keynes, John Maynard: The General Theory, S. 356.
441 Barens, Ingo: Geld und Unterbeschäftigung, S. 175 ff., und Volker, Caspari: Walras, Marshall, Keynes, S. 164 ff.

Im Gegensatz zu Fisher hält Keynes das Konzept des Freigeldes allerdings für nicht praktisch durchführbar, denn wenn das Geld seine Monopolstellung verliert und damit seinen liquiditätsmäßigen Vorzug gegenüber den anderen Gütern einbüßt, wird es nach Keynes sofort durch andere Dinge ersetzt werden. Aus diesem Grund würden sich die erhofften Wirkungen der Geldreform nicht einstellen. Die Liquiditätspräferenz der Menschen wird nicht verschwinden, stattdessen werden „debts at call" (auf Sicht abrufbare Schuldscheine), ausländische Währungen, Juwelen und Edelmetalle dafür sorgen, dass sie befriedigt wird.[442]

Keynes' Theorie und die Freiwirtschaftslehre haben als weitere Gemeinsamkeit die wirtschaftspolitische Nachfrageorientierung. Diese ist bei Gesell indes noch stärker ausgeprägt als bei Keynes. Eine Konjunkturpolitik, die sich am Angebot orientiert und sich an den Wünschen der Bevölkerung ausrichtet, wird in der Freiwirtschaftslehre für nahezu wirkungslos gehalten. Unternehmen würden zwar begrüßen, wenn es zu Steuersenkungen, Lohnflexibilisierungen und eventuell auch zu Senkungen der Umwelt- oder Sozialstandards kommen würde, sie hätten aber keinen Einfluss auf die unternehmerischen Entscheidungen, welche die Entwicklung der Realwirtschaft hauptsächlich determinierten. Was jemand dazu bewegt, sich als Unternehmer zu betätigen oder etwa seine Tätigkeit als Unternehmer auszuweiten, rührt in erster Linie aus der Hoffnung auf einen gesicherten Absatz. Ist der Unternehmer sicher, seine Leistungen in Zukunft absetzen zu können, wird er investieren, und er wird unter derselben Bedingung versuchen, sein Geschäftsfeld auszuweiten. Dies hat zur Folge, dass eine positive Spirale des Wachstums in Gang kommt. Das unternehmerische Risiko besteht nach Keynes und auch nach Gesell zum größten Teil aus der Unsicherheit im Bezug auf den künftigen Absatz. Das Steuer- oder Lohnrisiko ist demgegenüber zu vernachlässigen. Deshalb soll die Wirtschaftspolitik auf der Nachfrageseite ansetzen, so die Forderung von Keynes wie auch von Gesells.

d. Die staatsphilosophische Idee und die Kritik am Marxismus

Im Zusammenhang mit seiner negativen Grundhaltung gegenüber Marx nimmt Keynes in seinem Hauptwerk der „The General Theory on Employment, Interest and Money" zum Hauptwerk Silvio Gesells, der „Natürlichen Wirtschaftsordnung", wie folgt Stellung:

The purpose of the book as a whole may be described as the establishment of an anti-Marxian socialism, a reaction against laissez-faire built on theoretical foundations totally unlike those of Marx in being based on a repudiation instead

442 Keynes, John Maynard: The General Theory, S. 358.

of an acceptance of the classical hypotheses, and on an unfettering of competition instead of its abolition. I believe that the future will learn more from the spirit of Gesell than from that of Marx.[443]

So charakterisiert John Maynard Keynes Gesells Hauptwerk, die „Natürliche Wirtschaftsordnung". Keynes steht Gesell in dieser kritischen Grundhaltung gegenüber Marx in nichts nach. Er misstraut der Marxschen Analyse. So hat er einmal geäußert, Marx „habe einen scharfsinnigen und ursprünglichen Instinkt, sei aber doch ein sehr mangelhafter Denker."[444] Auch verabscheut er den real existierenden Kommunismus der 1920er, aber noch mehr den der 1930er Jahre. Für ihn ist der Sowjetkommunismus „das schlimmste Beispiel, das die Welt wohl an administrativer Inkompetenz gesehen hat und dem fast alles zum Opfer fällt, was das Leben … lebenswert macht."[445]

Keynes und Gesell sind sich in der eindeutigen Ablehnung der marxistischen Analyse einig. Zwar besteht zwischen Marx und Gesell eine Gemeinsamkeit bezüglich der fundamentalen gesellschaftlichen Einordnung von Reichtum und Armut, doch stellt Gesell dem Marxschen „Kapital contra Arbeit" die Zweiteilung der Gesellschaft in Geldhalter auf der einen und Produzenten, Arbeiter und Konsumenten auf der anderen Seite gegenüber. Während die Marxistische Schule das gesamte Gesellschaftssystem auf die Eigentumsformen zurückführt, sind im Gegensatz dazu diese bei Gesell die Folgeerscheinung der kapitalistischen Geldordnung.

Gesell kritisiert an Marx, dass dieser kritiklos die Vorstellung des Geldes als eines vollkommenen Warenäquivalents und Tauschmittels aus der Klassik übernommen hat.[446] Dies habe dazu geführt, dass er völlig falsche Schlussfolgerungen gezogen hat: Marx finde am Geld, so wie es ist, nichts auszusetzen. Es ist für ihn kein selbstständiges Kapital, und damit kann es auch nicht die Quelle des Mehrwertes oder leistungslosen Einkommens sein. Ausschließlich die Arbeitskraft ist Quelle des Mehrwertes für Marx.

Marx akzeptiert sowohl den Zins als auch dessen geldkapitalbildende Wirkung. Er bestreitet auch die für Gesell offensichtliche Nichtneutralität des Geldes. Mehrwertheckendes[447] Kapital besteht für Marx aus Sachgütern, wie Produktionsmitteln oder aus Realkapitalien; folgerichtig sei die Mehrwertbildung im Produktionsprozess zu suchen.

---

443 Keynes, John Maynard: The General Theory, S. 355.

444 Moggridge, D. E.: John Maynard Keynes – An Economist, S. 470, zit. nach William Darity jun.: Keynes politische Philosophie, ZfSÖ 116, S. 11.

445 Moggridge, D. E.: John Maynard Keynes – An Economist, S. 470, zit. nach William Darity jun.: Keynes politische Philosophie, ZfSÖ 116, S. 11.

446 Betz, Thomas: Silvio Gesell und Freiwirtschaftsbewegung, S. 15 ff.

447 Mehrwertheckendes Kapital sind für Marx Sachgüter, die Produktionsmittel bzw. die Realkapitalien.

Für Gesell übernimmt Marx kritiklos die Auffassung der Arbeitskraft als einer Ware aus der volkswirtschaftlichen Literatur seiner Zeit. Ihr Gebrauchswert ist um den Mehrwert höher als der Tauschwert; sie kann mit Geld vollkommen und äquivalent getauscht werden.

Gesell hingegen sieht in seiner Schrift „Die Ausbeutung, ihre Ursachen und ihre Bekämpfung" gerade in der von Marx selbst stammenden Formel des Tausches, Geld – Ware – Mehrgeld, den Beleg dafür, dass das Geld eben nicht ein vollkommenes Äquivalent der Ware, sondern selbstständiges Kapital, und der Mehrwert eben nicht Produkt einer ewig wiederholten Prellerei, sondern das Ergebnis der Überlegenheit des Geldbesitzers über den Warenbesitzer ist.

Für Gesell wie auch für Proudhon, der als einer seiner Vorläufer gilt und Zeitgenosse von Marx war, ist der Mehrwert ebenfalls nicht Produkt eines Sachgutes, sondern eines wirtschaftlichen Zustandes – eines Machtverhältnisses. Proudhon als französischer Sozialist und Gegenspieler von Marx suchte wie auch Gesell die Quelle des Mehrwertes im Tausch der Ware gegen Geld; nach seiner Ansicht steckten die Wurzeln des Kapitalismus im Geld.

e. Bancor – die umlaufgesicherte internationale Währung

Eine weitere Parallele zwischen Keynes und Gesell existiert in dem sogenannten Keynes- oder Bancor-Plan und der Internationalen Valuta-Assoziation von Gesell.[448] Der Bancor-Plan wurde in Bretton Woods von Keynes selbst im Jahr 1944 vorgestellt, als die Sieger des Zweiten Weltkrieges über die Weltwirtschaftsordnung der Nachkriegszeit berieten.

In dem von Silvio Gesell im Jahr 1920 propagierten Plan einer „Internationalen Valuta-Assoziation" (IVA) lassen sich bereits gleiche Ansätze des späteren Bancor-Plan finden. Gesell schlug vor, dass neben den nationalen Währungen eine weitere eingeführt werden soll, die von allen teilnehmenden Ländern der Valuta-Assoziation als gültiges Zahlungsmittel akzeptiert werden sollte. Ihr Wert wiederum sollte in einem festen Austauschverhältnis zur nationalen Währung stehen. Im Falle einer Änderung der umlaufenden nationalen Geldmenge oder der Umlaufgeschwindigkeit in den einzelnen partizipierenden Ländern, die eine Preiserhöhung bzw. -senkung zur Folge hätten, müssten dann entsprechende Abflüsse bzw. Zuflüsse von Internationalen Valuta-Assoziations-Noten in dem betreffenden Land folgen. Diese Maßnahme würde sich korrigierend auf das Preisniveau auswirken. Sollten im Falle einer Erhöhung des nationalen Notenumlaufs die Internationalen Valuta-Assoziations-Noten völlig verdrängt werden, somit ein Außenhandelsdefi-

---

448 Betz, Thomas: Was der Euro soll und was eine internationale Währung wirklich sollte, S. 198.

zit entstehen, sollte es möglich sein, auf administrativem Weg eine Zinszahlung zu erreichen. Diese sollte dadurch erreicht werden, dass die Verwaltung der Internationalen Valuta-Assoziation ihre Banknoten an das betreffende Land nur noch gegen ein entsprechendes Agio ausgibt. Dies wiederum hätte einen Rückgang der nationalen Notengeldmenge zur Folge; diese nämlich würde zu Preissenkungen und dadurch schließlich zu einem entsprechenden Ausgleich der Außenhandelsbilanz führen. Sollten diese Maßnahmen nicht den gewünschten Erfolg bringen, sollte die Internationale Valuta-Assoziation mit dem Recht ausgestattet werden, den einzelnen Nationalstaaten gegenüber Investitionen anzuordnen. Gesell wollte allerdings nicht den gesamten Geldumlauf internationalisieren, sondern nur einen gewissen Teil. Er sprach in diesem Zusammenhang von 20 % internationaler Gültigkeit von Noten und Münzen.

Der Bancor-Plan sah, wie bereits zuvor schon einmal dargestellt, die Gründung einer Internationalen Clearing Union für den internationalen Zahlungsverkehr vor. Diese sollte auf einem internationalen Bankgeld, dem sog. Bancor, beruhen, der ebenfalls in einem festen, aber nicht für alle Zeit unveränderlichen Austauschverhältnis zu den teilnehmenden Währungen stehen sollte. Die jeweiligen Zentralbanken der partizipierenden Mitgliedsländer sollten bei der Internationalen Clearing Union Konten unterhalten, die den Zweck hatten, ihre Leistungsbilanzen untereinander auszugleichen. Keynes wollte, dass zunächst die Höhe einer maximal erlaubten Verschuldung für das jeweilige Land gegenüber der Internationalen Clearing Union festgelegt wird. Diese Verschuldensquote sollte in regelmäßigen Abständen überprüft und gegebenenfalls angepasst werden. Im Fall einer Überschreitung des jährlichen Durchschnittssaldos um ein Viertel der Quote sollte vom entsprechenden Differenzbetrag eine Gebühr von 1 % vom jeweiligen Mitgliedsstaat an den Reserve Fonds der Clearing Union gezahlt werden, und zwar unabhängig davon, ob es sich um einen Haben- oder Schuldensaldo handelt. Diese Gebühr würde sich auf 2 % bei Überschreitung des Saldos um die Hälfte der Quote erhöhen. Diese Maßnahmen entsprechen denen, die auch Gesell mit der Erhebung eines Agios vorgeschlagen hatte.

Die Mitgliedstaaten – sowohl Schuldnerstaaten als auch Gläubigerstaaten – sollten die Möglichkeit besitzen, durch gegenseitige Vereinbarungen Zahlungen an die Clearing Union zu vermeiden, indem die Länder, die Guthaben besitzen, Anleihen an die Ländern ausgeben, die über entsprechende Schulden verfügen. Die Konditionen für diese Anleihen hätten bei Zinssätzen unter 1 % bzw. 2 % liegen müssen. Denn die Schuldner wären gemäß den Marktgesetzen nicht bereit, mehr zu bezahlen, als sie an Gebühren an die Clearing Union zu entrichten hätten. Demgegenüber wären auch die Gläubiger zufrieden, weil sie keine Gebühren zu bezahlen hätten und somit bereit wären, sich ihr Guthaben mit einem Zinssatz von ca. 0 % verzinsen zu lassen. Es wäre sogar der Fall vorstellbar, dass sich Gläubiger – zumindest zeitweise – mit geringen Negativzinsen einverstanden erklärten, da ihre Position dadurch immer noch günstiger wäre, als wenn sie Strafgebühren entrichten müssten.

Die Eigenschaft der Internationalen Clearing Union war die einer Institution, die Kompensationsgeschäfte ermöglichte und auf der Basis von Geld verrechnete. Keynes schlug in Anlehnung an Gesell somit einen Tausch-Ring der Nationalstaaten oder eine Bank vor, die sich einer nichtkonvertiblen Währungseinheit bedient und kein Liquiditätsproblem kennt, also nicht zusammenbrechen und dementsprechend auch auf Reserven verzichten kann.

Wo sich Gesell und Keynes allerdings unterscheiden, ist, dass im Bancor-Plan einzelne Mitgliedsstaaten Vermögenswerte zur Verfügung stellen, um einen Kapitalstock für einen Fonds zu bilden, der Kredite vergibt, wie das später auch beim IWF und der Weltbank der Fall sein sollte. Gesell dagegen beabsichtigte lediglich, dass einzelne Mitgliedsstaaten zu Investitionen gezwungen werden konnten; insofern unterscheiden sich der Internationale Valuta-Assoziations- und der Bancor-Plan.

Allerdings stimmen Gesell und Keynes bezüglich der Funktionsweise des Geldes überein. Beide Systeme beabsichtigen, dass die Liquidität genau der zur Finanzierung des Handels erforderlichen Größenordnung entspricht und der Zinssatz von einer Art Zentralbank bestimmt wird.

Keynes internationale Währung sollte ebenso wie die von Gesell nur durch endogene Prozesse bestimmt sein und nicht in Abhängigkeit zum Gold stehen. Keynes sah einen weiteren bedeutenden Vorteil in seinem System darin, dass über Hortungsmechanismen dem Markt keine Liquidität entzogen wird. Ebenso sah dies auch Gesell in seinem Modell. Auch sollte die Konvertibilität des Bancor in Gold wie die der Internationalen Valuta-Assoziation explizit ausgeschlossen sein. Dadurch sollte vermieden werden, dass so ein deflationärer Druck mit Kontraktionswirkung entsteht der Einfluss auf die gesamte Weltwirtschaft ausübt.

4. Der Einfluss Gesells auf die Keynessche Wirtschaftspolitik

Die Entscheidung der Herausgeber, welche Korrespondenzen in Keynes' „Collected Writings“ aufgenommen werden und welche nicht, hat dazu beigetragen, dass Wissenschaftler und die Nachwelt nicht mehr das volle Ausmaß der Ähnlichkeiten zwischen Keynes und Gesell nachvollziehen konnten. Im 30. Band der „Collected Writings“, der den Titel „Biography and Index“ trägt, führen Donald Moggride und Austin Robinson folgende Gründe als Rechtfertigung für die Auslassung bzw. Nichtnennung von Gesells Namen an:

“Once they moved beyond Keynes's previously published work, the editors faced the problem of selecting which item of Keynes's unpublished writings they would publish, rather than that of choosing among various versions. In making their selection they began with one over-riding principle, common in editions of economists' papers but less common elsewhere: the focus of the edition was on Keynes as a working economist and participant in public affairs. This principle meant that except for occasional extracts from letters which they used to set the stage for a particular document, the editors left aside Keynes's extensive surviving personal correspondence, which for some individuals runs to hundreds of letters in each direction. Some parts of this, such as his correspondence with Lydia, are expected to be the subject of editions by others. Even excluding on this basic operating principle a large amount of material, the editors still had major problems of selection – unless they were prepared to contemplete an edition two or three times the size of the present one. Some volumes of any such complete publication might consist solely of such materials as rejection letters for submissions to The Economic Journal, courtesy replies to the innumerable letters he received from monetary cranks, or marginal annotations or comments on the letters, minutes or papers of civil servants or ministers."[449]

Wenn dies nicht so geschehen wäre, könnte man sich selbst heute noch ein besseres Bild von Keynes, und insbesondere von den Verbindungen zwischen Keynes und Gesell machen.

Man kann unschwer zu der Auffassung gelangen, dass John Maynard Keynes in der Zeit der Abfassung seines Hauptwerks von Gesell maßgeblich geprägt wurde. Denn es bestehen nicht zufällig zwischen beiden frappierende Ähnlichkeiten in der Analyse des kapitalistischen Wirtschaftssystems. Keynes weist an mehreren Stellen darauf hin, unter anderem in einem längeren Abschnitt im 23. Kapitel dem *strange, unduly neglected prophet Silvio Gesell (1862-1930) whose work contains flashes of deep insight and who only just failed to reach down to the essence of the matter. In the post-year his devotes bombarded me with copies of his works; yet, owing to certain palpable defects in the argument, I entirely failed to discover their merit. As is often the case with imperfectly analysed intuitions, their significance only just failed to reach down to the essence of the matter.*[450]

Karl Marx machte die Bemerkung, dass Adam Smith in wesentlichen Passagen seines Werkes „Der Wohlstand der Nationen" „in hohem Maße von den Vorstellungen der Physiokraten beeinflusst war".[451] Es lässt sich also schlussfolgern, dass Keynes' Werk sich sehr deutlich an das von Silvio Gesell anlehnt. Dies trifft besonders für solche Aussagen zu, die die Beziehung zwischen Staat und Wirtschaft betreffen.

Keynes verweist, wie bereits dargelegt, an mehreren Stellen auf Gesell. Allerdings zitiert die Wissenschaft vorwiegend die so genannte „neoklassische Synthe-

---

449 Moggridge, Donald: The Collected Writings, S. XI f.

450 Keynes, John Maynard: The General Theory, S. 353.

451 Marx, Karl: Theories of Surplus, S. 70.

se“, die aus der Keynesianischen Theorie abgeleiteten IS-LM-Modelle -Kurvenmodelle, die ein Gleichgewicht zwischen der IS- (Investitions- und Sparkurve) und der LM- (Geldangebot und Geldnachfrage) konstruieren. Dagegen werden die wesentlichen geldtheoretischen Aussagen Keynes' schlichtweg übersehen. In der Praxis wird er oft auf einen bloßen Fiskaltheoretiker reduziert, denn er musste häufig als Rechtfertigung für eine expansive staatliche Schuldenpolitik herhalten.[452]

Auch bezüglich ihrer staatsphilosophischen Theorien stimmen Gesell und Keynes weitgehend überein. Gesell wollte eine staatliche Rahmenrechtsordnung schaffen, in der die Macht des Geldes über den Güter- und Arbeitsmarkt abgeschafft wird. Um den Mechanismus des Geld- und Zinssystems zu verdeutlichen, erzählt Gesell ein Gleichnis. Hierin schildert er ein Gespräch zwischen Robinson Crusoe und einem Fremden, der kürzlich auf seiner Insel gestrandet war. Dieses Gleichnis besagt, dass diejenigen, die beabsichtigen, rentable Investitionen zu tätigen, ihre Investitionsentscheidung von dem zinstragenden Aspekt des Geldes abhängig machen und der Investitionsumfang direkten Einfluss auf die Anzahl an Beschäftigten hat. Da aus dem Verleihen von Geld gegen Zins oder aus der Verpachtung von Land immer Einkommen erzielt werden kann, haben die wohlhabenden Besitzer keinen Anreiz, eine Realinvestition zu finanzieren. Daher kommt Gesell zu dem Schluss, dass die Nachfrage nach Geld oder Land nicht automatisch auch Arbeitsplätze schafft und in dem existierenden Zinssystem ein strukturelles Hindernis für Vollbeschäftigung besteht.

Die Vorstellung von gestempeltem Geld ist nach Keynes' Einschätzung ein „gesunder Gedanke“[453]. Er schreibt ferner, das Zwiegespräch zwischen Robinson Crusoe und einem Fremden sei [...] *a most excellent economic parable – as good as anything of the kind that has been written – to demonstrate this point.*[454] Doch Keynes zufolge hat Gesell die Präferenz für Liquidität nicht richtig erkannt. Auch hat er seiner Meinung nach die Tatsache übersehen, *that money was not unique in having a liquidity-premium attached to it, but differed only in degree from many other articles, deriving its importance from having a greater liquidity-premium than any other article.*[455]

Keynes' Theorie lässt ein solches System des gestempelten Geldes besonders reizvoll erscheinen. Denn er vertritt die Ansicht, dass der Geldzinsfuß als Reaktion auf Veränderungen der Geldmenge in einem bestimmten Stadium relativ unelastisch wird. Diese Starrheit des Zinses liegt seiner Meinung nach in der Liquiditätsprämie – also in seinem Ertrag. Nach Keynes wird das Minimum des Zinses

452 Löhr, Dirk: Fragen der Freiheit, S. 56 f.
453 John Maynard Keynes beschreibt dies mit folgenden Worten: *The idea behind stamped money is sound.* Aus: The General Theory, S. 357.
454 Keynes, John Maynard: The General Theory, S. 356.
455 Keynes, John Maynard: The General Theory, S. 357.

nicht durch die Erwartung auf einen künftigen Anstieg des Zinses reguliert – wie Verfechter der Liquiditätsfalle behaupten –, sondern durch die Eigenschaft des Geldes als ein liquider Vermögenswert.

Nach Keynes' Überzeugung würde das Abstempeln von Banknoten nur dazu führen, dass eine ganze Reihe an Ersatzmitteln den ursprünglichen Platz des Geldes einnehmen. *Thus if currency notes were to be deprived of their liquity-premium by the stamping system, a long series of substitutes would step into their shoes – bank money, debts at call, foreign money, jewellery and the precious metals generally, and so forth.*[456] An dieser Stelle macht Keynes die merkwürdige Beobachtung, dass [...] *there have been times when it was probably the carving for the owership of land, independently of its yield, which served to keep up the rate of interest.*[457] Das bedeutet, dass selbst der Boden irgendwann einmal als Geld fungiert. Gesells Theorie der Natürlichen Wirtschaftsordnung zielt ebenso darauf ab, anstelle der Verpachtung von Land – ein Hindernis für den Wohlstand – dieses zu verstaatlichen. Keynes analysiert, dass Gesells Vorschläge zur Verstaatlichung des Bodens die Bedeutung auch unter Beibehaltung des Zinssystems verringern würde.[458]

Keynes vertritt nämlich in seiner Theorie die Auffassung, dass das Investieren das Sparen fördert, statt umgekehrt. Seiner Ansicht nach gibt es keinen triftigen Grund, warum der Zinssatz hoch sein sollte: *The justification for a moderately high rate of interest has been found hitherto in the necessity of providing a sufficient inducement to save. But we have shown that the extent of effective saving is necessarily determined by the scale of investment and that the scale of investment is promoted by a low rate of interest, provided that we do not attempt to stimulate it in this way beyond the point which corresponds to full employment. Thus it is to our best advantage to reduce the rate of interest to that point relatively to the schedule of the marginal efficiency of capital at which there is full employment.*[459]

Was aber Keynes mit Gesell verbindet, ist nicht der Umstand, dass er in den bestehenden Geldverfassungen die Ursache für Krise und Instabilität sieht und wie Gesell langfristig einen Zinssatz nahe Null anstrebt, sondern sich wie Gesell daran stößt, dass der Zins polarisierend wirkt, das heißt, die Reichen reicher und die Armen ärmer macht: *If I am right in supposing it to be comparatively easy to make capital-goods so abundant that the marginal efficiency of capital is zero, this may be the most sensible way of gradually getting rid of many of the objectionable features of capitalism. For a little reflection will show what enormous social changes would result from a gradual disappearance of a rate of return on accumulated*

456 Keynes ,John Maynard: The General Theory, S. 358.
457 Keynes, John Maynard: The General Theory, S. 352.
458 Keynes, John Maynard: The General Theory, S. 358.
459 Keynes, John Maynard: The General Theory, S. 375.

wealth. A man would still be free to accumulate his earned income with a view to spending it at a later date. But his accumulation would not grow.[460]

Und an anderer Stelle: *I see, therefore, the rentier aspect of capitalism as a transitional phase which will disappear when it has done its work. And with the disappearance of its rentier aspect much else in it besides will suffer a sea-change. It will be, moreover, a great advantage of the order of events which I am advocating, that the euthanasia of the rentier, of the functionless investor, will be nothing sudden, merely a gradual but prolonged continuance of what we have seen recently in Great Britain, and will need no revolution.*[461]

Für Gesell jedoch ist der unmittelbare zeitliche Zusammenhang zwischen der angestrebten Geldreform und der von ihm geforderten Bodenreform eine conditio sine qua non. Denn eine Geldreform ohne Bodenreform muss zwangsläufig dazu führen, dass die Wertaufbewahrungsfunktion von Geld sofort auf den nicht vermehrbaren Boden übergeht, dessen Preise über kurz oder lang – und dies viel stärker als ohne Geldreform – ins Unermessliche steigen müssen. Jedenfalls wäre auf diese Art die Möglichkeit eines arbeits- und leistungslosen Einkommens, eben eine Grund-Rendite bzw. Grundrente, die auch wieder andere Bereiche miterfassen kann, nicht beseitigt. Ganz ähnlich sieht das Keynes, der in der „General Theory of Employment" feststellt: *As I have mentioned above, there have been times when it was probably the craving for the ownership of land, independently of its yield, which served to keep up the rate of interest; – though under Gesell's system this possibility would have eliminated by land nationalisation.*

Gesells Anhänger haben schon sehr früh auf die Parallelen zu Keynes Ansichten hingewiesen. Wie soeben erläutert, vertreten beide die Idee eines primär von einer Zentralbank bestimmten Zinssatzes. Beide Zinstheorien beschränken die „Entscheidung zum Horten" auf den Zinssatz; dessen Höhe wiederum ist das ausschlaggebende Argument für oder wider die Aufgabe an Liquidität. Erstaunlich ist, dass Keynes auf Gesell Bezug nimmt und dessen Leben und seinen Theorien fünf Seiten widmet, obwohl Gesells Name inzwischen in Vergessenheit geraten war. Dagegen erwähnt er zahlreiche andere Ökonomen, die gerade auf dem Gebiet, auf welchem er neue Wege einzuschlagen glaubte, nicht oder übersieht sie schlichtweg. Dies trifft besonders für Aussagen zu, die die Beziehung zwischen Staat und Wirtschaft behandeln.

Im Frühjahr 1936, gleich nach Erscheinen der Allgemeinen Theorie, hielt Keynes eine Vorlesung in Stockholm, in der er Knut Wicksell[462] überhaupt nicht

460 Keynes, John Maynard: The General Theory, S. 221.

461 Keynes, John Maynard: The General Theory, S. 376.

462 Für den schwedischen Ökonomen und Freidenker Johan Gustav Knut Wicksell (* 20. Dezember 1851 in Stockholm; † 3. Mai 1926 in Stocksund) war Geld nicht neutral. In seinen Augen spielte es durchaus eine Rolle, und zwar eine gewichtige. Die

erwähnte, obwohl eine Übersetzung seines Hauptwerkes aus dem Deutschen von R. F. Kahn gerade erst veröffentlicht worden war. Auch gestand Keynes in seiner Antwort an Hayeck[463] ein, dass die Nichtbeachtung von Wicksell „falsch" gewesen sei.[464]

Dies kann mit dem Hinweis auf die weltbekannte Isolierung der Cambridger Ökonomen erklärt werden, die in einem intellektuellen Vakuum eines Elfenbeinturms gelebt haben sollen. Auch soll an dieser Stelle auf die Insellage Großbritanniens, die sprichwörtliche „insulare Abgeschlossenheit" des Vereinigten Königreichs, hingewiesen werden. Die Begrenztheit des Cambridger Horizonts wird durch die monumentale und gelehrte, aber teilweise nonkonformistische Ausgabe der Werke von Keynes (1973) deutlich. Seine engsten Mitarbeiter haben es nicht verstanden, die Beiträge und Theorien Keynes' in Verbindung mit denen seiner Vorgänger und Zeitgenossen zu bringen, die ähnliche Konzepte, analytische Ansätze oder politische Forderungen verfolgten. Außer Hansen lenkten mehrere andere, nicht englische Ökonomen einschließlich Grotkopp (1954) lange vorher die Aufmerksamkeit auf die wichtigsten Vorläufer Keynes' und seiner Schule.

Keynes war wenig von dem bekannt, was Ökonomen seiner Zeit publizierten. Auch vertiefte er sich nicht in die Forschungen früherer Ökonomen. Artikel und Aufsätze, die in einer anderen Sprache als der englischen veröffentlicht wurden, hat er nicht beachtet. Keynes' Unkenntnis der wichtigen fremdsprachigen Litera-

---

Geldmenge, damit war er sich mit den Vertretern der so genannten Quantitätstheorie einig, hat einen großen Einfluss auf das Preisniveau. Will man Inflation oder Deflation in den Griff bekommen, kann dies nur über den Geldmarkt geschehen – aber nicht mit der Notenpresse, sondern über die Höhe des Kreditzinses. Wicksell rückte das immer wichtiger werdende Bankensystem ins Zentrum seiner Theorie, die heute als „kumulativer Prozess" bekannt ist: Über die Beobachtung der Preise und die Veränderung der Kreditzinsen lässt sich demnach das Preisniveau steuern. Ein Unternehmer wird nur dann eine (kreditfinanzierte) Investition tätigen, wenn er sieht, dass die Kosten für den Kredit unter dem zu erwartenden Gewinn der Investition liegen. Dadurch wird eine Investitions-, Angebots- und Nachfragekaskade ausgelöst, welche die Preise erhöht. Sind die Preise zu hoch, geht das Ganze auch umgekehrt: indem die Kreditzinsen erhöht werden. Wicksells Buch Geldzins und Güterpreise gilt heute als Grundlagenwerk zur Geldpolitik.

463 Friedrich August von Hayek (* 8. Mai 1899 in Wien; † 23. März 1992 in Freiburg im Breisgau) war ein österreichischer Ökonom. Neben Ludwig von Mises war er im 20. Jahrhundert der wichtigste Vertreter der Österreichischen Schule der Nationalökonomie und zählt zu den wichtigsten Denkern des Liberalismus im 20. Jahrhundert. 1974 wurde er aufgrund seiner bahnbrechenden Arbeiten auf dem Gebiet der Geld- und Konjunkturtheorie mit dem Nobelpreis für Wirtschaftswissenschaften ausgezeichnet.

464 Bombach, Gottfried: Der Keynesianismus, S. 22, und Keynes, John Maynard: The General Theory, S. 343.

tur wird von ihm oft übergangen und verschwiegen. Die Bemerkung von Seymour Harris (1955) ist dafür typisch: „Keynes las vielleicht nicht soviel von dem, was in der Ökonomie geschrieben wurde, wie er hätte tun sollen. Er war zu sehr beschäftigt (mühselig herauszudestillieren, was andere vor ihm formuliert haben?), um dies zu tun. Keynes zollte diesen Entwicklungen keine angemessene Beachtung, obwohl er in seinem Werk ‚Vom Gelde' zeigte, dass er einige Beiträge von Wicksell kannte." Nicht ein einziger Artikel von Harris (1947), die der Untersuchung von Keynes Beitrag zur Wirtschaftswissenschaft gewidmet sind, untersucht oder erwähnt auch nur die Enge seines intellektuellen Horizonts.

Erstaunlicherweise gibt Schumpeter, ein Mann von umfassendem Wissen, in seinen Ausführungen keine Hinweise auf die Parallelität der Ansichten von Keynes und denen, die in anderen Ländern entwickelt waren, und im einzelnen auch nicht auf die politische Diskussion in Deutschland, der er ausgesetzt war, kurz bevor er in die Vereinigten Staaten emigrierte. In dem nach seinem Tode erschienenen Werk (1954) erwähnt Schumpeter, „dass in der Zeit um 1930 andere Arbeiten erschienen, die jede auf ihre eigene Weise Ansichten äußerten, die in wichtigen Punkten denen von Keynes ähnlich waren." Eine positive Würdigung der Person Gesells durch Keynes fällt dabei ebenso unter den Tisch wie die ebengenannten Gemeinsamkeiten bei den Reformvorschlägen.

Die enge Übereinstimmung der Anschauungen von Keynes und Gesell wurde durch folgende Versäumnisse in der modernen Entwicklung unseres heutigen Verständnisses für Keynes' Denkweise getrübt. Erstens wurde kaum oder gar kein Versuch unternommen, dem Beispiel von Dudley Dillard zu folgen, der nur wenige Jahre nach der Veröffentlichung der „General Theory of Employment, Interest and Money" ausführlich die Verbindungslinien untersucht hat, die von Proudhon über Gesell zu Keynes führen.[465] Nachdem er die „General Theory" sehr genau gelesen hatte, erkannte Dillard – nicht wie Keynes –, dass Gesell jener kleinen Gruppe von exzentrischen Theoretikern zuzuordnen ist, denen nicht – wie anderen klassischen Theoretikern – die Bedeutung der wirksamen Nachfrage entgangen war. Bereits im dritten Kapitel der „General Theory of Employment Interest and Money" schrieb Keynes: *The great puzzel of Effective Demand with Malthus had wrestled vanished from economic literature. You will not find it mentioned even once in the whole works of Marshal, Edgeworth and Professor Pigou, from whose hands the classical theory has received its most mature embodiment. It could only live on furtively, below surface, in the underworlds of Karl Marx, Silvio Gesell or Major Douglas.*[466]

465 Dillard, Dudley: Gesells Monetary Theory of Social Reform und Dillard, Dudley: Keynes and Proudhon, S. 63-76.

466 Keynes, John Maynard: The General Theory, S. 32.

Zweitens sahen viele Leser in der „General Theory of Employment Interest and Money“ vermutlich einen Hinweis, wonach Keynes Gesell jenen eigentümlichen, absonderlichen und kauzigen Nichtakademikern zuordnet, die mehr aus Zufall als aus Absicht etwas Wesentliches begriffen hatten. Doch viel später im Kapitel 23 der „General Theory“ beurteilt Keynes dessen Werk weitaus positiver. *I believe that the future will learn more from the spirit of Gesell than from that of Marx. The preface to The Natural Economic Order will indicate to the reader, if he will refer to it, the moral quality of Gesell.*[467]

Guido G. Preparata vertrat sowohl allein als auch gemeinsam mit John E. Elliot sehr engagiert die These einer sehr starken Abhängigkeit John Maynard Keynes' von Silvio Gesell, die bis zum Vorwurf des Plagiats geht. Um seine Ansichten in dieser Angelegenheit besser darstellen zu können, hat er das Werk von John Maynard Keynes, „General Theory of Employment, Interest and Money“, systematisch durchgearbeitet und dabei die Parallelen und Gemeinsamkeiten dieser beiden Autoren sorgfältig registriert und verzeichnet. Er weist zunächst Einflüsse Gesells auf John Maynard Keynes' Theorie des Geldes nach, dann auch auf seine Theorie des Zinses und schließlich auf seine monetären Thesen in der Natürlichen Wirtschaftsordnung. Beiträge vieler Autoren zur monetären Wirtschaftslehre sind in die „General Theory of Employment, Interest and Money“ aufgenommen worden, aber keine andere als Gesells Theorie des Zinses hat die so genannte Keynes'sche Revolution ausgelöst.

Es ist anzunehmen, dass die Korrespondenz mit Schülern Gesells, die Keynes auf die Existenz der „Natürlichen Wirtschaftsordnung“ aufmerksam machten, von Moggridge und Robinson zu den „unzähligen Briefen“ gezählt wurde. Keynes schildert “in the post-war years his devotes bombarded me with copies of his works”; etwas weiter in seinem Hauptwerk beschreibt Keynes Gesell folgendermaßen:

The last decade of his life was spent in Berlin and Switzerland and devoted to propagande. Gesell, drawing to himself the semi-religious fervour which had formerly centred round Henry George, became the revered prophet of a cult with many thousand disciples throughout the world. The first German Freiland-Freigeld Bund and similar organisations from many countries was held in Basle in 1923. Since his death in 1930 much of the peculiar type of fervour which doctrines such as his are capable of exciting has been diverted to other (in my opinion less eminent) prophets. Dr. Büchi is the leader of the movement in England, but its literature seems to be distributed from San Antonio Texas, its main strength lying today in the United States, where Professor Irving Fisher, alone amongst academic economists, has recognised its significance.[468]

---

467 Keynes, John Maynard: The General Theory, S. 355.

468 Keynes, John Maynard: The General Theory, S. 356.

In San Antonio (Texas/USA) befand sich der Sitz der Free-Economy Publishing Company, die Gesells Werk „Die Natürliche Wirtschaftsordnung“ in englischer Sprache herausgegeben hatte. Derselbe Verlag publizierte auch eine Zeitschrift mit dem Titel „The Way Out“, die eine Reihe von Lobreden auf Gesells Bedeutung enthielt, aber auch Aufsätze, die seine Ideen weiterentwickelten, besonders sein System des gestempelten Geldes als Grundlage zur Überwindung der Weltwirtschaftskrise.

5. Der Einfluss Gesells auf die Keynessche Sozialpolitik

Keynes hatte seine „General Theory of Employment, Interest and Money“ als Alternative zur klassischen Theorie vorgestellt. So beschrieb er am Ende seines Buches, welche Auswirkungen sich daraus für die Sozialpolitik ableiten lassen. Denn diese Ausführungen beinhalten, dass Keynes bezüglich der Ausweitung der Rolle des Staates weitergehen wollte als Gesell; es sollte jedoch immer noch ein großer Freiraum für den Individualismus bleiben. *In some other respects the foregoing theory is moderately conservative in its implications. For whilst it indicates the vital importance of establishing certain central controls in matters which are now left in the main to individual initiative, there are wide fields of activity which are unaffected. The State will have to exercise a guiding influence on the propensity to consume partly its scheme of taxation, partly by fixing the rate of interest, and partly, perhaps, in other ways. Furthermore, it seems unlikely that the influence of banking policy on the rate of interest will be sufficient by itself to determine an optimum rate of investment. I conceive, that a somewhat comprehensive socialisation of investment will prove the only means of securing an approximation to full employment; though this need not exclude all manner of compromises and of devices by which public authority will co-operate initiative. But beyond this no obvious case is made out for a system of State Socialism which would embrace most of the economic life of the community. It is not ownership of the instruments of production which it is important for the State to assume. If State is able to determine the aggregate amount of resources devoted to augmenting the instruments and the basic rate of reward to those who own them, it will have accomplished all that is necessary. Moreover, the necessary measures of socialisation can be introduced gradually and without a break in the general traditions of society.*

Our criticism of the accepted classical theory of economics has consisted not so much in finding logical flaws in its analysis as in pointing out that its tacit assumptions are seldom or never satisfied, with the result that it cannot solve the economic problems of the actual world. But if our central controls succeed in establishing an aggregate volume of output corresponding to full employment as nearly as is practicable, the classical theory comes into its own again from this point onwards. If we suppose the volume of output to be given; i.e. to be determined by forces outside the classical scheme of thought, then there is no objection to be raised against the classical analysis of the manner in which private self-interest will determine what in particular is produced, in what proportions the factors of production will be combined to produce it, and how the value of the final product will be distributed between them. Again, if we have dealt otherwise with the problem of thrift, there is no objection to be raised against the modern classical theory as to the degree of consilience between private and public advantage in conditions of perfect and imperfect competition respectively. Thus apart from the necessity of central controls to bring about an adjustment between the propensity to consume and the inducement to invest, there is no more reason to socialise economic life than there was before.[469]

Diesbezüglich besteht ebenfalls eine geistige Verwandtschaft zwischen Keynes und Gesell, auf die sich Keynes allerdings nie direkt bezieht, die ihm jedoch durch sein Studium von Gesells Werken nicht unbekannt gewesen sein dürfte. Auch Dudley Dillard sieht die Parallele zwischen Keynes und Gesell darin, dass sie im Finanzkapital die wesentliche Quelle der Störungen und Ungleichgewichte des Wirtschaftslebens erkennen, und dass ihre Reformprojekte beide darauf hinzielen, diese Ungleichgewichte zu beseitigen, ohne jedoch die Regeln des Wettbewerbs und des Marktes aufzuheben.[470]

To put point concretely, I see no reason to suppose that the existing system seriously misemploys the factors of production which are in use. There are, of course, errors of foresight; but these would not be avoided by centralising decisions. When 9,000,000 men are employed out of 10,000,000 willing ans able to work, there is no evidence that the labour of these 9,000,000 men is misdirected. The complaint against the present system is not that these 9,000,000 men ought to be employed on different tasks, but that tasks should be avaible for the remaining 1,000,000 men. It is in determining the volume, not the direction, of actual employment that the existing system has broken down.

Thus I agree with Gesell that the result of filling in the gaps in the classical theory is not to dispose of the "Manchester System", but to indicate the nature of the environment which the free play of economic forces requires if it is to realise the full potentialities of production. The central controls necessary to ensure full employment will, of course, involve a large extension of the traditional functions of government. Furthermore, the modern classical theory has itself called attention to various conditions in which the free play of economic forces may need to be

469 Keynes, John Maynard: The General Theory, S. 377 f.
470 Dillard, Dudley: Proudhon, Gesell and Keynes, S. 68.

curbed or guided. But there will still remain a wide field for the exercise of private initiative and responsibility. Within this field the traditional advantages of individualism will still hold good.[471]

Im unmittelbar darauf folgenden Abschnitt hebt Keynes hervor, wie entscheidend ein liberales Bekenntnis als Wegweiser für eine Gestaltung der Gesellschaft ist: *Let us stopp for a moment to remind ourselves what these advantages are. They are partly advantages efficiency – the advantages of decentralisation and of the ply of self-interest. The advantage to efficiency of the decentralisation of decisions and of individual responsibility is even greater, perhaps, than the nineteenth century supposed; and the reaction against the appeal to self-interest may have gone too far. But, above all, individualism, if it can be purged of its defects and its abuse, is the best safeguard of personal liberty in the sense that, compared with any other system, it greatly widens the field for the exercise of personal choice.*[472]

Sowohl Keynes als auch Gesell befürworten ein System von einem Zins, der gegen Null tendiert. Beide Ökonomen sprechen sich dafür aus, den Kapitalismus nicht durch Revolution, sondern durch Wohlstand zu überwinden. Denn wenn Realkapital in dem Maße vorhanden ist, dass sein Ertrag gegen Null tendiert, würde dies das Ende des Kapitalismus bedeuten. Deshalb sehen beide in einer hohen Beschäftigungsrate und Produktion den besseren Weg zum Sozialismus als in wirtschaftlicher Depression und unsicherer Arbeitsmarktlage. Dies verdeutlicht die folgende Passage: *Interest today rewards no genuine sacrifice, any more than does the rent of land. The owner of capital can obtain interest because capital is scarce, just as the owner of land can obtain rent because land is scarce. But whilst there may be intrinsic reasons for the scarcity of land, there are no intrinsic reasons for the scarcity of capital. An intrinsic reason for such scarcity, in the sence of a genuine sacrifice which could only be called forth by the offer of a reward in the shape of interest, would not exist, in the long run, except in the event of the individual propensity to consume proving to be of such a character that net saving in conditions of full employment comes to an end before capital has become sufficiently abundant. But even so, it will still be possible for communal saving through the agency of the State to be maintained at a level which will allow the growth of capital up to the point where it ceases to be scare.*

I see, therefore, the rentier aspect of capitalism as a transitional phase which will disappear when it has done its work. And with the disappearance of its rentier aspect much else in it besides will suffer a sea-change. It will be, moreover, a great advantage of the order of events which I am advocating, that the euthanasia of the rentier, of the functionless investor, will be nothing sudden, merely

471 Keynes, John Maynard: The General Theory, S. 379 f.
472 Keynes, John Maynard: The General Theory, S. 380.

but prolonged continuance of what we have seen recently in Great Britain, and will need no revolution.[473]

Im Übrigen ist das zentrale Element von Keynes' Zinstheorie – die Liquiditätspräferenz – bereits bei Gesell vorhanden, insoweit Gesell und Keynes beide den Zins ursprünglich als Kompensation für den Geldbesitzer ableiten, der diesen für seinen Verzicht auf Geldhortung beziehungsweise Liquidität erhält.[474] Bei beiden kann ein wesentlicher moralischer Grundzug in der Zinskritik festgestellt werden, die in der Ablehnung der Überlegenheit des Geldes – quasi des Anbetens des Geldes (des Gottes Mammon) – fußt, und in der Auffassung, dass Einkommen ohne Arbeit gegen die allgemein akzeptierten sittlichen Normen verstößt. Keynes teilte offensichtlich Gesells Wunsch nach einer Veränderung des Kapitalismus, die ihn gegen den Kommunismus immun machen sollte. Keynes' Bereitschaft, eine ziemlich umfassende Verstaatlichung der Investitionen zu postulieren, ergab sich direkt aus seiner Kritik an Gesells Vorschlag, gestempeltes Geld einzuführen; denn seiner Ansicht nach konnte dies nicht genügen, um Vollbeschäftigung zu erreichen. Andere Dinge als Geld und dem Land würden dann die investitionshemmende Wirkung des zinstragenden Geldes übernehmen.

Keynes war dem Kommunismus gegenüber äußerst kritisch und geradezu feindselig eingestellt. Gegenüber den britischen Befürwortern dieser Weltanschauung verhielt er sich jedoch weniger misstrauisch und sehr viel toleranter. Während er sich in der Öffentlichkeit immer negativ über das sowjetische Experiment und Karl Marx äußerte, blieb Keynes der jüngeren Generation von Kommunisten – dem Geheimbund an der Universität von Cambridge – verbunden, obwohl dort viele ihre Begeisterung für die kommunistische Heilslehre zum Ausdruck brachten und einige schließlich als sowjetische Agenten fungierten. Zu ihnen gehörten Anthony Blunt, Guy Burgess und Michael Straight. Keynes war ein unerschrockener Schwärmer für „die jungen Amateurkommunisten", nicht aber für dic professionellen Kommunisten".[475]

Dennoch gelangten Keynes' Erwägungen einer kommunistischen Alternative vermutlich nicht in erster Linie durch seinen philosophischen Liberalismus an ihre Grenzen. Er konnte grundsätzlich keine Vorteile darin erkennen, wenn die Arbeiterklasse an der Macht war: "Yet it is easy to imagine Keynes at home, or as at home as he would ever be, in the Conservative Party of Macmillan and Buttler – both of whom became personal friends, unlike any Labour leaders. He admired Conservatism's elitism: 'the inner ring of the party can almost dictate the details and techniques of policy', he remarked admiringly. It was only to stupid

473 Keynes, John Maynard: The General Theory, S. 376.
474 Dillard, Dudley: Proudhon, Gesell and Keynes, S. 69.
475 Moggridge, D. E: John Maynard Keynes – An Economist's Biography, S. 470.

elitism he objected. Keynes believed that ability was innate, and deplored only the fact that, in its attachment to the hereditary principle, Conservatism prevented natural ability from rising to the top. A Conservative Party led by Oxford and Cambridge men would not have been so objectionable to him as one which still stuffed Cabinets with dukes. And, as he became older and started his own ascent to the peerage, the stupidity and class prejudice associated with the hereditary principle came to seem less noxious to him than parallel manifestations of these tendencies in the Labour Party."[476]

Keynes als elitärer Geist musste schon im Prinzip durch die Gleichmacherei des Kommunismus abgestoßen werden. "Keynes emphatically rejected the class basis of socialist ideology and politics. It [the Labour Party] is a class party, and the class is not my class. If I am going to pursue sectional interests at all, I shall pursue my own.... I can be influenced by what seems to me to be justice and good sense; but the class war will find me on the side of the educated bourgeoisie."[477]

Als Keynes seine Studien vorantrieb, musste er fast zwangsläufig Gesell entdecken, und zwar als weitere Persönlichkeit, die für einen Mittelweg zwischen Kommunismus und Kapitalismus eintrat. Gesells diesbezügliche Vision entsprach derjenigen von Keynes so sehr, dass er sich vorübergehend zu dem Versuch veranlasst sah, Gesell der Vereinnahmung durch die propagandistischen Aktivitäten seiner Anhänger zu entziehen. Daher finden wir in Keynes' „General Theory of Employment, Interest and Money" Abschnitte, die in hohem Maße beeinflusst sind von Gesells antimarxistischem Sozialismus, den Keynes positiver als „liberalen Sozialismus" bezeichnete.

Dass Gesell eine solch wohlwollende und ausführliche Würdigung durch John Maynard Keynes in seinem wohl bekanntesten Werk des 20. Jahrhunderts, nämlich der „General Theory of Employment Interest and Money", erfahren hat, begründen die Vertreter der nationalökonomischen Zunft damit, dass John Maynard Keynes schon immer einen Hang zum Exzentrischen gehabt habe.[478]

---

476 Skidelsky, Robert: John Maynard Keynes, S. 232.

477 Skidelsky, Robert: John Maynard Keynes, S. 233.

478 Starbatty, Joachim, Eine kritische Würdigung der Geldordnung in Silvio Gesells utopischem Barataria, S. 11.

D. Die Freigeldlehre – Kritik und Bewertung

Charakteristisch für die Freiwirtschaftslehre ist die monetäre Perspektive auf die Wirtschaft; sie bestätigt im Wesentlichen dieselben Mängel des noch heute herrschenden Wirtschaftssystems. Es werden dabei einige blinde Flecken der Standardökonomie aufgedeckt, wird doch in der neoklassischen Theorie der Zins „in keinerlei Verbindung mit dem Geld gebracht".[479] In den neoklassischen Modellen ist Geld lediglich ein Mittel zur Senkung der Transaktionskosten des Gütertauschs; es ist ein Standardgut zur Bestimmung der relativen Preise aller anderen Güter. Dabei wird von der Geldneutralität der Realwirtschaft ausgegangen. Folglich werden die Funktionsbedingungen des Geldes und seine Auswirkungen nicht untersucht, da ja das Geld ohne Einfluss auf die Realwirtschaft ist.

„Ist es möglich, das Thema des Wirtschaftens zu wechseln und an die Stelle naiver Wachstumserwartungen die Melioration des Lebens der Menschen zu setzen?"[480] In diesem sozialreformerischen Sinn ist denn auch die freiwirtschaftliche Kritik des Kapitalismus zu verstehen.

I. Kritik der Gesellschen Zinslehre

Dass Unternehmen Gewinne erzielen müssen, da das Wirtschaften sonst ökonomisch wertlos ist, gehört auch zur Lehre der Freiwirtschaft. Allerdings gilt dies nur für das heutige Wirtschaftssystem. In einer Wirtschaft, in der der Zinssatz gegen Null tendiert[481] – dies ist das Ziel der freiwirtschaftlichen Reform –, ist die Erwirtschaftung eines Gewinns nicht mehr unablässige Voraussetzung für die Existenz eines Unternehmens, da es keine Opportunitätskosten in Form von Zinserträgen gibt.

Die Freiwirtschaft stellt den Zins in den Mittelpunkt ihrer Betrachtung. Die Verpflichtung aus der Kreditaufnahme ist hier das zentrale Moment, das den Un-

479 Heihnsohn, Gunnar / Steiger, Otto: Eigentum als gesellschaftliche Innovation, S. 88.

480 Dahrendorf, Ralf: Lebenschancen, S. 138.

481 Der Effizienzdruck führt zu einer Rationalisierung oder einer Erweiterung der Produktion. Eine Rationalisierung durch technische, ökonomische oder organisatorische Effizienzsteigerung stößt irgendwann an ihre Grenzen. Ab diesem Punkt bleibt als Lösung nur die Erweiterung der Produktion.

ternehmer dazu zwingt, einen Realzins zu erwirtschaften, der den Geldkapitalzins übersteigt, da sonst das Unternehmen in den unwirtschaftlichen Bereich gerät.

Übersteigt der Geldkapitalzins den gesamtwirtschaftlichen Realzins, dann führt die zinsbedingte Umverteilung zu einer Schwächung der gesamtwirtschaftlichen Kaufkraft und zu einer Rezession. Damit verursacht der Zins betriebs- wie volkswirtschaftlichen Wachstumsdruck.

Bei dieser Theorie fällt auf, dass der Kredit eine zentrale Rolle im Wirtschaftsprozess spielt. In dieser Hinsicht wird in der Freiwirtschaftstheorie der monetäre Sektor dem realen vorgeschaltet und der Zins als alleinige Wachstumsursache ausgemacht. Der Zins geht in Gesells Theorie dem Gewinn voraus.

Bedingt durch den Zins, kommt es zu einer Umverteilung, die zu einem Rückgang des gesamtwirtschaftlichen Konsums führt. Somit stellt die Freiwirtschaftliche Theorie das Umverteilungsproblem in den Mittelpunkt ihrer Argumentation.

Probleme ergeben sich nur dann, wenn die Zinseinkommen zu einer erheblichen Umverteilung der Einkommen von unten nach oben führen, da die oberen Einkommensschichten eine geringere Konsumneigung als die unteren Einkommensschichten besitzen. In diesem Fall bedingen höhere Zinsen einen Konsumrückgang und damit geringere Einkommen der Unternehmen, was diese dazu veranlasst, die Produktion zu rationalisieren, zum Beispiel Arbeiter zu entlassen. Dies ist aber kein prinzipielles Problem des Zinses, denn heute wird auch ein großer Teil des Arbeitsaufkommens auf Finanzmärkten investiert. Der Großteil der Finanzeinkommen wird gegenwärtig aber keineswegs mit festverzinslichen Einkommen erzielt. Der größte Teil des Kapitaleinkommens sind heute Kursgewinne auf den Aktienmärkten. Gerade deshalb führt die ausschließliche Fokussierung der Freiwirtschaft auf den Zins zu falschen Schlussfolgerungen.

Eine weitere Kritik an Gesells Freiwirtschaftslehre richtet sich gegen die These von der exponentiellen Vermehrung der Geldvermögen. Dies wäre aber nur dann der Fall, wenn das gesamte Anfangskapital sowie die anfallenden Zinsen und Zinseszinsen wieder angelegt würden. Sobald aber ein Teil der Zinseinkünfte anderweitig, zum Beispiel für Konsum, verwendet wird, wächst das Geldvermögen nur noch unterexponentiell. Dies ist weder mathematisch noch ökonomisch korrekt. Die Geldvermögen nehmen selbst bei einer teilweisen Entnahme der Zinsen exponentiell zu. Damit soll jedoch ausgedrückt werden, dass das Wachstum der Geldvermögen bei teilweiser Entnahme der Zinseinkünfte geringer ausfällt, was eine banale Erkenntnis ist.

Die Aussage, dass bei einem vollständigen Verbrauch der Zinsen die Geldvermögen konstant bleiben, ist für größere Kapitaleinkommen unrealistisch, da die entsprechenden Zinseinkommen kaum konsumptiv oder sachinvestiv verwendet werden.

Außerdem ist gegen die Freiwirtschaftslehre vorzubringen, dass ein positiver Zinssatz das Wachstum bremst und nicht forciert. Jedoch kann dieser Zinssatz nicht generell als Wachstumsbremse angesehen werden. Die wachstumshemmende Wirkung resultiert aus der Bewegung des Zinssatzes nach oben und nicht aus der Existenz des Zinses an sich. Gesell argumentiert aber mit der bloßen Existenz des Zinses im Wirtschaftssystem und nicht mit der absoluten Höhe bzw. der Veränderung des Zinssatzes.

Schließlich konstruiert die Freiwirtschaftslehre einen starren und mechanischen Zusammenhang zwischen Wachstum und Geldvermögen, dem Wachstum der Investitionen und dem des Sozialproduktes. Ein zum Wachstum der Geldvermögen proportionales Wirtschaftswachstum gibt es aber nur, wenn die Geldvermögen alle in Erweiterungsinvestitionen gelenkt würden. Dabei wird völlig ignoriert, dass Rationalisierungsinvestitionen, die nicht unbedingt zu einem Kapazitätseffekt führen, in den letzten Jahren überwogen haben, so dass dieser Zusammenhang nicht zutrifft. Ein starrer Zusammenhang zwischen Geldvermögens- und Wirtschaftswachstum ist also ein unrealistischer Spezialfall. Allerdings ändert die Kritik nichts an der Aussage, dass eine Zunahme der Geldvermögen generell zu einem Wachstum führt, in welcher Art auch immer.

Die Kritik an der Gesellschen Zinslehre lässt sich auf zwei Punkte reduzieren: Erstens wird der Freiwirtschaftslehre bisweilen entgegengehalten, sie habe eine zu einseitige monetäre Perspektive. „Während man dem wirtschaftswissenschaftlichen Mainstream zuweilen vorwerfen muss, überhaupt keine Verbindung zwischen Geld und Zins zu sehen, so ist die ausschließliche Bindung der Existenz von Zins an Geld ein Kurzschluss."[482] Dieser Einwand ist berechtigt, denn die Freiwirtschaftslehre sollte nicht ausschließlich auf monetäre Faktoren abheben. Denn sonst enthält sie denselben Fehler wie die Standardökonomie, in der so gut wie nur angebotsseitige oder psychologische Aspekte eine Rolle spielen, wenn Konjunkturschwankungen zu erklären sind.

Zweitens besteht eine Kritik darin, dass Gesell es unterlassen hat, seine Behauptungen zum Zins bzw. dessen Verbindung zum Geld auch nur ansatzweise zu beweisen; er hat es noch nicht einmal irgendwo ernsthaft versucht. „Dass der Kassakäufer einen Zins einhebe, dass der Produzent einen Zins leiste – das scheint Gesell eine offenkundige Tatsache zu sein, die keines Beweises bedürfe."[483] Dieser Kritikpunkt Färbers ist berechtigt, doch sollte dabei nicht vergessen werden, wie schwer ein logischer Beweis in Fällen sozialwissenschaftlicher Zusammenhänge ist. Die Erkenntnis Gesells, wonach zwischen Geld und anderen Gütern eine Asymmetrie besteht, kann vielleicht nicht dezidiert bewiesen werden, dennoch sprechen gute Gründe für eine Existenz dieser Asymmetrie. Oppenheimer äußerte sich hierzu wie folgt: „[...] dass die Gesell-

482 Schmidt, Johannes: Der ökonomische Weg ins gelobte Land, S. 9.
483 Färber, Heinrich: Die Irrlehre Silvio Gesells, S. 8.

sche Behauptung des Urzinses nicht nur materiell unbeweisbar ist, sondern auch aus den möglichen theoretischen Prämissen formal nicht abgeleitet werden kann, wobei festzuhalten ist, dass Gesell selbst nicht etwa aus ausreichenden Prämissen deduziert, sondern lediglich postuliert hat." Färber fragt weiter in Bezug auf die Gesellsche Zinslehre, was denn der richtige Preis für eine Ware ist? Da dies niemand mit Bestimmtheit zu sagen vermag, könne in diesem Zusammenhang auch nicht von einem Überpreis gesprochen werden, den der Geldbesitzer oder wie Gesell sagen würde – der Rentner – für sich behält. Es handelt sich bei Färber um eine Vereinfachung der Gesellschen Theorie, wobei er dessen Lehre letztendlich unrichtig wiedergibt.

Die Anhänger der Freiwirtschaftslehre, die die Lehre Gesells mit einem missionarischen Absolutheitsanspruch zu verbreiten versuchen, gehen fälschlicherweise davon aus, das Freigeld werde seine Funktion als Tauschmittel besser wahrnehmen können als das heute übliche Geld, was sich an einem ansteigenden Handels- und Produktionsvolumen ablesen lasse.

Der Neoklassiker Johannes Schmidt kritisiert Gesells Theorie mit der nicht näher begründeten Feststellung, Zins sei kein monetäres Phänomen, sondern sei im Privateigentum an den Produktionsmitteln begründet.[484] Des Weiteren wird häufig bemängelt, in der Freiwirtschaftstheorie würden Teillösungen häufig als Universallösungen deklariert.[485] Die Anhänger der Freiwirtschaftslehre suggerieren, mit Einführung des Freigeldes würde sich so ziemlich jedes Problem von selbst erledigen. Bei dieser nachvollziehbaren Kritik sollte allerdings nicht vergessen werden, dass die Erkenntnisse der Freiwirtschaftslehre über die Funktionsweise des kapitalistischen Systems noch lange nicht widerlegt sind. Die Theorie zu Freiland und Freigeld ist bestimmt kein Patentrezept für alle unsere Probleme, aber vielleicht eine ordnungspolitische Option.

II. Gesell und Keynes und die Anfänge der Sozialen Marktwirtschaft?

Seit dem Zweiten Weltkrieg wird in Deutschland die Wirtschaftspolitik durch das ordoliberale Konzept der sozialen Marktwirtschaft geprägt, in deren Vordergrund die Lebensdienlichkeit steht. Bedürfnisse der Wirtschaft müssen hinter ihr zurücktreten.[486] Die Wirtschaft ist also Mittel zum Zweck, allen Bürgern ein gutes Leben zu ermöglichen. Das „Hauptziel der sozialen Marktwirtschaft besteht nach Mül-

---

484 Vgl. Schmidt, Johannes: Der ökonomische Weg ins gelobte Land, S. 10.
485 Vgl. Färber, Heinrich: Die Irrlehre Silvio Gesells, S. 4, und Bosshardt, Alfred: Freigeld, S. 362.
486 Vgl. Ulrich, Peter: Integrative Wirtschaftsethik, S. 348 ff.

ler-Armack darin, das Prinzip der Freiheit auf dem Markt mit dem des sozialen Ausgleichs zu verbinden."[487]

In Bezug auf die Rolle der Wirtschaft in der Gesellschaft ist die freiwirtschaftliche und keynesianische Konzeption der ordoliberalen Theorie ähnlich. Beide Schulen sehen prinzipiell eine Stabilität des Marktsystems voraus, wobei alle freien Märkte fordern, was der Staat mit aktiver Wettbewerbspolitik durchzusetzen habe. Der freie Markt soll die Erzielung von privaten Monopolrenten verhindern. Die ordoliberalen Schulen postulieren im Falle vollständiger Konkurrenz eine Stabilität des Marktsystems. Es sollen deshalb in der Ordnungspolitik möglichst marktkonforme Lenkungsmaßnahmen gewählt werden.[488] Alle Schulen kommen aber zu der Erkenntnis, dass das Marktsystem zu einer sozial unerwünschten ungleichen Verteilung von Einkommen und Vermögen führt. Daher fordert die ordoliberale Schule progressive Steuern und Sozialversicherungen, um eine solche Entwicklung zu vermeiden.

Die Gemeinsamkeit zwischen der Freiwirtschaftslehre und der keynesianischen Theorie besteht in der wirtschaftspolitischen Nachfrageorientierung. Während die Ordoliberalen die Sozialversicherung großzügig ausbauen wollen, will die Freiwirtschaftslehre mit der Geldreform jedem arbeitswilligen Menschen die Möglichkeit schaffen, ein ausreichendes Erwerbseinkommen am Markt zu erzielen. Keynes hielt das Freigeld-Konzept für nicht praktikabel, dennoch wollte er wie Gesell mit staatlichen Maßnahmen die Monopolrente des Kapitals beseitigen. Keynes formulierte die Absicht, dienendes Kapital zu schaffen, jedoch moderater als Gesell; denn er beabsichtigte nicht, ein neues Geldsystem einzuführen. Für Gesell wie für Keynes gab es keinen Grund, warum das Produktivkapital notwendigerweise knapp sein muss.

Gesell und Keynes erkannten, ähnlich wie die ordoliberale Schule, einen Zusammenhang vieler gesellschaftlicher Probleme mit dem Wirtschaftssystem. Alle wollten den Kapitalismus zu einem für alle Menschen akzeptablen und humaneren Wirtschaftssystem umfunktionieren. Daher besitzen diese Schulen dieselbe Stoßrichtung, nur hinsichtlich des anzustrebenden Ergebnisses unterscheiden sie sich zum Teil erheblich.

Gesells freiwirtschaftliches Gerechtigkeitskonzept des vollen Arbeitsertrages für jedermann stellt durchaus eine sinnvolle Ergänzung des Konzepts der sozialen Gerechtigkeit dar. Dabei ist für ihn, ebenso wie für Keynes, in einer Bürgergesellschaft das produktive Sachkapital nur in einer jedem Menschen dienenden Funktion vorstellbar. Auch die Bodenreform Gesells soll zur sozialen Gerechtigkeit

---

487 Eickhof, Norbert: Soziale Marktwirtschaft und wettbewerbspolitische Ausnahmebereiche, S. 135.

488 Vgl. Eickhof, Norbert: Soziale Marktwirtschaft und wettbewerbspolitische Ausnahmebereiche, S. 140 f.

beitragen, indem keine leistungslosen Erträge mehr erzielt werden können. Jedoch wird in seiner Theorie das Privateigentum nicht angetastet.

Alle diese Ziele und Ideen wurden von der heutigen Sozialen Marktwirtschaft aufgegriffen. Allerdings will die ordoliberale Schule das Marktsystem einer nachgelagerten staatlichen Umverteilung in Form von Sozialversicherungen etc. unterziehen. Gesell und Keynes würden wohl ebenfalls die vom Staat gegebene Wohlstandsgarantie ablehnen, nämlich dass jemand aus eigenem freien Willen nicht mehr arbeiten will und er dennoch versorgt ist.

III. Dogmengeschichtliche Bewertung von Silvio Gesell

Dogmengeschichtlich ist festzustellen, dass sich die Wissenschaft noch relativ wenig mit der Freiwirtschaftslehre Gesells auseinandergesetzt hat. Daher besteht diesbezüglich noch ein großer Forschungsbedarf. Der Grund hierfür lässt sich damit erklären, dass die Theorie der Freiwirtschaft und auch die Person Silvio Gesells bisher kaum aus neutraler Sicht beurteilt wurden. Die vorhandene Literatur ist oft stark ideologisch eingefärbt. Die Standardökonomie und ebenso die Vertreter der sozialistischen Seite lehnen die Freiwirtschaftslehre bedingungslos ab, dagegen stimmt die freiwirtschaftliche Seite seiner Theorie euphorisch und kritiklos zu. Beide Seiten sind dogmatisch von ihrer Position überzeugt, so dass bisher kaum ein befruchtender Meinungsaustausch stattfinden konnte. Die standardökonomischen Beiträge sind gekennzeichnet durch eine geradezu feindselige, zumindest defensive Haltung gegenüber der Freiwirtschaftstheorie. Der Grund hierfür könnte darin bestehen, dass deren Anhänger eine Absolutheit für sich in Anspruch nehmen, die seriöse Wissenschaftler oft abstößt.

Auch spielt die Überzeugung eine Rolle, die Freiwirtschaftstheorie hätte sich schon lange durchsetzen müssen, wenn an ihr etwas wäre.[489] Seitdem das kapitalistische System den real existierenden Sozialismus überlebt hat, wird von der Überlegenheit der kapitalistischen Marktwirtschaft ausgegangen. Dies hat dazu geführt, dass nach dem Kalten Krieg die Systemfrage in der Wirtschaft nur noch selten gestellt wird. Allerdings gilt daran zu erinnern, wie wenig politisch-ökonomische Probleme erst gelöst wurden.[490] Die ehemals heftige Diskussion um den Dritten Weg

---

489 Unter Ökonomen existiert die Vorstellung, der Mechanismus des Wettbewerbs gewährleiste zu jedem Zeitpunkt ein „globales Maximum“ im Sinne eines sozialen Optimums in allen marktgesteuerten Subsystemen der Gesellschaft. Diese Vorstellung wird allerdings von der Evolutionsökonomie mit dem Konzept der Pfadabhängigkeit von sozialen und technischen Entwicklungen zu Recht kritisiert. www.vwl.uni-muenchen.de/ls_komlos/pathd.pdf.

490 Vgl. Sen, Amartya: Ökonomie für den Menschen, S. 9 f.

neben Neoliberalismus und Keynesianismus könnte in Zukunft wieder aufflammen. Vielleicht können „die anwachsenden Schwierigkeiten des kapitalistisch-marktwirtschaftlichen Systems und vor allem seine periodisch wiederkehrenden Erscheinungen von Massenarbeitslosigkeit mit Hilfe von Reformen überwunden werden."[491]

Es bleibt zu hoffen, dass die Freiwirtschaftslehre in der ökonomischen Theoriebildung und ordnungspolitischen Praxis künftig wieder eine größere Rolle spielt. Dazu muss aber die Forschung ihre diesbezüglichen Defizite abbauen und behauptete Wirkungszusammenhänge empirisch überprüfen. Hierzu bietet die Freiwirtschaftstheorie interessante Ansätze für Erklärungen tiefgreifender Wirtschaftsprobleme. Eine Überprüfung und kritische Würdigung dieser Aussagen in der Praxis ist deshalb wünschenswert. Es existieren bereits Experimente, die aber kaum wissenschaftlich begleitet wurden. Neue Experimente aufzubauen ist deshalb notwendig, aber problembehaftet, da dies einen komplexen Eingriff in die sehr vernetzten Wirtschaftsstrukturen darstellen würde. Die Freiwirtschaftliche Theorie ist auch in der Hinsicht zu überprüfen, ob nicht die Geldschöpfung, die in Gesells Theorie zu einer Erhöhung der Kaufkraft führt, eine Folge der zinsbedingten Vermehrung der Geldvermögen ist. Außerdem müsste untersucht werden, ob die auf den Finanzmärkten realisierten Kursgewinne nicht ebenfalls eine Folge des zinsbedingten Anstiegs der Geldvermögen sind, die Folge überschüssiger Gelder, die im realen Sektor keine entsprechende Rendite ermöglichen.

Insofern stellt die Freiwirtschaftstheorie der Geldpolitik mit einer Geldumlaufsicherungsgebühr ein weiteres Steuerungsmittel zur Verfügung. Eine optimale Höhe dieser Gebühr gilt es zu untersuchen.

Ausgehend von den Anmerkungen Werner Onkens ergibt sich ein weites Forschungsspektrum für die Wirtschaftsgeschichte. Über die Zeit der Brakteaten – einem Geld, welches im Mittelalter regelmäßig widerrufen wurde und somit einem Schwund unterlag – gibt es bislang nur wenig fundiertes Wissen.[492] Dieses Geld soll verantwortlich für die Blütezeit Europas sein, in der viele der heute noch existierenden Kathedralen, wie zum Beispiel der Kölner Dom, in Europa gebaut wurden. Lietaer führt die Blütezeit in Ägypten zur Zeit der Pharaonen auf ein Geldsystem, wie es die Freiwirtschaft darstellt, zurück.[493]

Helmut Creutz hat bislang nur grobe Schätzungen für den Zinsanteil in den Preisen vornehmen können. Eine Methode zur genauen Bestimmung würde zugleich Informationen über die Belastung einer Volkswirtschaft durch Kapitalkosten bringen. Zugleich ließen sich diesbezügliche Erkenntnisse auch für konkrete Produkte gewinnen.

491 Vgl. Šik, Ota: Wirtschaftssysteme, S. V/208 f.
492 Onken, Werner: Silvio Gesell, Die Natürliche Wirtschaftsordnung, S. 12 f.
493 Lietaer, Bernard: Das Geld der Zukunft, S. 380.

Die Freiwirtschaftstheorie zeichnet das Bild einer krisenfreien Wirtschaft. Dagegen ist die heutige Wirtschaftswissenschaft mit einer Vielzahl von Krisensymptomen beschäftigt, weshalb sie auf die Analyse eines Wirtschaftssystems mit Krisen eingestellt ist. Entsprechend schwer ist aus heutiger Sicht die Prognose möglicher alternativer Fehlentwicklungen. Diese sollten deshalb besonderer Untersuchungsgegenstand sein.

IV. Schlussbemerkungen: Silvio Gesell – ein Pionier oder ein Utopist?

Als Gesell um 1890 seine Arbeiten zur Freiwirtschaftslehre begann, war er von dem Gedanken beseelt, das Wirtschaftssystem so zu verändern, dass eine bessere und gerechtere Gesellschaft ermöglicht wird. Daraus sollte eine Gesellschaftsform entstehen, die dem Menschen als Kulturwesen angemessen ist und die auf einem humaneren Wirtschaftssystem basiert. Denn das heute existierende kapitalistische System führt zu einer Aufspaltung der Gesellschaft in kapitalverbundene und -interessierte Menschen auf der einen und kapitalentfremdete, lohninteressierte Menschen auf der anderen Seite.[494]

Die Liquiditätsgebühr ist einer indirekten Steuer ähnlich. Jedes Wirtschaftssubjekt zahlt sie für den Gebrauch des öffentlichen Gutes „Geld". Die Gebühr fließt also in die Staatskassen, so dass in diesem Umfang andere Steuern entfallen könnten. Die Geldreform könnte somit bei fiskalpolitischer Neutralität zu einer allgemeinen Steuersenkung führen. Als fundamentaler Unterschied zu gewöhnlichen indirekten Steuern wohnt der Liquiditätsgebühr eine soziale Komponente bereits inne: Wer mehr Liquidität beansprucht, muss auch mehr bezahlen.

Gesell fand nur bei wenigen Menschen Verständnis für seine Theorien. Seine Natürliche Wirtschaftsordnung stellt gewissermaßen sein geistiges Testament vor, das die Ordnung des gesellschaftlichen und wirtschaftlichen Zusammenlebens der Menschen nach dem Vorbild der Natur korrigieren sollte. Erst gegen Ende seines Lebens gelangte er zu der Einsicht, dass die entsprechenden geistigen Vorarbeiten die Dauer mehrerer Generationen in Anspruch nehmen würden.

Kann Gesell tatsächlich als Pionier der Formel einer modernen Zinstheorie angesehen werden? Die einzige Schrift Gesells, die diesen Schluss zulässt, ist seine Verteidigungsrede vom 9. Juli 1919 vor dem Münchner Standesgericht, wo er wegen seiner Tätigkeit als Finanzminister in der ersten Münchener Räteregierung angeklagt wurde. *Lange Jahre war ich in Sorge, dass ich verunglücken könnte, ehe ich meinen Fund seinem rechtmäßigen Eigentümer ausgehändigt hätte, ehe*

494 Vgl. Šik, Ota: Humane Wirtschaftsdemokratie, S. 188.

es mir gelänge, den Bann des Totschweigens zu brechen. Seit dreißig Jahren bin ganz bestimmt nicht ein einziges Mal zu Bett gegangen, ohne mich zu fragen, was ich noch tun könnte um meinen Schatz loszuwerden, um ihn zum Gemeingut zu machen. Wahrhaftig, keinem Christopherus ist je so ein schweres Kind auf die Schulter gebürdet worden.[495]

Ganz bewusst greift Gesell im Titel seines wichtigsten Werkes den Begriff der „Natürlichen Wirtschaftsordnung" auf. Diesen Begriff hatte bereits Adam Smith geprägt, vor ihm hatten ihn sogar schon die französischen Physiokraten verwendet, um ihn – im Sinne der Aufklärung – der göttlichen Ordnung des Feudalsystems gegenüberzustellen. Die Harmonie in Wirtschaft und Gesellschaft sollte sich, wie in der Natur, aus der Vernunft und dem freien Spiel der Kräfte speisen.

Schon Keynes sah in Gesell einen Pionier, da er gegen das Laisser faire-Prinzip von Adam Smith aufbegehrte. Noch heute stellt sich die Fachwelt die Frage, ob Gesells Freiwirtschaftstheorie als soziale Innovation anzusehen sei.

Auffällig ist, dass die Freigeldlehre vorwiegend im angelsächsischen Raum ein positives Echo gefunden hat. Neben Keynes sah auch der Ökonom Irving Fisher Gesells Vorschlag zur Verbesserung der Geldfunktion als Pionierleistung an. Im Gegensatz dazu verweigerten ihm andere die wissenschaftliche Anerkennung. Vor allem Böhm-Bawerk tat ihn als „naiven Ausbeutungstheoretiker" ab.[496] Der konservative Nobelpreisträger Hayek nannte Gesell einen „literarisch sehr geschickten und darum einflussreichen Vertreter der grundsätzlich falschen Unterkonsumptionstheorien".[497] Schumpeter wiederum hätte mit seiner Auffassung vom Wettbewerb als „schöpferische Zerstörung" nichts gegen die Freiwirtschaftslehre einzuwenden gehabt.[498]

In dieser Abhandlung wurde versucht zu skizzieren, wie viele Gedanken Gesells von Keynes oder auch von der herrschenden volkswirtschaftlichen Theorie und Praxis aufgegriffen und umgesetzt wurden. Angefangen bei der Abkehr von der Goldwährung bis hin zur einer neuen Wettbewerbsordnung und zu flexiblen Wechselkursen, bis hin zu Regeln für eine Zentralbank beschäftigt sich die herrschende Wirtschaftstheorie und -politik mit Problemen, die auch Gesell schon lösen wollte. Insofern war Gesell ein Pionier, der all diese Probleme bereits erkannt hatte. Hingegen muss Gesell bezüglich seiner Theorie der Umlaufsicherung des Geldes mittels einer Geldreform und sozialer Gerechtigkeit mittels Bodenreform als Utopist angesehen werden.

Was die freiwirtschaftliche Konjunkturtheorie betrifft, so war Gesell ein Vordenker, denn er wollte angebotsseitige Schocks, verursacht beispielsweise durch

495 Gesell, Silvio: Verteidigungsrede, S. 34.
496 Böhm-Bawerk, Eugen: Geschichte und Kritik der Kapitalzins-Theorien, S. 463.
497 Hayek, Friedrich August: Die Verfassung der Freiheit, S. 15.
498 Schumpeter, Joseph Alois: Kapitalismus, Sozialismus und Demokratie, S. 134.

technischen Fortschritt, Bevölkerungswachstum oder Naturkatastrophen durch Einführung des Freigelds beseitigen und so Wirtschaftskrisen verhindern. Präferenzänderungen der Konsumenten würden – wie heute oft üblich – zu einem steten Wandel der Produktion führen, woraus in einzelnen Branchen Arbeitslosigkeit resultieren könnte. Hier wird ein wichtiger Unterschied der Freiwirtschaftslehre im Vergleich zu sozialistischen Wirtschaftsformen deutlich: Die Dynamik des marktwirtschaftlichen Wettbewerbs bleibt bestehen.

Allerdings zögern beziehungsweise weigern sich Wissenschaft und Politik noch heute, neue Wege zu beschreiten. Erst in der Praxis würden dann aber die Unzulänglichkeiten der freiwirtschaftlichen Theorie sichtbar, weil die radikale Marktwirtschaft, wie Gesell sie postulierte, nur als Ganzes, als eine Einheit, funktionieren kann. Denn man kann nicht ein bisschen Marktwirtschaft betreiben und die urkapitalistischen Verfälschungen und Privilegien Geld und Bodenrecht bestehen lassen. Somit ist die Umsetzung der Gesellschen Freiwirtschaftstheorie sicherlich heutzutage eine Utopie.

Die Wirtschaftswissenschaft verdankt Silvio Gesell Einblicke in das Geldwesen und in die Lehre des Zinses. Jedoch wurde Silvio Gesell von der nationalökonomischen Zunft immer als Sonderling betrachtet, vorwiegend deshalb, weil er kein Studium absolviert und somit keine ordentliche Professur hatte. Silvio Gesell steht damit nicht allein da, auch andere bedeutende Nationalökonomen außer Adam Smith, der Professor für Moralphilosophie war, waren ebenfalls keine ordentlichen Professoren. Der Begründer der Physiokratischen Schule, François Quesnay, war Leibarzt von Madame Pompadour, David Ricardo war Börsenmakler, Karl Marx war Berufsrevolutionär und freier Schriftsteller, John Maynard Keynes verdiente sein Geld überwiegend in der Versicherungsbranche und spekulierte erfolgreich an der Waren-Terminbörse.

Schumpeter sagte einmal in einer Würdigung von Keynes, dieser habe ihm gebeichtet, er könne es sich finanziell nicht leisten, eine ordentliche Professur zu übernehmen.[499]

Wer sich nicht nur oberflächlich mit der ökologischen und sozialen Frage beschäftigen will, kommt um ein Studium der Theorien Gesells nicht herum. Vielleicht sollten die freiwirtschaftlichen Analysen mehr als Ergänzungen der Neoklassik verstanden werden. Die monetäre und realwirtschaftliche Perspektive schließen sich nicht zwangsläufig aus, sondern sind für ein umfassendes Verständnis der Wirtschaft vorteilhaft und horizonterweiternd. Wenn es etwa gelänge, ein humaneres Wirtschaftssystem einzurichten, in dem nicht weniger Güter produziert werden als heute, wäre dies zweifellos als Fortschritt zu werten. Vielleicht könnte

499 Abzüglich bibliographischer Angaben. Conrad, Johannes / Elster, Ludwig: Handwörterbuch der Staatswissenschaft, S. 886.

der bestehende Mechanismus von Grund auf so verändert werden, dass er sozial und ökologisch wünschenswertere Resultate zeigt. Dies wäre dann der freiwirtschaftliche Ansatz von Silvio Gesell.

Meines Erachtens ist es durchaus sinnvoll, sich Gedanken über ein besseres Geldsystem zu machen. Silvio Gesell hat sich deswegen sehr viel Mühe aufgeladen. Aber die Gefahr ist bei solchen Vorhaben groß, dass man einen Fehltreffer landet. Wirtschaftsmodelle, wie das von Silvio Gesell entwickelte, zwingen dazu, auch das eigene Ideengebäude erneut auf seine Richtigkeit zu überprüfen oder sogar noch besser auszugestalten. Einschränkend ist hierzu jedoch anzumerken, dass es sich bei diesem Kritiker um einen „Laien“ handelt, dessen Arbeiten, auch wenn sie an Deutlichkeit und Einfallsreichtum nichts zu wünschen übriglassen, theoretisch doch erhebliche Schwächen aufweisen. Auch geht Gesell konzeptionell selten über den aktuellen Forschungsstand hinaus. Typisch ist eher sein Anknüpfen an ältere Auffassungen (Proudhon, soziale Utopien u.ä.), was die Gefahr mit sich bringt, zu sehr an der Vergangenheit orientiert zu sein und sich den Weg zu verbauen, neuere geldwirtschaftliche Entwicklungen zu begreifen. Als produktiv erweist sich Gesells Theorie dadurch, dass diese sich gegensätzlich zum allgemeinen Gedankengebäude positioniert und somit die Theorienentwicklung wesentlich gefördert hat.

Versucht man die Haltung Silvio Gesells etwas genauer zu ergründen, so trifft man mitunter auf dubiose Erklärungen und abstruse „Theorien“, wie sie auch schon früher, so zum Beispiel von Romantikern und Konservativen, geäußert worden sind. So verständlich und gerechtfertigt die dabei zutage geförderten „Begründungen“ auch sein mögen, theoretisch betrachtet ist diese Lehre eher eine Irrlehre, auch wenn sie noch so ehrlich gemeint und aus Erfahrung des täglichen Lebens geboren ist.

Silvio Gesell und seine Theorie vom Freiland muss kritisch hinterfragt werden. Er lebte zu Beginn des letzten Jahrhunderts, als das Wirtschaftswachstum über jeden Zweifel erhaben war und als Ziel von allen Ökonomen vertreten wurde.

Nach seinen Vorstellungen sind der Produktion keine Grenzen gesetzt. Nach Gesell ist es notwendig, dass genügend Sachgüter (Realkapitalien) produziert werden, damit durch ein größeres Angebot diese Sachgüter keinen Zins bzw. keine Rente mehr abwerfen können.

Meiner Meinung nach bietet Gesells Geldtheorie keine Alternative zur heutigen Geldwirtschaft. Es handelt sich lediglich um einen wissenschaftlichen Erklärungsansatz monetärer Phänomene und geldwirtschaftlicher Zusammenhänge. Das Spektrum reformerischer geldpolitischer Ansätze ist breit gefächert.

Es umfasst neben der auf Silvio Gesell zurückgehenden Idee eines zinsfreien bzw. neutralen Geldes und dem Vorschlag, das umlaufende Geld mit einer Nutzungsgebühr zu belasten beziehungsweise mit einer Entwertungsprämie zu versehen, schuldenfreies Geld zu emittieren und das gegenwärtige Zins-Geld-System weltweit durch einen Tauschhandel via Internet zu unterlaufen.

Bibliographie

I. Quellen

Böhm-Bawerk, Eugen von: Geschichte und Kritik der Kapitalzins-Theorien (1884), 4. Aufl., Jena: Gustav Fischer, 1921.

Ders.: Positive Theorie des Kapitals (1888), 4. Aufl., Jena: Gustav Fischer, 1921.

Die Bibel, Neues Testament; Württembergische Bibelanstalt, Stuttgart 1965.

Fisher, Irving: Booms and Depressions (1932), in: The Works of Irving Fisher, Bd. 10, London: Pickering & Chatto, 1997.

Ders.: Responses to the First Phases of the Depression (1932), in: The Works of Irving Fisher, Bd. 14, London: Pickering & Chatto, 1997.

Ders.: Stamp Scrip, New York: Adelphi Company, 1933 (http://userpage.fu-berlin.de/~roehrigw/fisher/).

Gesell, Silvio: Das Reichwährungsamt. Wirtschaftliche, politische und finanzielle Vorbereitung für seine Errichtung (1920), Gesammelte Werke, Bd. 12, Lütjenburg: Gauke, 1992.

Ders.: Das Monopol der Schweizerischen Nationalbank, (1901), Gesammelte Werke, Bd. 3, Lütjenburg: Gauke, 1989.

Ders.: Der Abbau des Staates nach Einführung der Volksherrschaft. Denkschrift an die zu Weimar versammelten Nationalräte (1919), Gesammelte Werke, Bd. 10, Lütjenburg: Gauke, 1991.

Ders.: Der Masstab für die Qualität des Geldes (1903), Gesammelte Werke, Bd. 3, Lütjenburg: Gauke, 1989.

Ders.: Die Anpassung des Geldes und seiner Verwaltung an die Bedürfnisse des modernen Verkehrs (1897), Gesammelte Werke, Bd. 2, Lütjenburg: Gauke, 1988.

Ders.: Die Auslese durch die natürliche Wirtschaftsordnung (1918), Gesammelte Werke, Bd. 10, Lütjenburg: Gauke, 1991.

Ders.: Die herrschaftslose Gesellschaft (1903), Gesammelte Werke, Bd. 17, Lütjenburg: Gauke, 1991.

Ders.: Die natürliche Wirtschaftsordnung durch Freiland und Freigeld (1916), Gesammelte Werke, Bd. 11, Lütjenburg: Gauke, 1991.

Ders.: Die neue Lehre vom Geld und Zins (1911), Gesammelte Werke, Bd. 6, Lütjenburg: Gauke, 1990.

Ders.: Die Reformation im Münzwesen als Brücke zum socialen Staat (1891), Gesammelte Werke, Bd. 1, Lütjenburg: Gauke, 1988.
Ders.: Die Verstaatlichung des Geldes (1892), Gesammelte Werke, Bd. 1, Lütjenburg: Gauke, 1988.
Ders.: Die Verwirklichung des Rechtes auf den vollen Arbeitsertrag durch die Geld- und Bodenreform (1906), Gesammelte Werke, Bd. 4, Lütjenburg: Gauke, 1989.
Ders.: Gold und Frieden? (1916), Gesammelte Werke, Bd. 10, Lütjenburg: Gauke, 1991.
Ders.: Freigeld? Eine Erwiderung auf Dr. Otto Heyns Kritik (1921), Gesammelte Werke, Bd. 13, Lütjenburg: Gauke, 1992.
Ders.: Geldreform und Christentum (1913), Gesammelte Werke, Bd. 6, Lütjenburg: Gauke, 1990.
Ders.: Gossen? (1926), Gesammelte Werke, Bd. 16, Lütjenburg: Gauke, 1995.
Ders.: Internationale Valuta-Assoziation (IVA). Voraussetzung des Weltfreihandels – die einzige für das zerrissene Deutschland in Frage kommende Wirtschaftspolitik (1920), Gesammelte Werke, Bd. 12, Lütjenburg: Gauke, 1992.
Ders.: Kannte Moses das Pulver? (War die Bundeslade ein Laboratorium?) (1907), Gesammelte Werke, Bd. 5, Lütjenburg: Gauke, 1989.
Ders.: Nervus Rerum (1891), Gesammelte Werke, Bd. 1, Lütjenburg: Gauke, 1988.
Ders.: Noch einmal Böhm-Bawerks Positive Theorie des Kapitalzinses (1913), Gesammelte Werke, Bd. 8, Lütjenburg: Gauke, 1990.
Ders.: Professor Dr. von Böhm-Bawerks „Positive Theorie des Kapitals“ vom physiokratischen Standpunkt aus betrachtet (1913), Gesammelte Werke, Bd. 7, Lütjenburg: Gauke, 1990.
Ders.: Verteidigungsrede (1920), Gesammelte Werke, Bd. 12, Lütjenburg: Gauke, 1992.
Keynes, John Maynard: The General Theory of Employment, Interest and Money, London: Macmillan and Co., 1936.
Locke, John: Über die Regierung (The Second Treatise of Government) (1689), Hamburg: Rowohlt, 1966.
Ders.: Zwei Abhandlungen über die Regierung (1690), Frankfurt/Main: Suhrkamp, 1977.
Marx, Karl: Das Kapital. Kritik der politischen Ökonomie, 2. Bd., Berlin: Dietz, 1966.
Ders.: Theories of Surplus-Value, Part 1. Moskau: Progress Publishers, 1963.
Nietzsche, Friedrich: Also sprach Zarathustra, Leipzig: Alfred Kröner, 1930.
Oppenheimer, Franz: Zur Geldtheorie (1914), in: Gesammelte Schriften, Bd. 3, Berlin: Akademie Verlag, 1998, S. 37-44.
Proudhon, Pierre-Joseph: Qu’est-ce que la propriété? (1840), Paris: Garnier-Flammarion, 1966.

Steiner, Rudolf: Gesamtausgabe 190, Vergangenheit- und Zukunftsimpulse im sozialen Geschehen, Zwölf Vorträge, gehalten in Dornach vom 21. März bis 14. April 1919, Dornach: Rudolf Steiner, 1980.

Ders.: Gesamtausgabe 329, Die Befreiung des Menschenwesens als Grundlage für eine soziale Neugestaltung, altes Denken u. neues soziales Wollen, 9 öffentl. Vorträge, gehalten zwischen d. 11. März u. 10. November 1919, Dornach: Rudolf Steiner Nachlassverwaltung, 1985.

Ders.: Gesamtausgabe 331, Betriebsräte und Sozialisierung, Diskussionsabende mit den Arbeitsausschüssen der großen Betriebe Stuttgarts, Einleitende Diskussionsbeträge und Schlussworte auf neun Versammlungen in Stuttgart vom 8. Mai bis 23. Juli 1919 und dokumentarischer Anhang, Dornach: Rudolf Steiner, 1989.

Ders.: Gesamtausgabe 337a, Soziale Ideen Soziale Wirklichkeit Soziale Praxis, Frage- und Studienabende des Bundes für Dreigliederung des sozialen Organismus in Stuttgart zwischen dem 25. Mai 1919 und 15. September 1920, Dornach: Rudolf Steiner, 1999.

Ders.: Gesamtausgabe 340, Nationalökonomischer Kurs, Vierzehn Vorträge, gehalten in Dornach vom 24. Juli bis 6. August 1922 für Studenten der Nationalökonomie, Dornach, Rudolf Steiner Nachlassverwaltung, 1965.

II. Literatur

Bachmann, Hans: Die Konventionen von Bretton Woods. Internationaler Währungsfonds und Internationale Bank für den Wiederaufbau, St. Gallen: Fehr, 1945.

Barens, Ingo: Geld und Unterbeschäftigung. John Maynard Keynes' Kritik der Selbstregulierungsvorstellung (Volkswirtschaftliche Studien, 368), Berlin: Duncker & Humblot, 1987.

Barens, Ingo – Volker Caspari: Own-rates of interest and their relevance for the existence of underemployment equilibrium positions, in: A ‚second edition' of the General theory 1, hg. v. G. C. Harcourt, London u. a.: Routledge, 1997.

Barens, Ingo – Volker Caspari: Old views and new perspectives: on re-reading Hick's ‚Mr. Keynes and the classics', in: The European journal of the history of economic thought 6 (1999).

Barens, Ingo / Schefold, Bertram / Caspari, Volker (Hrsg.): Political Events and Economic Ideas, Cheltenham, Northampton: Elgar, 2004.

Bartsch, Günter: Die NWO-Bewegung Silvio Gesell. Geschichtlicher Grundriss 1891-1992/93, Studien zur natürlichen Wirtschaftsordnung, Lütjenburg: Gauke, 1994.

Berlin, Isaiah: Freiheit. Vier Versuche, Frankfurt/Main: S. Fischer, 1995.
Betz, Thomas: Silvio Gesell und Freiwirtschaftsbewegung, unveröffentlichte Seminararbeit, Wirtschaftswissenschaftliche Bibliothek der FU Berlin.
Bibow, Jörg (Hrsg.), Maynard Keynes – ein moderner Klassiker?, Sonderband zum 60. Geburtstag der „General theory of employment, interest and money (Homo oeconomicus, 13,3), München: Accedo, 1996 [rezensiert von Volker Caspari, in: European journal of the history of economic thought 5 (1998)].
Binn, Felix: Silvio Gesell. Der verkannte Prophet – Ein Beitrag zur Dogmen- und Wirtschaftsgeschichte des 20. Jahrhunderts mit aktuellen Bezügen (Schriftenreihe der Stiftung für Persönliche Freiheit und Soziale Sicherheit, 3), Hamburg 1978.
Biswanger, Hans Christoph: Geld und Wachstumszwang, in: Biswanger, Hans Christoph / von Flotow, Paschen: Geld & Wachstum. Zur Philosophie und Praxis des Geldes, Stuttgart und Wien: Weitbrecht, 1994, S. 81-124.
Blaich, Fritz: Der Schwarze Freitag. Inflation und Wirtschaftskrise, München: Deutscher Taschenbuch-Verlag, 1985.
Blüher, Hans / Schmid, Werner / Uhlmayr, Benedikt: Silvio Gesell – Zeitgenössische Stimmen zum Werk und Lebensbild eines Pioniers, Lauf bei Nürnberg: Zitzmann, 1960.
Blumenthal, Georg: Physiokratische Prinzipien-Erklärung (1913), in: Gesell, Silvio: Gesammelte Werke, Bd. 7, Lütjenburg: Gauke, 1990, S. 17-20.
Blumenthal, Georg: Neue revolutionäre Taktik. 1. An die Arbeiter; 2. Die Streiktaktik; 3. Der Geldstreik, Erfurt: Stirn, 1926.
Bombach, Gottfried u. a.: Der Keynesianismus II. Die beschäftigungspolitische Diskussion vor Keynes in Deutschland, Heidelberg: Springer, 1976.
Bordo, Michael D.: The Gold Standard and Related Regimes, Collected Essays, Cambridge: Cambridge University Press, 1999.
Bourdet, Claude: Ein neues Mekka der Volkswirtschaft. Wörgl, oder das Schwundgeld, in: Illustration v. 9.9.1933.
Bosshardt, Alfred: Freigeld. Referat, gehalten in der St. Gallischen Volkswirtschaftlichen Gesellschaft, Sonderdruck aus der Zeitschrift für schweizerische Statistik und Volkswirtschaft, 69 (1933).
Conrad, Johannes – Elster Ludwig: Handwörterbuch der Staatswissenschaft, Jena, Bd. 1 1923 bis Bd. 8 1928 u. Reg.-Bd. 1929.
Caspari, Volker: Walras, Marshall, Keynes (Volkswirtschaftliche Schriften, 387), Berlin; Duncker & Humblot, 1989.
Caspari, Volker: A Marshallian perspective of Keynes' General theory, in: Metroeconomica 40 (1989).
Caspari, Volker / Scheford, Bertram: Franz Oppenheimer und Adolph Lowe, Marburg: Metropolis, 1996.

Coiplet, Sylvain: Anarchismus und die soziale Dreigliederung, Buchholz: Institut für soziale Dreigliederung.
Creutz, Helmut: Das Geld-Syndrom. Wege zu einer krisenfreien Wirtschaftsordnung, 5. überarb. u. erw. Aufl., München: Ullstein, 2001.
Creutz, Helmut: Wachstum bis zur Selbstzerstörung. Auswirkungen des Zinssystems, in: Creutz, Helmuth / Suhr, Dieter / Onken, Werner: Wachstum bis zur Krise, Elgg 1992 (Sonderdruck der INWO Schweiz, S. 7-40).
Dahrendorf, Ralf: Lebenschancen. Anläufe zur sozialen und politischen Theorie, Frankfurt/Main: Suhrkamp, 1979.
Darity, William Jun.: Keynes' politische Philosophie: Die Verbindung mit Gesell, in: Zeitschrift für Sozialökonomie 35 (1998), 116, S. 3-12.
Dillard, Dudley D.: Proudhon, Gesell and Keynes. An Investigation of some „anti-Marxian socialist" antecedents of Keynes' general theory of employment, interest and money, hg. v. Lutz Roemheld, St. Georgen: Angela Hackbarth, 1997.
Dorfner, Ernst: Der Zins in der modernen Geldwirtschaft, in: Binswanger, Hans Christoph / von Flotow, Paschen: Geld & Wachstum. Zur Philosophie und Praxis des Geldes, Stuttgart und Wien: Weitbrecht, 1994, S. 134-160.
Douglas, Clifford Hugh: Social Credit, 3. Aufl., London: Eyre & Spottiswoode, 1933. (http://www.mondopolitico.com/library/socialcredit/prefacetoreviseded.htm).
Eger, Thomas: Private und öffentliche Eigentumsrechte aus ökonomischer Sicht, in: Held, Martin / Nutzinger Hans G. (Hrsg.): Eigentumsrechte verpflichten. Individuum, Gesellschaft und die Institution Eigentum, Frankfurt/Main: Campus, 1998, S. 36-64.
Eickhof, Norbert: Soziale Marktwirtschaft und wettbewerbspolitische Ausnahmebereiche, in: Fischer, Wolfram (Hrsg.): Währungsreform und soziale Marktwirtschaft. Erfahrungen und Perspektiven nach 40 Jahren, Berlin: Dunker & Humblot, 1989, S. 135-148.
Engert, Rolf: Silvio Gesell in München 1919. Erinnerungen und Dokumente aus der Zeit vor, während und nach der ersten bayrischen Räterepublik, Hann. Münden: Fachverlag für Sozialökonomie, 1986.
Erdmann, Karl Dietrich: Die Weimarer Republik (Handbuch deutscher Geschichte, 19), 8. Aufl., München: Deutscher Taschenbuch-Verlag, 1988.
Färber, Heinrich: Die Irrlehre Silvio Gesell (1934), Graz: Finanz-Ergokratie-Verlag, 1997.
Gehrels, Franz: Böhm-Bawerks Beitrag. Eine moderne Interpretation, in: Schefhold, Bertram (Hrsg. u. a.): Vademecum zu einem Klassiker der Kapitaltheorie, Düsseldorf: Verlag Wirtschaft und Finanzen, 1991, S. 49-63.
George, Henry: Die Entschädigung der Grundeigentümer, Leipzig: Wilhelm Friedrich, 1894.

George, Henry: Fortschritt und Armuth. Eine Untersuchung über die Ursache der industriellen Krisen und Zunahme der Armuth bei zunehmendem Reichtum, Berlin: Elwin Staude, 1880.
Gick, Wolfgang: Die Entwicklung der Geldtheorie bei John Maynard Keynes, Baden-Baden, Nomos 1995.
Gude, Jürgen: Hayek; Keynes und die Freiwirtschaft, in Zeitschrift für Sozialökonomien N. 66, S. 3-7, 1985.
Gömmel, Rainer / Klump, Rainer: Merkantilisten und Physiokraten in Frankreich, Darmstadt: Wissenschaftliche Buchgesellschaft, 1994.
Hahn, Young Bin, Die Geldtheorie von Marx und Keynes. Ein Vergleich in Bezug auf den Krisenbegriff in der Geldwirtschaft, Diss. Berlin 1999.
Haselbach, Dieter: Franz Oppenheimer. Soziologie, Geschichtsphilosophie und Politik des „liberalen Sozialismus", Opladen: Leske + Budrich, 1985.
Hayek, Friedrich August von: Die Verfassung der Freiheit, 2. Aufl., Tübingen: J.C.B. Mohr, 1983.
Heering, Walter: Geld, Liquiditätsprämie und Kapitalgüternachfrage. Studien zur entscheidungstheoretischen Fundierung einer monetären Theorie der Produktion (Studien zur monetären Ökonomie, 10), Regensburg: Transfer, 1991.
Heimberg, Berta: Mahnende Briefe an Staatspersönlichkeiten der Welt. Zum 100. Geburtstag von Silvio Gesell am 17. März 1962, Essen 1962.
Heinsohn, Gunnar / Steiger, Otto: Eigentum als gesellschaftliche Innovation. Eigentum und die Geburt von Zins und Geld, in: Held, Martin / Nutzinger, Hans G. (Hrsg.): Eigentumsrechte verpflichten. Individuum, Gesellschaft und die Institution Eigentum, Frankfurt: Campus, 1998, S. 84-108.
Hess, Willy: Die Werke von Silvio Gesell. Versuch eines vollständigen Verzeichnisses aller seiner Bücher, Broschüren Flugblätter und Artikel, Bern: Verlag Freiwirtschaftlicher Schriften, 1975.
Hobbes, Thomas: Leviathan (1651), Frankfurt/Main: Suhrkamp 1984.
Horsefield, John Keith: International Monetary Fund, Bd. 1945-1965, Vol. I, 4. print, Washington, D.C., 1986.
Horsefield, John Keith: International Monetary Fund, Bd. 1945-1965, Vol. III, 4. print, Washington, D.C., 1986.
Hubbard, R. Glenn: Money, the financial system, and the economy, 4. Aufl., Boston: Pearson Education, 2002.
Jarchow, Hans-Joachim / Rühmann, Peter: Monetäre Außenwirtschaft II. Internationale Währungspolitik, Göttingen: Vandenhoeck & Ruprecht, 2002.
Johannes, Conrad / Elster, Ludwig: Handwörterbuch der Staatswissenschaften, 3. gänzlich umgearbeitete Aufl. ff., Fischer.
Karner, Christof: Silvio Gesell's Freiwirtschaftstheorie und die Versuche ihrer Anwendung, Diplomarbeit, Wien 1990.

Kennedy, Margrit: Geld ohne Zinsen und Inflation. Ein Tauschmittel, das jedem dient, München: Goldmann, 1994.
Koidl, Andreas: Silvio Gesell und das „Experiment Wörgl" 1932/33, Diplomarbeit, Innsbruck 1995.
Kokaly, Aloys: Wer war Silvio Gesell? Köln [ca. 1932].
Kraft, Jürgen: Das Verhältnis von Nationalökonomie und Soziologie bei Franz Oppenheimer, Werner Sombart, Max Weber und in der sozialwissenschaftlichen Systembildung des 19. Jahrhunderts, Diss. Göttigen 1961.
Kürzli, Arnold: Mein und Dein. Zur Ideengeschichte der Eigentumsfeindschaft, Köln: Bund, 1996.
Kunzmann, Peter / Burkard, Franz-Peter / Wiedmann, Franz: dtv-Atlas zur Philosophie, 6. Aufl., München: Deutscher Taschenbuch Verlag, 1996.
Lang, Thomas: Geld und Zins als monetäre Ursache des Wirtschaftswachstums, Lütjenburg: Fachverlag für Sozialökonomie, 1998.
Leijonhufvud, Axel: Über Keynes und den Keynesianismus. Eine Studie zur monetären Theorie, Köln: Kiepenheuer & Witsch, 1973.
Lietaer, Bernard: Das Geld der Zukunft. Über die destruktive Wirkung des existierenden Geldsystems und die Entwicklung von Komplementärwährungen, München: Riemann, 1999.
Lietaer, Bernard: Mysterium Geld. Emotionale Bedeutung und Wirkungen eines Tabus, München: Riemann, 2000.
Löhr, Dirk: Fragen der Freiheit. Beiträge zur freiheitlichen Ordnung von Kultur, Staat und Wirtschaft, hrsg. vom Seminar für Freiheitliche Ordnung e.V., Bad Boll Erscheinungsverlauf: Nr. 1.1955 – 264.2002; 265.2004.
Locke, John: Über die Regierung (The Second Treatise of Government), Hamburg: Rowohlt, 1966.
Luther, Martin: Ausgewählte Schriften, Bd. 4: Christsein und weltliches Regiment, Frankfurt/Main, Leipzig: Insel, 1995.
Luther, Martin: Von Kaufhandlung und Wucher: ein Sermon aus dem Jahre 1524, Schwenningen: Neckar, 1947.
Mankiw, N. Gregory: Principles of Economics, 2. Aufl., Orlando: Harcourt College Publishers, 2001.
Marsh, Alec: Money and Modernity. Pound, Williams, and the Spirit of Jefferson, Tuscaloosa: The University of Alabama Press, 1998.
Meek, Ronald L.: The Economics of Physiocracy. Essays and translations (University of Glasgow social and economic studies, N.S., 2), London: Allen & Unwin, 1962.
Moggridge, Donald: Keynes John Maynard – An Economist's Biography London: Routledge, 1992.

Moggridge, Donald: Keynes, John Maynard, The collected writings, Bd. 30: Bibliography and index, London: Macmillan, 1989.
Nietzsche, Friedrich: Götzen-Dämmerung (1888), Gesammelte Werke, Bd. 6, München: Deutscher Taschenbuch Verlag, 1980.
Onken, Werner: Ein vergessenes Kapitel der Wirtschaftsgeschichte. Die Selbsthilfeaktionen mit Freigeld, in: Creutz, Helmuth / Suhr, Dieter / Onken, Werner: Wachstum bis zur Krise, Elgg 1992, Sonderdruck der INWO Schweiz, S. 63-87.
Onken, Werner: Modellversuche mit sozialpflichtigem Boden und Geld, Lütjenburg: Gauke, 1997.
Onken, Werner: Silvio Gesell und die natürliche Wirtschaftsordnung. Eine Einführung in Leben und Werk, Lütjenburg: Gauke, 1999.
Onken, Werner: Silvio Gesell Ausstellung „1987, Saint-Vith", Hann. Münden: Fachverlag für Sozialökonomie, 1988.
Onken, Werner / Bartsch, Günter: Silvio Gesell. Zwei Texte zur Geschichte der Freiwirtschaftstheorie, Lütjenburg: Gauke, 1992.
Preparata, Guido G: On the art of Innuendo: J. M. Keynes Plagiarism of Silvio Gesell's Monetary Economics, in: Research in Political Economy 20 (2002), S. 217-253.
Peperstraten, Frans von: Marx en Proudhon. Een onderzoek naar Karl Marx' Misère de la philosophie, Diss., Tilburg: Tilburg University Press, 1987.
Pick, Walter: Die Zinslehre Silvio Gesells, Diss. Marburg 1930.
Pohl, Manfred: Vom Goldstandard zum Multireservewährungsstandard, Frankfurt/Main: Fritz Knapp, 1987.
Riese, Hajo : Die Theorie der Inflation, Tübingen 1986.
Riese, Hajo: Keynesianische Kapitaltheorie in Hagemann, H. Steiger, O.: Keynes General
Theory nach fünfzig Jahren, Berlin S. 379- 401, 1988.
Rosenberger, Werner: Boden nutzen statt besitzen. Plädoyer für ein nachkapitalistisches Bodenrecht, Aarau: INWO Schweiz, 1997.
Rousseau, Jean-Jacques: Vom Gesellschaftsvertrag, in: L. Schmidts (Hrsg.): Politische Schriften, Bd. 1, Paderborn: UTB, 1977.
Schefold, Bertram: Aristoteles, Politik, Griechisch und Deutsch 1. Teil: Text und Übersetzung, Faksimile Ausgabe: „Klassiker der Nationalökonomie", Düsseldorf: Verlag Wirtschaft und Finanzen, 1992.
Schellenberg, Jakob: Fragen der Freiheit. Rudolf Steiner und Silvio Gesell. Heft 159, hrsg. vom Seminar für freiheitliche Ordnung, Koblenz, November/Dezember 1982.
Schmid, Werner: Silvio Gesell. Die Lebensgeschichte eines Pioniers, Bern: Genossenschaft Verlag freiwirtschaftlicher Schriften, 1954.

Schmidt, Johannes: Der ökonomische Weg ins gelobte Land – Anmerkungen zu Theorie und Reformvorschlägen der Freiwirtschaftslehre, Heft 3, 1998.
Schöningh, Ferdinand: Die Industrialisierung in Deutschland 1800 bis 1914, Paderborn: UTB, 1993.
Schultz, Bruno: Die Grundgedanken des Systems der theoretischen Volkswirtschaftslehre von Franz Oppenheimer, Jena: Gustav Fischer, 1948.
Schumpeter, Joseph Alois: Kapitalismus und Demokratie, 4. Aufl., München: A. Francke, 1950.
Schwarz, Fritz: Das Experiment von Wörgl, Bern: Genossenschaft Verlag Freiwirtschaftlicher Schriften, Bern: Genossenschaft Verlag Freiwirtschaftlicher Studien, 1951 (http://userpage.fu-berlin.de/~roehrigw/woergl/index.html#inhalt).
Sen, Amartya: Ökonomie für den Menschen. Wege zu Gerechtigkeit und Solidarität in der Marktwirtschaft (Originaltitel: Development as Freedom), München: Carl Hansen, 2000.
Senf, Bernd: Die blinden Flecken der Ökonomie. Wirtschaftstheorien in der Krise, München: dtv-Verlag, 2001.
Senf, Bernd: Die Wiederentdeckung des Lebendigen, 3. Aufl., Frankfurt/Main: Zweitausendeins, 1996.
Senf, Bernd: Geldfluss, Realwirtschaft und Finanzmärkte aus der Sicht verschiedener Wirtschaftstheorien (Smith, Marx, Gesell, Keynes, Friedman, Soros), 2004 (http://www.berndsenf.de/pdf/ GeldflußRealwirtschaftFinanzmaerkte.pdf).
Siegenthaler, André: Wie Silvio Gesell zum Faschisten gemacht wurde und Gegenstimmen und mehr, 2. verb. Aufl., Bern: Gfikkv, 1995.
Šik, Ota: Humane Wirtschaftsdemokratie. Ein Dritter Weg, Hamburg: Albrecht Knaus, 1979.
Šik, Ota: Wirtschaftssysteme. Vergleiche –Theorie – Kritik, Berlin und Heidelberg: Springer, 1987.
Skidelsky, Robert: John Maynard Keynes, Vol. 2, The Economist as saviour 1920-1937, London: Macmillan, 1992.
Spahn, Heinz-Peter: The Marx- Schumpeter – Keynes: Drei Fragmente über Geld, Zins und Profit, in Jahrbücher für Nationalökonomie und Statistik, Band 199/3, S. 237-255, 1984.
Starbatty, Joachim, Eine kritische Würdigung der Geldordnung in Silvio Gesells utopischem Barataria, Fragen der Freiheit, Heft 129, Dezember 1977, S. 5-31.
Spengler, Oswald: Der Untergang des Abendlandes. Umrisse einer Morphologie der Weltgeschichte, München: C. H. Beck, 1918-1922.
Sternberg, Max: Die Goldwährung und der Erste Weltkrieg, in: Der dritte Weg. 20. Jg., Juni 1989, Nr. 6, S. 9-10.
Suhr, Dieter: Alterndes Geld. Das Konzept Rudolf Steiners aus geldtheoretischer Sicht, Schaffhausen: Novalis, 1988.

Suhr, Dieter: Auf Arbeitslosigkeit programmierte Wirtschaft. Diagnose und rechtstechnische Behandlung des Mehrwertsyndroms, Erstveröffentlichung in: Zeitschrift für Rechtspolitik 9 (1983), S. 221-227 (http://userpage.fu-berlin.de/~roehrigw/suhr/aapw/

Suhr, Dieter / Godschalk, Hugo: Optimale Liquidität. Eine liquiditätstheoretische Analyse und ein kreditwirtschaftliches Wettbewerbskonzept, Frankfurt/Main: Fritz Knapp 1986.

Surette, Leon: Pound in Purgatory. Form Economic Radicalism to Anti-Semitism, Chicago: University of Illinois Press, 1999.

Tomann, Horst: Stabilitätspolitik. Theorie, Strategie und europäische Perspektive, Berlin, Heidelberg [u. a.]: Springer, 1997.

Tuchfeld, Egon: Arten und Ursachen der Inflation, in: Inflation ohne Ende. Wer verliert, wer gewinnt?, hrsg. v. G. K. Kaltenbrunner, München: Herder, 1977, S. 23-29.

Uhlemayr, Benedikt: Silvio Gesell, Lauf bei Nürnberg: Zitzmann, 1931.

Ulrich, Peter: Integrative Wirtschaftsethik. Grundlagen einer lebensdienlichen Ökonomie, Bern: Paul Haupt, 1997.

Ulrich, Peter: Transformation der ökonomischen Vernunft. Fortschrittsperspektiven der modernen Industriegesellschaft, Bern: Paul Haupt, 1986.

Walzer, Michael: Sphären der Gerechtigkeit. Ein Plädoyer für Pluralität und Gleichheit, Frankfurt/Main: Campus, 1983.

Walzer, Michael: Was heisst zivile Gesellschaft?, in: Brink, Bert van den / Reijen, Willem van (Hrsg.): Bürgergesellschaft, Recht und Demokratie, Frankfurt/Main: Suhrkamp, 1995, S. 44-70.

Weber, Max: Soziologie. Universalgeschichtliche Analyse, hrsg. v. J. Winkelmann, Stuttgart: Kröner, 1973.

Werner, Hans-Joachim: Geschichte der Freiwirtschaftsbewegung. 100 Jahre Kampf für eine Marktwirtschaft ohne Kapitalismus, Münster: Waxmann, 1990.

Winkler, Ernst: Freiheit? Die zentrale Frage im politischen Ringen um eine gerechte Sozialordnung, Bad Boll: Seminar für Freiheitliche Ordnung, 1980.

Wirth, Roland: Marktkapitalismus ohne Kapitalismus, Eine Neubewertung der Freiwirtschaftslehre aus wirtschaftsethischer Sicht, Bern, Haupt, 2003.

Wolf, Siegbert: Silvio Gesell. Eine Einführung in Leben und Werk eines bedeutenden Sozialreformers, Lütjenburg: Gauke, 1983.

www.ingramcontent.com/pod-product-compliance
Ingram Content Group UK Ltd.
Pitfield, Milton Keynes, MK11 3LW, UK
UKHW021903290926
8980IPUK00015B/1026

9 783631 597538